전문면접관 **2**

조직과 인재를 연결하는
면접관의 시선

전문면접관 2

조직과 인재를 연결하는
면접관의 시선

10인의 전문면접관이 전하는
인재를 알아보는 탁월한 관점

권창호 · 이호정 · 박혜화 · 이다인 · 한진아
박남현 · 김진혁 · 최보인 · 양승원 · 이상미

리커리어북스

추천의 말

인지심리학자로서 오랜 시간 인간의 판단과 의사결정 과정을 연구해 왔지만, 면접이라는 상황만큼 복잡하고 미묘한 심리적 역학이 작용하는 경우는 드물다. 이 책은 열 명의 전문면접관이 각자의 경험과 노하우를 통해 면접의 본질을 탐구한 귀중한 결과물이다. 특히 인상적인 점은 각 저자가 단순한 기법이나 팁을 나열하는 데 그치지 않고, 인간에 대한 깊이 있는 이해를 바탕으로 면접에 접근하고 있다는 것이다.

  면접관이 흔히 빠지는 인지적 함정을 어떻게 피할 수 있는지, 지원자의 진짜 모습을 파악하기 위해 어떤 질문과 관찰이 필요한지에 대한 실질적인 통찰이 면접관들의 실전 경험과 함께 제시되어 있다. 면접을 단순한 질의응답이 아닌, 인간을 이해하는 과정으로 접근하고자 하는 모든 분께 이 책을 강력히 추천한다.

김경일 / 아주대학교 심리학과 교수

인재는 태어나는 걸까, 만들어지는 걸까? 오래된 논쟁이다. '한 사람의 천재가 만 명을 먹여 살린다'라는 말처럼, 스티브 잡스나 마크 저커버그 같은 인물은 분명 타고난 인재라 할 수 있다. 하지만 대부분의 인재는 조직 안에서 성장하고, 훈련을 통해 길러진다.

타고났든, 키워졌든 중요한 건 그들이 결국 조직의 성패를 좌우하는 핵심 인물이라는 사실이다. 그래서 기업은 인재를 찾는 데 절대 소홀할 수 없다. 누군가가 조직에 정착해 실력을 발휘하기까지는 긴 시간과 많은 노력이 필요하다. 한 사람의 인재를 얻기 위해 기업은 끊임없이 찾고, 관찰하고, 길러낸다.

이 책은 그런 인재 확보의 최전선에서 일하는 전문면접관들의 생생한 체험담을 담고 있다. 단순한 사례 소개가 아니라, 고도로 훈련된 이들이 현장에서 직접 겪은 이야기와 면접관이 되기까지의 준비 과정, 그리고 필요한 역량을 솔직하게 전한다.

이미 면접관으로 활동 중인 사람에게는 날카로운 인사이트를, 처음 입문하려는 사람에게는 구체적인 길잡이가 되어 줄 책이다. 채용의 과정을 넘어, 인재를 '읽어 내는' 일에 관심 있는 사람이라면 꼭 읽어볼 만하다.

배재훈 / (사)한국코치협회 KCA 회장

동양 성현의 말씀에 "인사가 만사다"라는 말이 있고, 서양에는 "Right People, Right Place"라는 말이 있다. 이 두 말을 연결해 보면, 조직의 성공은 사람에 달려 있으며, 기업에 꼭 필요한 인재를 잘 선발해야 한다는 의미가 담겨 있다.

기술이 빠르게 발전하고 사업 환경이 시시각각 변하는 글로벌 환경에서, 기업의 비전 달성을 위한 올바른 전략 수립과 실행의 주체는 '사람'이다. 따라서 올바른 사람을 찾는 일은 조직 역량이 핵심인 기업의 생존과 직결되는 중차대한 과제임은 자명하다.

실제로 기업은 인재 선발부터 필요한 교육 이수, 그리고 조직 적응까지 수많은 시간과 자원을 투자한다. 그 과정에서 들이는 노력과 비용은 단순히 숫자로 환산할 수 없는 소중한 투자다. 선발이 잘못되면 개인은 물론 기업도 큰 손실을 떠안게 된다. 그만큼 채용은 중요하면서도 어려운 과제임은 부인할 수 없다.

그 채용의 최전선에 있는 사람이 바로 '전문면접관'이다. 전문면접관은 단순히 질문을 던지는 것을 넘어, 조직의 비전과 전략 방향을 이해하고 이에 맞는 인재를 예리하게 구분할 수 있는 통찰력을 지녀야 한다.

이 책은 그런 면접관을 위한 지침서다. 현장에서 면접을 수행해 온 이들의 실제 경험이 생생하게 담겨 있다. 현재 면접관으로 활동 중이거나, 면접관으로 활동하고자 하는 이들에게 충분히 참고가 될 만한 필독서다. 단순한 기술서가 아니라, 채용의 본질을 다시 돌아보게 하는 책이다.

신문범 / 前 LG전자 사장

공공기관과 민간기업의 면접 문화는 조금 다르지만, 그 속에 흐르는 본질적인 기준은 크게 다르지 않다. 이 책은 시대와 환경이 바뀌어도 변하지 않는 '면접의 본질'에 대해 다시금 성찰하게 만든다.

내부 면접관에서 외부 전문면접관으로 활동 영역을 넓혀 온 실제 경험이 담겨 있어, 면접이 단순한 평가의 자리가 아니라 '사람과 사람이 만나는 소통의 과정'임을 일깨워 준다.

면접을 준비하는 지원자부터 직접 면접을 주관하는 면접관까지, 채용의 핵심 원리를 깊이 이해하고 싶은 모든 분께 권하고 싶은 책이다.

윤효경 / 前 한국토지주택공사 글로벌사업본부장

수많은 글로벌 인재 확보 현장을 경험하며 내린 결론은 명확하다. '좋은 면접관'은 타고나는 것이 아니라, 훈련과 성찰을 통해 만들어진다는 사실이다.

『면접관의 시선』은 채용이라는 중대한 의사결정의 현장에서 오랜 기간 활동해 온 실전 전문가들의 이야기다. 단순한 이론과 사례 소개에 그치지 않고, 지원자의 가능성을 어떻게 '읽어 내고', '평가하며', '선택할 것인가'에 대한 깊이 있는 인사이트와 실질적인 노하우를 제공한다.

이 책은 면접관으로 활동 중인 이들은 물론, 채용과 관련 있는 모든 이들에게 유용한 길잡이가 될 것이다.

김종민 / 삼성전자 경력컨설팅센터 상무

조직의 지속가능한 성장은 결국 '사람'을 통해 이뤄진다. 이제는 단순히 역량 있는 인재를 선발하는 것을 넘어, 조직의 철학과 문화를 함께할 수 있는 사람을 알아보는 일이 더욱 중요해졌다.

『면접관의 시선』은 채용이라는 중대한 의사결정을 면접관의 시선에서 진지하게 풀어낸 책이다. 면접은 단순한 평가가 아니라, 조직의 미래를 설계하는 선택의 과정이다. 그런 점에서 이 책은 시대가 요구하는 인재 선발의 기준을 잘 담고 있다.

면접관에게는 통찰을, 지원자에게는 방향을 제시해 줄 수 있는 실질적인 안내서다. 사람을 보는 안목을 키우고자 하는 리더라면 꼭 읽어야 할 책이다.

정미선 / 금융감독원 금융교육국 교수

IT 업계에서 가장 중요한 역량은 변화에 대한 민감성과 지속적인 자기 성장이다. 이러한 기준은 면접관에게도 예외가 아니다. 단순히 질문하고 평가하는 역할을 넘어, 면접관 역시 자신의 전문성과 신뢰를 바탕으로 퍼스널 브랜딩이 요구되는 시대가 되었다.

더 이상 숨어 있는 전문가로만 머물 수 없는 지금, 면접관 스스로를 어떻게 알릴 것인가에 대한 통찰이 필요한 이들에게 이 책을 추천한다.

이윤정 / IT조선 부장

교육의 본질은 적절한 질문을 통해 학습자의 가능성을 끌어내는 데 있다. 면접도 마찬가지다. 단순히 스펙을 확인하는 것이 아니라, 질문을 통해 지원자의 잠재력과 진정한 역량을 발견하는 과정이다.

그래서 면접관에게는 '좋은 질문을 설계하는 능력'이 무엇보다 중요하다. 『면접관의 시선』은 다양한 면접 현장에서 실제로 고민하고 부딪혀 온 전문가들의 생생한 경험을 담고 있다.

평생교육의 관점에서 보더라도, 이 책은 면접을 단순한 절차가 아닌 '관계 형성과 가능성 발굴의 과정'으로 바라보게 만든다. 더 나은 질문과 더 나은 면접을 고민하는 모든 분께 추천하고 싶은 책이다.

이성엽 / 아주대학교 교육대학원 HRD 전공 교수

좋은 면접은 질문 기술이 아니라, 사람을 보는 눈에서 시작된다. 『면접관의 시선』은 수많은 면접 현장에서 축적된 실천적 통찰을 바탕으로, 지원자의 가능성을 어떻게 읽고 연결할 것인지에 대한 깊이 있는 안내를 제시한다.

면접관이 어떤 기준과 책임감을 가져야 하는지, 조직과 사람을 연결하는 관점은 무엇인지도 함께 짚고 있다. 이 책은 면접관은 물론, 사람을 평가하고 성장시키는 모든 이에게 유의미하다.

이론에 머물지 않고, 곧바로 현장에 적용할 수 있는 통찰로 가득히다. 사람을 이해하고 이끌어야 하는 모든 이들에게 실천적 지침이 될 것이다.

박선경 / 오산대학교 평생학습학과 교수

서문

2023년, 한국면접관협회 소속 전문면접관 열한 명이 함께 집필한 『전문면접관』과 "면접관 마스터 교육" 교수진이 펴낸 『면접관 마스터』를 통해, 협회는 올바른 면접 문화와 전문면접관의 필요성을 사회에 알리고자 힘써 왔습니다. 면접은 단순한 채용 절차를 넘어, 사람을 제대로 알아보고 조직의 미래를 함께 고민하는 중요한 과정임을 현장에서 수없이 확인해 왔기 때문입니다.

『면접관의 시선』은 그 여정의 연장선에서 탄생한 두 번째 기록입니다. 협회 소속 열 분의 전문면접관이 각자의 현장에서 마주한 상황과 고민을 바탕으로, 면접이라는 과정에 담긴 사람의 진심과 가능성을 다시 한번 들여다봅니다. 그렇기에 단순한 면접 기술이나 요령을 나열하기보다는, 실제 문제 상황에 공감하고 그 해법을 함께 모색하는 데에 초점을 두었습니다. 멀티 커리어리즘 시대를 준비하는 중장년층부터, 조직의 미래를 책임질 인재를 선발해야 하는 현직 면접관, 그리고 '면접관의 시선'으로 채용 과정을 이해하고 싶은 지원자까지, 각자의 위치에서 면접을 고민하는 모든 분에게 실질적인 가이드라인을 제시합니다.

면접관의 자리는 단지 질문을 던지는 자리가 아니라, 한 사람의 인생과 조직의 미래를 함께 바라보는 자리입니다. 이 책을 통해, 여러분도 '사람을 알아보는 안목'과 '전문성 있는 질문'을 갖춘 면접관으로 성장하는 여정을 함께하길 바랍니다. 더불어 한국면접관협회가 추구하는 건강한 면접 문화의 길에, 이 책이 든든한 길잡이가 되어 주길 기대합니다.

한국면접관협회 회장 권혁근

프롤로그

한 번의 선택이 조직의 미래를 결정한다

"열 길 물속은 알아도 한 길 사람 속은 모른다."

인생을 살다 보면 다양한 사람을 만나게 된다. 속담이 말하듯, 예로부터 사람의 마음은 헤아리기 어려웠다. 특히 단시간에 사람의 됨됨이와 역량을 파악하는 일은 쉽지 않다. 지금도 마찬가지다. 회사 대표나 팀장과 같은 조직 리더들이 머리 아파하는 일이 바로 '인재 채용'이다. 한 번의 선택이 조직의 미래를 결정할 수도 있기 때문이다. 고작 30분 남짓한 면접으로 누가 진짜 인재인지 가려낼 전문가가 필요한 이유가 여기에 있다.

전문가는 화려한 말보다 작은 행동에서, 준비된 답변보다 습관적인 반응에서 더 많은 것을 읽어낸다. 현재의 가능성을 보고, 미래를 예측하는 일이 바로 면접관의 역할이다.

이 책은 열 명의 전문면접관이 함께 쓴 결과물이다. 기업, 공공기관, 다양한 현장에서 면접을 경험해 온 우리는 면접이 단순한 평가가 아닌 사람을 바라보는 깊은 질문이어야 한다고 믿는다. 여기, 우리의 경험과 노하우를 담았다.

전문면접관, 그들은 누구인가?

2023년, 한국면접관협회 권혁근 회장은 특별한 프로젝트를 시작했다. 공공기관과 기업 현장에서 활동하는 전문면접관들의 경험과 통찰을 한 권의 책으로 담아내자는 계획이었다. 협회 회원 400여 명에게 참여 기회가 주어졌고, 흥미롭게도 집필진 선발 과정에서도 '면접'이 활용되었다. 이렇게 탄생한 첫 결과물이 『전문면접관』이다.

그리고 1년 뒤, 출판사로부터 후속작 제안이 들어왔다. 이번에도 같은 방식으로 작가를 모집했고, 무려 78명이 지원했다. 그동안 면접관으로서 타인을 평가해 왔지만, 이번에는 우리 자신이 평가받는 자리에 섰다. 1차 서류심사와 2차 면접을 거쳐 우리 열 명이 최종 선발되었다. 선발 과정을 준비하면서 우리는 면접의 본질을 더 깊이 이해하게 되었다.

전문면접관 시즌2의 집필 작가로 선발된 우리는 전문가로서 지녀야 할 지식과 태도, 가치관에 대해 많은 이야기를 나누었다. 퇴직 후 면접관으로서 새로운 커리어를 시작한 이야기부터, 처음 면접관이 되었을 때 느꼈던 낯설고 복잡한 감정, 오랜 시간 동안 터득해 온 좋은 질문에 대한 철학 그리고 면접관의 사회적 역할, 미래의 가능성까지 무엇을 어떻게 그려낼 것인지 토론했다.

기업, 공공기관, 다양한 현장에서 면접을 경험해 온 우리는 면접이란 단순한 평가가 아니며 면접관에게는 분명한 기준과 질문의 전략이 필요하다는 결론에 다다랐다. 이 책은 바로 그런 고민과 성찰의 과정에서 탄생했다.

문제 제기에서 해결까지, 독자 맞춤형 스토리텔링

『면접관의 시선』은 단순히 열 명의 경험을 나열하는 옴니버스 형식에서 벗어나, 독자층에 따라 '문제 제기→공감→해결'의 스토리텔링 구조로 재구성했다. 독자가 겪는 고민을 먼저 꺼내고, 이에 대한 해답을 면접관들의 경험과 통찰을 통해 풀어내는 방식이다.

퇴직자와 퇴직을 앞둔 중장년층에게는 경력의 전환점에 선 그들의 불안과 고민에 공감하며 이야기를 시작한다. '면접관'이라는 새로운 길이 제2의 인생에 어떤 가능성을 열어줄 수 있을지, 그리고 그동안 쌓아온 경력이 어떻게 다시 쓰일 수 있을지를 보여 준다.

현직 면접관과 HR 담당자들에게는, 사람을 평가하고 선발하는 과정에서 느끼는 책임감과 부담에 공감하며 이야기를 풀어간다. 아울러 평가 기준을 세우고 효과적인 질문을 설계하는 노하우, 전문면접관으로서 성장하는 방법도 함께 소개한다.

취업을 준비 중이거나 이직을 고민하는 젊은 직장인들에게는, 면접장에서 그들이 느끼는 긴장감과 막연한 두려움에 공감하며 접근한다. 면접관의 시선에서 본 면접의 이면을 들여다보며, 지원자가 어떻게 자신의 진짜 역량을 드러낼 수 있을지에 대한 현실적인 팁도 담았다.

한 번의 결정, 무거운 책임

면접관이라는 역할에는 사람들이 잘 모르는 묘한 특징이 있다. 아무도 면접관의 자격을 의심하지 않는다는 점이다. 자리에 앉는 순간, 자동으로 타인을 평가할 권한이 부여된다. 그러나 자리에 앉는다고 해서 곧바로 전문가가 되는 것은 아니다.

진정한 전문면접관이 되려면 한 가지를 반드시 명심해야 한다. 바로 책임감이다. 당신의 판단이 누군가의 인생을 바꿀 수 있다는 사실을 항상 기억해야 한다. 지원자의 잠재력을 제대로 발견하지 못한다면, 그것은 조직의 손실일 뿐만 아니라 한 사람의 기회를 빼앗는 일이 된다.

『면접관의 시선』은 면접의 순간마다 마주하는 고민과 책임을 생생한 이야기로 풀어낸다.

1장에서는 퇴직 후 면접관이라는 새로운 커리어를 시작한 권창호의 이야기를 만날 수 있다. 「새로운 도전」이라는 제목 아래, 누구보다 불안했던 그가 어떻게 자신감 있는 면접관으로 성장했는지, 그리고 그 과정에서 어떤 교훈을 배웠는지를 솔직하게 들려준다.

2장의 이호정은 「초보 면접관의 불안」이라는 제목으로, 면접관도 불안하다는 사실을 고백한다. 예기불안, 수행불안, 완벽주의적 불안까지. 면접관이 겪는 다양한 불안과 이를 다스리는 방법을 심리학적 관점에서 분석한다.

3장은 '좋은 질문은 어떻게 만들어지는가?'라는 주제로 네 명의 면접관 이야기가 펼쳐진다. 박혜화는 질문의 힘으로 지원자의 진짜 모습을 끌어내는 방법을, 이다인은 면접관의 전문성과 신뢰를 구축하는 방법을 소개한다. 한진아는 지원자와 면접관 양쪽의 시선에서 바라본 면접의 의미를, 박남현은 집단 프로그램에서 배운 면접의 교훈을 들려준다.

4장에서는 전문면접관의 두 가지 무기인 '전문성과 브랜딩'에 초점을 맞춘다. 김진혁은 인재에 집중하는 전문면접관의 철학을, 최보인은 전문면접관으로서 자기 인증 ABC를, 양승원은 퍼스널 브랜딩의 중요성과 방법을 소개한다.

마지막 5장에서 이상미는 「대체 불가한 외부 면접관이 되는 법」이라는 제목으로, 공공기관 내부자에서 외부 면접관으로 영역을 확장한 경험을 통해 시대가 변해도 변하지 않는 면접의 본질에 대해 이야기한다.

면접, 발견의 여정

면접이라는 형식은 일종의 필터 역할을 한다. 자신의 가치를 증명하려는 지원자, 그 가치를 발견하려는 면접관. 이 '증명과 발견의 과정'에 참여하는 사람들은 대체로 자기계발에 관심이 많고, 조직과 사회에 기여하고자 하는 의지가 있다. 이러한 만남 속에서 우리는 서로를 통해 새로운 시각을 얻고, 성장의 기회를 발견한다.

면접은 짧은 시간 동안 서로의 내면을 들여다보는 독특한 경험이다. 한쪽은 질문을, 한쪽은 대답을 하지만, 이는 갑과 을의 관계가 아니다. 면접관은 회사를 대표하고, 지원자는 자신을 대표한다. 양쪽 모두 동등한 위치에서 최선을 다한다. 그 결과 한 번의 면접이 한 사람의 인생을 바꿀 수도 있고, 나아가 한 조직의 미래를 결정할 수도 있다. 그만큼 면접은 중요하고, 그만큼 면접관의 역할은 무겁다.

이 책은 세 부류의 독자층을 염두에 두고 썼다. 먼저, 퇴직을 앞두고 새로운 시작을 꿈꾸는 중장년층에게는 '전문면접관'이라는 새로운 커리어 가능성을 보여 준다. 다음으로, 현직에서 면접을 담당하는 HR 담당자나 관리자들에게는 면접의 질을 높이고 진정한 인재를 발굴하기 위한 통찰과 기술을 제공한다. 마지막으로 면접을 준비하는 취업 준비생이나 이직을 고민하는 직장인들에게는 '면접관의 시선'으로 바라본 채용 과정의 이면을 들여다볼 기회를 준다.

면접은 단순한 평가의 과정이 아니다. 서로를 발견하고, 가능성을 찾아내며, 함께 성장할 기회를 만드는 여정이다. 이 책을 통해 당신도 누군가의 인생에 영향을 미치는 '전문면접관'으로 한 걸음 나아갈 수 있기를, 그리고 더욱 의미 있는 면접 문화를 만들어가는 데 기여할 수 있기를 바란다.

2025년 7월

권창호, 이호정, 박혜화, 이다인, 한진아
박남현, 김진혁, 최보인, 양승원, 이상미

CONTENTS

추천의 말 ··· 005
서문 ··· 011
프롤로그 ··· 013

1장 면접관, 두 번째 커리어의 시작

새로운 도전 - 권창호 / 변화관리전문가

들어가며. 지원자에서 면접관으로 ··· 034

1. 새로운 여정의 시작
무엇을 해야 할까? ··· 035
직업상담 그리고 면접관까지 ··· 036

2. 전문면접관으로 가는 길
누구든지 면접관이 될 수 있다 ··· 038
면접관 입문 과정 ··· 039
면접관이 배우는 것들 ··· 039
면접관 활동을 위한 준비 ··· 041
면접관 첫 경험 ··· 043

3. 면접관은 왜 고자세가 될까?
누구나 빌런(villain, 악당)이 될 수 있다 ··· 045
면접관이 지원자보다 우위에 있다고 느끼는 이유 ··· 046
면접관의 덕목 ··· 047

4. 실전(면접현장)에서 배운 Tip
서류 평가 어떻게 해야 할까? ··· 050
면접 행정 절차의 중요성 ··· 057

5. 마지막 한 마디
면접 현장에서 느낀 개선 과제 ··· 064
면접관의 미래 ··· 066

2장 면접관은 처음이라

초보면접관의 불안 – 이호정 / 면접멘탈가드
들어가며. 불안한 나도 면접관이 될 수 있을까?

1. 불안한 면접관
첫 번째 불안 – 예기불안 ··· 078
두 번째 불안 – 수행불안 ··· 080
세 번째 불안 – 완벽주의적 불안 ··· 083

2. 생각하는 면접관
불안에 대한 새로운 시각 ··· 086
불안 다스리기 ··· 089
면접관을 위한 인지행동치료 ··· 090
인터뷰어십 (interviewership) ··· 093

3. 행동하는 면접관
STEP 1. 배우기 (Learning) ··· 096
STEP 2. 훈련하기 (Training) ··· 096
STEP 3. 기록하기 (Recording) ··· 096
STEP 4. 피드백 받기 (Getting feedback) ··· 097

4. 마지막 한 마디

3장 좋은 질문은 어떻게 만들어지는가?

사람을 이끄는 질문의 힘
– 박혜화 / 릴레이션큐레이터

들어가며. 질문은 사람을 말하게 한다 … 104

1. 현장에서 검증된 '진짜 사람'
리더를 원하지 않는 시대, "승진 안 하고 싶어요" … 106
한 달 1,000콜을 들으며 깨달은 진짜 실무형 인재 … 109

2. 진짜 자아를 꺼내는 질문의 힘
면접장에 등장한 '부캐 군단', 어떻게 진짜를 밝힐 것인가? … 112
정해진 답을 탓하기 전에 정해진 질문부터 살피자 … 115

3. 현장에서 쌓은 면접의 감각
면접에 코칭을 활용하다, "왜 떨어졌는지 알려 주세요" … 118
태도로 드러나는 리더십, 현장에서 배운 눈으로 본다 … 122

4. 나의 미래, 전문면접관으로서 더욱 깊어질 여정
세대를 읽는 면접관 … 124
다름을 아는 면접관 … 128
균형을 갖춘 면접관 … 130
함께 길을 여는 면접관 … 132

면접관이 되는 길 – 이다인 / 피플애널리스트

들어가며. 당신은 어떤 면접관입니까? … 138

1. 면접관의 지식
전문성을 묻다: "HR 전문가라면서요?" … 140
평가기준을 세우다: 직업기초능력 이해하기 … 144

2. 면접관의 질문 기술
질문을 나누다: 경험 질문 vs. 상황 질문 … 150
질문에 깊이를 더하다: 주질문과 탐침 질문 … 152
선입견을 비우다: 오늘 면접이 마지막이 되지 않기 위해 … 155

3. 면접관의 신뢰를 만드는 태도

책임을 지키다: 이상하게 하기 싫은 일 … 157
신뢰로 연결되다: '추천'으로 시작하고, '신뢰'로 완성된다 … 159

4. 지속 가능한 면접관 문화 만들기

매일 성장하고 평생 일하다 … 161
고독사하기 딱 좋다 … 163
문화로 함께 성장하다 … 164

면접관의 두 가지 시선 – 한진아 / HR커리어플래너

들어가며. 취업에서 스펙보다 더 중요한 것은? … 172

1. 지원자를 향한 시선

내가 나를 모르면 누구도 나를 몰라 준다 … 175
주입식으로 취업을 준비하다 … 178

2. 지원자의 전략: 나만의 스토리로 취업 성공하기

형식에서 벗어나 진정성을 담다 … 182
나 까짓 게? 나니까! … 186

3. 면접관을 향한 시선

잘못된 질문이 만드는 채용 리스크 … 189
효과적인 질문으로 완성하는 공정한 평가 … 192

4. 면접관의 책임: 미래를 이끄는 채용준비

지원자의 역량을 발견하는 방법 … 195
새로운 기준을 세우다 … 202

면접 탐구생활 - 박남현 / 면접튜터링전문가

들어가며. 구직자 U의 사례 … 207

1. 전문면접관 교육의 교훈
면접의 목적 … 209
구조화 면접 이해하기 … 211
면접관이 집중하는 부분 … 214

2. 집단상담 프로그램에서
내가 오해한 면접관 … 218
평가를 준비해 보면서! … 220
진짜 면접 준비는 이렇게! … 222

3. 면접관의 생각은?
면접관이 좋아하는 답변 … 227
면접관이 싫어하는 답변 … 228

4. 소통하는 면접

4장 면접관의 두 가지 무기 '전문성과 브랜딩'

전문면접관은 무엇에 집중하는가
- 김진혁 / HR마에스트로(Maestro)

들어가며. 면접관이 전문가로서 갖춰야 할 두 가지 … 238

1. 인재에 집중하라
당신은 인재(人材)입니까? … 240
삼성의 경영철학 '인재제일(人材第一)' … 242
21세기의 삼고초려 … 244
글로벌 인재전쟁 … 246

2. 채용에 집중하라
채용이 전부다 … 248
이제 더 나은 전문가를 찾아봐 … 251
핵심인재는 어떤 사람들인가 … 253

채용은 정성이다 ⋯ 255
공채의 시대는 끝났다? ⋯ 257

3. 면접에 집중하라
인재선발은 전문면접관에게 ⋯ 260
창과 방패(矛盾) ⋯ 262
블라인드 채용에서 면접의 중요성 ⋯ 264
관상(觀相) 보는 사람이 있었다고? ⋯ 267
올해 나는 실패할 예정입니다 ⋯ 270

전문면접관의 자기 인증 ABC
- 최보인 / HR코칭전문가

들어가며. 전문면접관의 역할과 책임 ⋯ 278

1. 면접의 요건
면접의 쌍방향성 ⋯ 279
인재, Right Person ⋯ 280
포텐셜 ⋯ 283

2. 왜 전문면접관인가?
전문가와 아마추어 ⋯ 284
전문면접관의 필요성 ⋯ 285

3. 전문면접관의 목표(Goal) 설정과 자기 인증
A.sk: 질문하다 ⋯ 289
B.ehave: 행동하다 ⋯ 291
C.onnect: 연결하다 ⋯ 292
전문면접관의 기본 SMART Goal 5가지 ⋯ 294

4. 그리고 지원자에게

면접관의 퍼스널 브랜딩
- 양승원 / 퍼스널브랜딩전문가

들어가며. 면도도 결국 마케팅이다 … 305

1. 전문면접관이 된 마케터
25년 차 마케터, 전문면접관 업무를 처음 접하다 … 306
전문면접관과 마케터는 둘 다 기업 경쟁력에 큰 영향을 준다 … 309

2. 면접관 vs 마케터, 면접관 & 마케터
당신의 마음을 알고 싶습니다 … 311
효과적인 면접 질문 설계는 중요하다 … 315

3. 전문면접관으로 성장하기 위한 노력
실패한 면접이 되지 않게 하려면 … 319
하지 말아야 할 행동 … 321

4. 이제 면접관도 퍼스널 브랜딩 시대
전문면접관으로 퍼스널 브랜딩 하는 법 … 323
효과적인 퍼스널 브랜딩, 네이버 블로그를 이용하자 … 325
내 블로그가 검색이 잘되게 하려면 … 327
퍼스널 브랜딩은 다양한 방법으로 가능하다 … 331

5장 면접관의 협력과 상생

대체 불가한 외부 면접관이 되는 법
- 이상미 / 공공기관채용디렉터

들어가며. 공공기관과 상생하는 면접관 … 340

1. 해보니 다르더라
- 내부 면접관이자 외부 면접관이 된 공공기관 팀장

2. 도와야 사는 우리 – 내부 면접관과 외부 면접관의 협력적 역할
내부 면접관의 역할 … 344
외부 면접관의 역할 … 346
내부 면접관과 외부 면접관의 협력방법 … 350

3. 시장의 확대 – 공공기관 채용시장의 이해
블라인드 채용의 도입 … 353
외부 면접관 과반 이상 의무화 … 354
블라인드 채용을 보완하는 면접관 … 356

4. 적자생존의 시대 – 대체 불가한 외부 면접관이 되는 법
이해 … 358
소통 기반 평가 … 363
상생 … 366

에필로그 … 369

PART 1

면접관,
두 번째 커리어의 시작

01

새로운 도전

1. 새로운 여정의 시작
2. 전문면접관으로 가는 길
3. 면접관은 왜 고자세가 될까?
4. 실전(면접현장)에서 배운 Tip
5. 마지막 한 마디

새로운 도전

권창호 변화관리전문가

저자 소개

LG전자와 한솔제지에서 상무를 지냈고, KOTRA 무역관장과 경상남도 투자유치단장으로 일했다. 민간기업과 공기업은 물론 공무원까지 두루 경험한 보기 드문 이력을 지녔다.

미국, 호주, 싱가포르, 체코, 폴란드 등지에서 17년 넘게 해외 주재원으로 근무하며, 다양한 문화와 시장을 오가는 글로벌 전문가로 살아왔다. 33년 동안 여러 조직과 직무를 거치며 세상을 누볐지만 지금은 그 모든 직함이 과거형이 되었다. 현재는 프리랜서로 독립해 직업상담사, 경력전환컨설턴트, 진로설계사, 채용전문면접관으로 다시 배우며 새롭게 일하고 있다.

겉으로 화려해 보이는 이력 뒤에는 늘 고민과 두려움이 있었다. 변화 앞에서 항상 긴장했고, 그것을 극복하기보다는 익숙해지기 위해 애써왔다고 고백한다. 지금은 빠르지 않더라도 자신만의 속도로 방향을 정해 천천히 걸어가는 삶이 더 의미 있다고 믿는다.

이제 그는 혼자만의 성공보다, 사람들과 함께 살아가는 삶에 더 큰 가치를 두고 있다. 타인의 삶을 이해하고, 곁에서 조용히 도울 수 있는 사람이 되고 싶다는 바람이 점점 더 커지고 있다. 그리고 지금, 비슷한 길을 걷고 있는 사람들과 마음을 나누는 여정을 이어가고 있다.

주요 경력 및 직무

2024년 ~ 현재: 다음커리어 대표
2022년 ~ 2023년: 경상남도 투자유치단장
2019년 ~ 2022년: 대한무역투자진흥공사(KOTRA) 바르샤바무역관장
2017년 ~ 2018년: 한솔제지 상무
1991년 ~ 2017년: LG전자 상무

학력 및 전공
Thunderbird(애리조나 주립대) MBA
한양대학교 무역학과 학사

전문 자격 및 인증
직업상담사 2급, 전문면접관 마스터, 채용전문면접관 1급, 전직지원전문가 1급

전문 활동
한국면접관협회 전문위원 – 공공기관 채용전문면접관(대면, 서류심사)
건강보험심사평가원, 금융감독원, 서울경제진흥원, 서울신용보증재단,
한국주택금융공사, 한국가스안전공사, 기초과학연구원, 한국교통안전공단,
중부발전 외 다수
경력전환(변화관리) 분야 강사 겸 멘토
초보면접관 대상 교육강사(한국면접관협회)

연락처 및 SNS
daum-career@naver.com

들어가며

지원자에서 면접관으로

'면접'이란 말을 들으면 나는 간절함, 긴장, 초조, 기대 이런 단어들이 먼저 떠오른다. 과거 지원자로서 수많은 면접을 보았고, 실패의 쓴맛도 꽤 보았기 때문이다. 이력서를 쓰며 자신의 과거를 돌아보고, 자기소개서를 작성하면서 '어떻게 나를 제대로 전달할 수 있을까'를 오래도록 고민했다. 서류 전형을 통과해 면접 기회를 얻게 되면, 예상 질문을 정리하고 다양한 형태의 답변을 준비한 뒤, 실제 상황을 가정해 연습하기도 했다. 그럼에도 면접장에 들어가기 전 마지막 순간엔 어김없이 자기 주문을 속으로 외웠다. "나는 할 수 있다"가 아닌 "하나님, 힘을 주세요"라고.

이제 나는 전문면접관이다. 2024년 여름에 면접관 활동을 시작한 이후, 지금까지 스무 차례가 넘는 평가에 참여했다. 청년인턴, 신입사원, 경력직원, 시니어 계약직, 연구소 연구원 채용을 위한 서류평가와 대면면접, 그리고 영어평가 면접 등 다양한 대상을 상대로 면접 평가를 접할 기회가 있었다.

처음 면접 평가에 참여했을 때는 내가 던질 질문에만 집중하느라 지원자의 얼굴을 제대로 볼 여유조차 없었다. 혹시라도 다른 면접관이 내가 준비한 질문을 먼저 해 버리면, 나른 질문을 생각하느라 당황하기도 했다. 하지만 경험이 쌓이니 이제는 다른 것들이 보이기 시작한다. 지원자들의 눈빛이 보이고, 표정이 보이며, 목소리가 들린다. 그 속에서 과거의 내 모습을 보기도 한다. 간절함과 긴장, 초조함, 그리고 기대가 뒤섞인 얼굴 말이다. 그때 깨달았다. 나는 단순히 평가하는 사람이 아니라, 그들의 실력을 이끌어 내는 역할을 해야 한다는 것을. 내가 예전처럼 긴장해서 말하지 못했던 경험을 그들이 반복하지 않도록 도와주는 것, 그게 내가 해줄 수 있는 일이라고 생각한다. 요즘은 긴장한 탓에 머뭇거리는 지원자에게 말문이 트이게 유도하는 여유도 생겼다.

이 글은 전문면접관에 입문하고자 하는 사람, 특히 경력 전환에 관심 있는 중장년층을 위해 썼다. 면접관으로 활동을 시작하기까지의 과정과 면접 현장에서 배운 점들을 솔직하게 담았다. 직업상담사이자 경력전환 컨설턴트로서, 새로운 분야에 도전하려는 사람들에게 도움이 되었으면 하는 마음이다.

새로운 도전

1. 새로운 여정의 시작

**무엇을
해야 할까?**

2017년 겨울, 27년간 몸담았던 직장을 떠났다. 남의 일처럼 여겨졌던 재취업이라는 과제가 눈앞의 현실이 되었다. 익숙했던 환경을 벗어나니 모든 것이 낯설고 어색했다. 그동안 자기계발 관련 책을 많이 읽고 다양한 교육과정에도 적극적으로 참여했기에 어느 정도 방향이 보일 거라 생각했다. 그러나 막상 현실과 맞닥뜨리니 어디서부터 첫발을 내디뎌야 할지 막막하기만 했다. 이력서를 준비하고 취업정보를 찾아 인터넷을 뒤지고, 헤드헌터에게 연락하는 등 취업전선에서 좌충우돌했다. 새로운 도전에서 실패는 항상 함께하는 친구 같지만, 그 과정에서 느끼는 외로움, 미지에 대한 두려움, 그리고 긴장과 같은 다양한 스트레스는 마치 지뢰처럼 불쑥 나타나곤 했다.

마지막 출근 날, 동료가 보내준 이메일 속 한 구절이 희망의 등불처럼 나를 이끌었다. "낮에는 구름 기둥으로 그들을 인도하시고, 밤에는 불기둥으로 그들의 길을 비추셔서, 밤낮 나아갈 수 있게 하셨으므로"(출애굽기 13:21). 이 구절은 이스라엘 민족이 애굽에서 탈출하여 정처 없이 광야를 헤매던 때 하나님께서 그들을 인도하신 상황을 보여 준다. 때때로 좋은 문구는 인생에서 등대와 같은 역할을 한다. 이 구절을 통해 초심을 잃지 않고 한 방향을 유지하는 것이 얼마나 중요한지를 다시금 깨닫게 되었다.

　　당장 뚜렷한 계획이 없었기에, 어느 정도 관심이 있었던 창업 컨설팅으로 방향을 잡아 보았다. 스스로 기업을 만들 아이디어는 없었고 엄두도 나지 않았지만, 다른 사람들에게 훈수는 둘 수 있지 않을까 하는 생각이 들었다. 당시 창업이 유행이기도 했고 기업에서 쌓아온 경험을 활용할 수 있을 것 같았다. 공부하며 시간을 보내다 보면 새로운 기회가 생길 것이라는 막연한 기대도 있었다. 결국 창업과는 직접 관련이 없는 공공기관에 도전하여 새로운 경험을 이어 나가게 되었지만, 대학원에서의 시간은 힘든 시기에 나를 붙잡아 주는 앵커(Anchor, 닻) 역할을 해 주었다.

직업상담 그리고 면접관까지

　　쉰여섯 살이 되던 해, 네 번째 직장을 그만 두었다. 아쉬운 점도 있었지만, 직장 생활은 충분히 해본 것 같다는 생각이 들었다. 이제는 뭔가 내가 원하는 일을 찾아 인생 후반기를 도전해 보고 싶었다. 그리고 구체적인 행동을 하기에 앞서 몇 가지 나만의 조건을 세워 보았다.

① 조직이나 사람에게 얽매이지 않기
② 경험을 살려 다른 사람에게 도움이 되는 가치를 창출하기
③ 가능하다면 청년 세대에게 도움이 될 수 있는 일 하기

이와 같은 조건들을 고려하던 중, 직업 상담이 떠올랐다. 독립적으로 일할 수 있고, 그동안의 경험을 살려 사람들의 진로 결정에 도움을 줄 수 있을 것 같았다. 특히 청년들에게 도움이 될 수 있겠다는 점에서 더욱 관심을 가지게 되었다. 직업상담을 하고 싶다고 무작정 시작할 수 없다는 것을 알게 되기까지 오래 걸리지 않았다. 대부분의 분야와 마찬가지로 이 곳에도 진입장벽이 있었고 최소한 관련 국가 자격증이라도 취득하는 것이 필요했다. 먼저 직업상담사 2급 자격부터 도전했다. 공부해야 할 범위가 넓고 외울 것도 많아 머리에 과부하가 걸렸지만, 어렵사리 시험을 통과할 수 있었다. 그 후 한국직업상담협회에서 운영하는 무료 국비교육에 참여하여 약 40일간 하루 6시간씩 240시간 보수교육을 추가로 받았다. 직업상담 교육과정에서 이력서 작성과 면접이 중요하게 다루어졌고, 이 과정에서 전문면접관의 존재를 알게 되었다. 강사님의 소개로 전문면접 자격증을 취득하는 교육과정에 참여하였고, 이를 통해 전문면접관의 길에 한걸음 다가가게 되었다.

2. 전문면접관으로 가는 길

**누구든지
면접관이 될 수 있다**

"면접관은 누구나 할 수 있을까?" 라고 질문한다면 "그렇다"고 답할 것이다. 외견상 갖춰야 할 자격이 따로 없기 때문이다. 인사(HR) 전문가가 아니더라도, 면접에 관심이 있고, 어느 정도 관련된 경험과 경력이 있다면 누구나 도전할 수 있는 분야라고 생각한다.

전문면접관을 필요로 하는 분야는 생각보다 그 범위가 넓다. 구분하기 나름이지만 경영, 금융, 마케팅, 엔지니어링, 기술 연구, 건설, 예체능 분야 등 사람을 채용하는 모든 영역에서 면접관의 다양한 경험과 경력이 요구되고 있다. 특히 경력직 채용이 늘어나면서, 해당 분야에서 은퇴한 전문가들은 언제든지 전문면접관으로 활동할 수 있는 가능성이 높아졌다. 과거에는 해당 분야의 교수나 박사학위 소지자들이 면접관 역할을 수행하는 경우가 많았지만, 최근에는 현장 경험을 쌓은 경력자들을 찾는 경우도 늘어나고 있다. 뿐만 아니라 교육 기관에서 취업지도를 하는 이들도 경험을 살려서 면접관으로 활동할 수 있다. 면접이 대화와 서류를 통해 사람을 판단하는 업인 만큼 남녀 간에 구별이 없다는 점도 큰 장점이 될 수 있다.

**면접관
입문 과정**

전문면접관은 국가 공인 자격증이 없다. 즉 면접관이 되기 위한 공식적인 규정이나 정해진 절차가 없다는 뜻이다. 내 경우 민간 교육기관에서 교육을 받고 민간 자격증을 취득한 후 면접관의 세계에 입문했다. 주변을 보면 다양한 배경과 경험을 가진 사람들이 각기 다른 경로를 통해 전문면접관이 되는 경우가 많다. 경력이 쌓이면서 면접관들 사이에서 자연스럽게 교류가 이루어지고, 서로 도움을 주고받는 일도 많다.

여기서는 내가 경험한 교육기관을 통해 입문하는 과정에 대해 좀 더 이야기해 보겠다. 민간자격 정보서비스(https://www.pqi.or.kr/)에 접속한 후 '면접관'을 검색하면 등록된 자격 관리 기관들을 확인할 수 있다. 취득자 수와 응시자 수가 등록된 기관이 여러 곳 있는데, 그 중에서 취득자 수가 많았던 기관을 선택해 훈련을 받았다. 교육 시간은 기관마다 조금씩 다르겠지만 기초단계인 2급 과정 1일(8시간), 상위단계인 1급 과정 2일(16시간) 등 총 3일을 수료하면 채용전문면접관 자격을 획득할 수 있다.

이 외에 비영리단체인 한국면접관협회(www.interviewer.or.kr)에서 운영하는 전문면접관 훈련프로그램을 수료하고 면접관에 입문하는 방법도 있다.

**면접관이
배우는 것들**

과거에는 면접관의 개인적인 경험이나 지식에 따라 주관적으로 면접을 진행하는 경우가 많았다. 이로 인해 질문과 평가가 체계적이지 않고 면접관마다 임의적인 판단이 이루어지는 경우가 많았다. 이런 문제를 해결하기 위해 면접관 교육기관에서는 세 가지 분야에 대해 집중 교육을 실시한다.

첫째, 면접 기준 설정, 둘째, 면접 도구 활용 방법, 셋째, 면접관 역량 제고이다. 이를 통해 전통적인 비구조화 면접을 구조화 면접으로 전환하는 과정을 이론적으로 교육한 뒤, 실제 상황을 반영한 모의 면접 훈련까지 진행한다.

[표 1] 비구조화 면접과 구조화 면접의 차이

구분	비구조화 면접	구조화 면접
질문 방식	즉흥적 유형의 질문	사전 설계된 유사한 유형의 질문
일관성	지원자마다 다를 수 있음	모든 지원자에게 동일기회 부여
객관성	주관적 평가 가능성 높음	공정하고 객관적인 평가 가능
유연성	지원자와 상황에 따라 유동적	제한적 유연성 (정해진 틀 내에서 운영)

교육 과정은 어렵지 않다. 하지만 머리로 이해하는 것과 실제로 해보는 것은 차원이 다른 이야기라는 점을 강조하고 싶다. 실제 면접 현장에서 순발력 있게 대응하기 위해서는 꾸준한 연습이 반드시 필요하다. 면접 교육기관에서는 실제 면접지원자를 대상으로 3~4회 정도 모의 면접 상황을 진행해 주지만, 현장에서 일을 해보니, 그것만으로는 턱없이 부족하다는 것을 알았다. 질

문과 답변이 이루어지는 면접의 특성상, 혼자서 하는 공부에는 한계가 있다는 점도 고려해야 한다. 나는 교육기관에서 함께 공부한 동기들과 스터디 그룹을 만들어 예상 질문을 작성하여 공유했다. 그런 점에서 뜻이 맞는 사람들과 같이 면접 공부를 시작하기를 권하고 싶다.

면접관 활동을 위한 준비

면접관 교육을 마쳤다고 해서 면접관 기회가 저절로 찾아오는 것은 아니다. 이 분야에서는 인적 네트워크가 무엇보다 중요하다. 초보자가 면접시장에 혼자 들어가는 것은 미리 개발해 놓은 경로가 없다면 쉽지 않다. 나는 처음 교육받은 훈련기관을 통해서 면접관 기회를 얻을 수 있었다.

면접관 자격을 취득한 후에는 면접관 프로필을 작성하게 된다. 이 프로필은 면접관을 채용기관에 소개하는 전문 기관에 등록되며, 면접 기회가 있을 때 이 정보를 바탕으로 추천이 이루어진다. 소개 기관은 보통 채용기관에 2배수 정도의 면접관 후보를 추천하고, 채용기관은 이들 중에서 가장 적합한 면접관을 선택해 최종 확정하는 방식이다. 이 과정에서 초보면접관은 불리한 조건에 직면하게 된다. 면접관 프로필에는 필수 항목으로 과거 면접 참여 경력이 포함되는데, 경력이 없는 초보자는 이를 채우기가 어렵기 때문이다. 따라서 전문면접관으로의 진입을 결심했다면, 무엇보다도 자신의 프로필을 전문가답게 구성하는 것이 중요하다. 새롭게 면접관 활동을 시작하려는 분들은 아래의 사항들을 참고하면 도움이 될 것이다.

제대로 된 프로필 사진부터 준비한다.

딱딱한 여권 사진보다는 전문 사진관에서 촬영한 프로필 사진을 준비하는 것을 추천한다. 두세 장 정도 다양한 느낌의 사진을 준비하면 더 좋다. 좋은 이미지가 조금이라도 도움이 된다.

자신의 경험과 경력을 직무 중심으로 간략하게 정리한다.

최근의 면접은 직무 중심으로 면접관이 선정되어 운영되기 때문에, 자신과 맞는 직무에 선정되기 위해서는 자신이 어떤 분야의 전문가인지 알리는 것이 중요하다.

관련된 자격증(국가, 민간)과 수료한 교육내역을 일목요연하게 정리한다.

자원봉사 활동, 글 쓴 경험, 가르친 경험 등이 있다면 모두 도움이 된다. 면접관 입문은 서류평가로부터 시작하는 경우가 많다. 자신의 프로필을 제대로 작성하지 못하면서 다른 사람들을 평가한다는 것은 어불성설이다. 교육훈련을 받고, 프로필까지 준비가 되었다면 면접관으로 나갈 준비가 완료된 것이다. 이제는 실전이다.

한 가지 더 강조하고 싶은 점은 인내심을 가지라는 것이다. '교육훈련도 받았고, 자격증도 취득했고, 프로필도 작성해서 지원했는데 왜 기회가 바로 오지 않는 것일까?'라는 의심은 불안으로 이어질 수 있다. 이는 면접관 도전에 대해 회의감을 느끼게 할 수 있다. 따라서 꾸준히 공부하며 관련 단체나 훈련기관에서 인적 네트워크를 구축하는 노력을 해야 한다. 적극적으로 관련

세미나에 참석하고 블로그와 같은 글쓰기를 통해 자기 계발을 계속 이어 가길 바란다. 지원하고 떨어지는 일을 반복하는 것도 성공으로 가는 과정이다.

공공기관의 경우, 외부 면접관을 위촉하기 위해서는 제척[1], 회피[2], 기피[3]와 같은 정해진 규정에 합당한지 여부를 확인하도록 되어 있다. 아무리 유능하고 경험이 많은 면접관이라도 동일한 채용기관의 면접에 연속해서 참석할 수 없다(연속 위촉 금지). 또한 동일 채용의 경우에는 서류 평가와 대면 면접 중 하나에만 참석할 수 있다(중복 위촉 금지). 면접 채용이 활발한 기간에는 면접관이 부족한 상황이 발생할 수 있으며, 이로 인해 초보면접관에게 기회가 찾아올 가능성이 높아진다. 인내심을 가지고 지속적으로 노력한다면, 원하는 기회를 얻을 수 있다.

면접관 첫 경험

나는 전문면접관 교육 훈련을 마치고 한 달 뒤에 첫 실전 기회를 가질 수 있었다. 공공기관 대면 면접이었는데 2일 전에 확정 통보를 받았다. 이전에 내부 면접관 경험이 있었음에도 전문 외부 면접관으로 도전한다는 마음에 긴장이 될 수밖에 없었다. 면접 당일에는 갑자기 면접 위원장 역할

---

1) 제척: 채용 기관이 공정성을 위하여 면접관 위촉 시 특정인 배제
2) 회피: 면접관이 공정한 심사를 위하여 스스로 심사 미 참여
3) 기피: 지원자가 공정한 평가를 받기 위하여 특정 면접관 배제 요청

까지 맡게 되어 면접을 진행하는 상황이 발생했다. 이처럼 면접 현장에서는 예상치 못한 일이 생길 수 있으므로 이에 대한 사전 대비가 필요하다.

결론부터 말하자면 생각보다 어렵지는 않았다. 이전 직장에서 내부 면접관 경험을 몇 차례 했던 덕분이기도 했지만, 사전 준비를 열심히 한 것이 도움이 되었다. 실제 면접 현장에서는 비슷한 수준의 지원자들이 유사한 질문을 받으며 답변하기 때문에, 개인별 차이가 크지 않은 경우가 많다. 이는 지원자들이 충분히 연습해 오는 데다, 공공기관 면접의 경우 질문 범위가 제한적이고 질문 패턴이 일정하기 때문이다. 면접이 쉽다는 이야기는 절대 아니지만, 겁먹을 필요는 없다는 뜻이다. 충분한 준비와 연습을 통해 자신감을 가지고 면접 심사에 임한다면, 좋은 결과를 얻을 수 있을 것이다.

첫 면접관 면접 경험을 통해, 평가에서 무엇보다 중요한 것은 일관성을 유지하는 것임을 다시금 깨달았다. 면접이 오전이든 오후든, 1일차든 2일차든 관계없이, 면접관의 컨디션을 일정하게 유지하는 것이 매우 중요하다. 체력과 집중력 역시 면접관이 반드시 갖춰야 할 핵심 역량임을 절실히 느꼈다. 체력이 뒷받침되지 않으면 장시간 집중력을 유지하기 어렵고, 한 번의 실수가 지원자의 합격 여부를 바꿀 수도 있기 때문이다. 그만큼 면접 기간 동안 자기 절제와 체력 관리가 매우 중요하다는 점을 강조하며, 이 장을 마무리하고자 한다.

3. 면접관은 왜 고자세가 될까?

누구나 빌런(villain, 악당)이 될 수 있다

전문면접관으로 활동하기 전에는 사내 면접관으로서 면접 평가에 직·간접적으로 참여한 경험이 많았다. 반대로 지원자로서 면접을 본 경험도 있었다. 면접 현장에서 흔한 일은 아니지만, 때때로 지나치게 공격적인 태도로 지원자를 압박하는 면접관을 목격한 적이 있었다.

한번은 모 대학의 경영학 교수를 면접관으로 초빙해 대면 면접을 진행했다. 당시 지원자는 박사학위 소지자였는데, 면접 주제와 직접적인 관련이 없는 박사학위 논문이 질문 대상이 되었다. 해당 면접관은 마치 학위 심사위원이라도 된 듯, 자기소개서에 기재된 논문의 특정 내용을 집요하게 질문하며 지원자의 지적 능력을 시험하려 했다. 결국 지원자가 "잘 모르겠다"는 답변을 한 뒤에야 질문이 끝났다. 이로 인해 지원자는 크게 위축되었고, 자신감을 잃은 채 면접을 마무리했다. 당연히 평가에서도 좋은 점수를 받지 못했다.

면접현장에서 나타나는 권위적인 면접관의 사례들을 정리해 보면 다음과 같다.

① 답변 중에 끼어들기: 답변을 다 듣기도 전에 말을 자르고 끼어든다.
② 모호한 질문하기: 누가 들어도 잘 이해가 안가는 주제와 동떨어진 질문을 한다.

③ 재촉하는 말투: 면접관의 표정이나 말투가 응시자를 재촉한다.
④ 약점을 부각하는 질문: 이력서나 자기소개서를 보고 꼬투리를 잡는 질문을 던진다.
⑤ 압박질문: 불가능한 상황을 가정하여 지원자를 궁지로 몰아넣는 질문을 던진다.
⑥ 긴 질문: 옆에서 듣는 면접관도 기억 못할 정도로 긴 질문이나 연속된 질문을 한다.
⑦ 잘 들리지 않는 질문: 지원자가 듣기 힘든 작은 소리로 질문을 한다.

면접관이 지원자보다 우위에 있다고 느끼는 이유

면접현장에서 면접관이 심리적으로 지원자보다 우위에 서는 나름의 이유가 있을 수 있다. 여러 가지 원인이 있을 수 있겠지만 내 나름대로 생각하는 이유 세 가지를 덧붙여 보고자 한다.

면접 장소의 구조

면접을 경험한 사람이라면 알겠지만, 면접장의 구조는 면접관이 지원자를 마주보는 형태로 배치되어 있다. 법원의 판사처럼 단상위에 있는 것은 아니지만, 면접장 분위기 자체가 면접관에게 판사와 비슷한 시야를 제공한다. 자리 배치만으로도 면접관이 지원자보다 우위에 있다는 인상을 줄 수 있다. 이러한 환경에서 지원자는 자연스럽게 평가받는 수동적인 입장이 되며, 자신보다 면접관이 심리적으로 우위에 있다고 느낄 수 있다. 더불어 면접관의 질문 방식과 태도는 지원자의 긴장감을 높이는 요인이 되어, 면접관의 우위를 더욱 강화하는 역할을 하기도 한다.

면접관과 응시자간 정보 비대칭

블라인드 면접이라 하더라도, 면접관은 지원자의 기본적인 정보를 가지고 있다. 즉 면접관은 "나는 너를 알고 있어"라는 입장에 서게 되고, 지원자는 면접관이 무엇을 질문할지, 어떤 점을 선호하는 지 알 수 없는 상태에 놓여있다. 이로 인해 면접관은 공세를 펴는 입장에, 지원자는 수세를 취하는 입장에 서게 된다.

합격 불합격 결정권한이 있다는 믿음

끝으로, 면접관은 점수를 부여하는 권한을 가짐으로서 자신이 당락의 결정권을 쥐고 있다는 생각을 갖게 될 수 있다. 특히 화려한 경력이나 성공적인 경험이 많은 면접관일수록 자신의 성공담에 도취되어 지원자를 함부로 대할 유혹에 빠질 수 있다는 점에 유의해야 한다. 전문면접관은 이런 유혹에서 벗어나 지원자를 수평적인 대등한 관계로 대우하는 자세를 가져야 한다.

면접관의 덕목

전문면접관이라면 겸손한 자세와 지원자에 대한 배려는 물론, 어떤 압력에도 흔들리지 않고 최적의 인재를 선택하려는 확고한 소신을 지녀야 한다. 이번에는 면접관이 꼭 명심해야 할 세 가지 덕목을 짚어 보자.

겸손하자!

면접관이 지원자보다 우위에 있다는 생각은 부지불식간에 면접관의 말이나 행동에 투영될 위험이 있다. 의식적으로는 그러지 말아야지 하면서 자기도 모르게 부적절한 말이나 행동이 나올 수 있다는 점에 유의해야 한다. 이에 대한 해결책 중 하나로 나는 면접관이 갖춰야 할 가장 큰 덕목이 겸손이라고 생각한다. "내가 틀렸을 수 있다!"라는 한 문장을 머릿속에 담고 면접에 임한다면 면접관의 무게를 이겨낼 힘을 얻을 수 있다고 믿는다. 더 나아가 전문면접관은 지원자를 고객처럼 대해야 한다. 자신을 낮추고 고객을 위로 모시는 서비스 정신이 전문면접관의 첫 번째 마음가짐이어야 한다. 겸손을 마음에 두되, 올바른 질문과 합리적인 평가라는 공평한 기준잣대를 토대로 응시자들을 검증하는 것이 성공적인 전문면접관이 되는 지름길이다.

공감하자!

면접 지원자의 자리는 많이 외롭다. 나 자신도 여러 번의 공개 채용에 응시하여 지원자 자리에 앉아 본 경험이 있다. 경험이 많다고 해서 그 상황이 편해지는 것은 아니다. 혼자서 모든 압박을 이겨 내고, 준비해 온 역량을 짧은 시간 안에 쏟아 내야 하기에 면접이 끝나고 나면 언제나 아쉬움이 남았던 것 같다. 유능한 면접관은 이러한 지원자의 마음을 헤아리고, 지원자의 숨겨진 능력까지 끌어낼 수 있어야 한다. 공식적인 면접 질문이 끝난 후, 마지막 하고 싶은 말이 있으면 해보라고 기회를 주는 경우가 있다. 이럴 때 지원자들은 각양각색의 이야기를 남기는데, 기억나는 몇 가지를 정리해 보겠다.

"너무나 절실합니다. 온 몸을 다 바쳐 일할 준비가 되어 있습니다. 뽑아만 주십시오"

"긴장해서 할 이야기를 다 못해 아쉬움이 남지만, 뽑아 주시면 최선을 다해서 일하도록 하겠습니다."

"이번 면접이 처음이었는데, 면접을 이렇게 진행하는 것을 알게 되어 소중한 경험이었습니다."

"면접위원님들이 편하게 대해 주셔서 하고 싶은 말을 다한 것 같아 후회가 없습니다."

전문면접관이라면 마지막과 같은 말을 들을 수 있어야 한다. 지원자 자리에 앉으면 누구나 긴장할 수밖에 없으며, 그 정도는 개인에 따라 다를 뿐이다. 좋은 면접관은 긴장감을 낮추고 지원자가 가진 재능과 역량을 충분히 발휘할 수 있는 여건을 만들어야 하며, 적절한 질문을 통해 지원자를 검증할 수 있어야 한다.

이런 점에서, 면접관에게 필요한 덕목은 바로 공감이라고 말할 수 있다. 지원자를 동정하는 것이 아니라 지원자가 처한 상황을 이해하고 그의 능력을 끌어내는 역할이 면접관의 중요 덕목이라고 생각한다. 그래서 후회 없이 면접을 보았다는 말을 듣는 것이 전문면접관의 소임이라고 할 수 있다.

가슴은 따뜻하지만 머리는 차갑게!

면접관의 가슴은 따뜻해야 하지만 머리는 차가워야 한다. 면접관은 다수의 후보자들 중 한 명을 선택해야 한다. 최선을 다해 지원자들의 능력을 끌어내는 노력을 해야 하지만 평가는 냉정해야 한다. 면접을 진행하다 보면, 우연인지 특정 조에 유능한 지원자들이 몰리는 경우가 종종 있다. 이때 누구를 선택해야 할지 고민하게 된다. 누가 합격하더라도 충분히 그 일을 해낼 정도로 유능한 후보자들 가운데 단 한 명을 선택하는 것은 아주 어려운 일이다. 이럴 때는 냉철한 판단이 필요하다. 작은 차이라도 냉정하게 평가해서 1점이라도 높은 후보자를 선택하는 결단과 용기가 요구된다. 면접관은 언제든지 진실을 숨기거나, 실제 능력 이상으로 자신을 포장하려는, 혹은 합격을 위해 수단과 방법을 가리지 않는 지원자들 사이에서 옥석을 가려내야 한다는 압박감을 느낄 수밖에 없다. 이럴 때일수록 면접관은 '감별사'로서의 권위를 내세우기보다, 질문의 힘으로 사람을 구별해낼 수 있는 역량을 갖추기 위한 노력이 필요하다. 우리가 건강검진을 받을 때 혈액검사, 위내시경, MRI 등 다양한 검사를 통해 정확한 진단을 내리듯, 면접관 역시 자신만의 진단 도구를 개발하고, 이를 바탕으로 전문가답게 판단하는 훈련을 게을리해서는 안 된다.

4. 실전(면접현장)에서 배운 Tip

서류 평가 어떻게 해야 할까?

전문면접관이 참여할 수 있는 평가는 크게 두 가지로 나뉜다. 하나는 서류 평가, 다른 하나는 대면 면접 평가이다. 일반적으로 '면접'이라 하면 질문과 답변을 주고받는 대면 평가를 떠올리는 경우가 많지만, 채용 절차에서 서류 평가 역시 대면 평가만큼 중요한 과정이다. 특히 초보면접관의 경우 처음에는 서류 평가부터 참여하게 되는 경우가 많다. 이

때의 경험은 단순한 시작 단계가 아니라 지원자들의 특성과 경향을 파악하고, 평가 기준을 세워보는 중요한 학습 기회가 된다. 이러한 경험은 대면 면접에서도 지원자 이해의 폭을 넓히고, 질문을 설계하는 데 유용한 자산이 될 수 있다. 따라서 면접관으로 성장하고자 한다면, 서류 평가를 적극적으로 경험해 볼 것을 권한다. (표2. 서류평가와 면접평가의 차이)

글을 읽고 평가를 한다는 점이 쉽게 느껴질 수도 있지만, 글만으로 인재를 골라내는 과정이기 때문에 보다 세심한 관찰과 확실한 기준을 가진 평가가 이루어져야 한다.

이 장에서는 그동안 경험하면서 배운 서류평가에 대한 노하우를 공유하고자 한다.

노하우 1. 지원 서류의 형태를 파악하자

공공기관 기준으로 볼 때, 서류평가에 포함되는 내용은 응시지원서(경력사항 포함), 자기소개서, 직무계획서로 구성이 된다.(두 가지만으로 구성되는 경우도 있다). 경력사항은 미리 정해진 채용 기준에 따라 사전 필터링 되는 경우가 많아, 면접관이 직접 평가하는 일이 많지 않다. 그러나 관리직이나 중요 경력직의 경우 이전 경력의 타당성을 확인하기 위해 평가에 포함될 수 있다. 대부분의 경우 서류 평가는 자기소개서와 직무 계획서를 중심으로 평가가 진행된다.

노하우 2. 서류심사에서 주의해야 할 사항들

공공기관 채용에서는 많은 경우 지원 경쟁률이 수십 대 일에

달한다. 서류 전형을 통과할 인원이 10명이라면, 심사 대상자가 500명에 이르는 일도 흔하다. 이 중에서 단 10명을 선발해야 하는 과정은 결코 쉬운 일이 아니다. 서류 평가는 단순히 부적격자를 걸러 내는 과정이 아니라, 마치 보석을 감정하듯 흠결 없는 인재를 찾아내는 섬세한 작업이라 할 수 있다. 따라서 면접관이 세운 평가 기준이 얼마나 정밀하고, 또 얼마나 일관성 있게 적용되는지가 서류 평가의 성패를 좌우하는 핵심이라 할 수 있다.

다음은 서류 평가 시, 기본적으로 확인해야 할 사항들이다.
① 묻는 질문에 맞는 답변을 하고 있는지 확인
지원서는 잘 작성했지만 본인의 장점만 나열하고, 실제로 묻는 질문과 관계없는 내용을 기술하는 경우가 있다. 글 내용에 현혹되기 보다는 먼저 질문에 맞는 답변인지 확인할 필요가 있다.
② 채용 기준에 위배되는 사항 유무
공공기관 채용에서 면접관이 가장 중점적으로 확인하는 요소 중 하나는 블라인드 규정 위반 여부다. 블라인드 위반은 사전에 정해진 감점 기준이 적용되기도 하지만, 경우에 따라 면접관의 판단에 맡기는 경우도 있다. 최근에는 AI 시스템을 통해 사전 점검을 실시하고, 규정 위반 여부에 대해 자동으로 감점 등의 조치가 이뤄지는 경우도 많아, 면접관이 따로 확인하지 않아도 되는 경우도 늘고 있다. 이외에도 지원 기관명을 잘못 기재하거나, 기본적인 철자 오류 등 사소해 보일 수 있는 실수를 통해 지원자가 채용에 임하는 자세와 태도를 가늠할 수 있다.
③ 지원서 내용의 균형
대부분의 채용기관은 지원자의 경험과 성과를 구체적인 사례

를 통해 기술할 것을 요구한다. 이때는 단순한 나열이 아니라, 내용의 균형과 논리적인 흐름이 잘 갖춰져 있는지 살펴보는 것이 중요하다.

지원자가 문제를 어떻게 인식했는지, 그에 대한 대응 과정과 결과가 자연스럽게 연결되는지가 평가의 핵심이 된다. 특히 다음과 같은 기준들을 점검해 보는 것이 좋다.

- 정량적 성과와 정성적 노력이 균형 있게 기술되어 있는가?
- 목표 달성을 위한 노력이 수치나 계량 자료로 명확히 제시되고 있는가?

그 위에 지원자만의 차별화된 활동이나 통찰이 추가되어 있다면 더욱 긍정적인 인상을 줄 수 있다.

④ 면접관의 일관성 유지

면접관의 집중력 유지는 정확한 평가와 채점에 매우 중요한 요소다. 특히 서류 평가는 비교적 정적인 작업이기 때문에 면접관의 컨디션에 따라 결과가 좌우될 가능성이 크다. 일반적으로 오전과 오후 사이 집중력 차이가 크기 때문에, 오전 시간에 최대한 평가 진도를 나가는 것이 바람직하다. 반면, 점심식사 이후에는 집중력이 떨어질 수 있으므로, 충분한 휴식을 통해 뇌의 피로를 줄이는 것이 효과적이다. 또한 3~4일 이상 연속으로 서류 평가를 진행할 경우, 평가 척도가 날마다 달라지지 않도록 일관성을 유지하는 관리가 필요하다. 이럴 때는 아침에 시작하기 전, 전날 평가 기준을 간단히 복기하고 점검하는 방법도 유용하게 활용될 수 있다.

⑤ 모르는 전문 기술용어가 나왔을 때 대처방법

면접 과정에서는 면접관이 모르는 전문 용어나 개념이 등장하는 경우가 종종 있다. 함께 평가하는 면접관 중에 해당 내용을 알고 있다면 즉시 확인할 수 있지만, 그렇지 못할 경우에는 문맥을 바탕으로 판단하되, 그로 인해 지원자에게 불이익이나 편견이 생기지 않도록 각별히 유의해야 한다.

⑥ 신뢰성 있는 사례인지 검증

서류 평가에서는 지원자가 거짓말을 하고 있는지 여부를 가려내기가 쉽지 않다. 글자만으로 판단해야 하기 때문에 면접처럼 직접적인 확인이 어렵고, 편견 없이 내용을 객관적으로 바라보는 것이 중요하다. 그러나 특수한 환경에서의 경험이나 사례의 경우, 지원한 직무와의 연관성을 최대한 검증할 필요가 있다. 또한 작성된 경력과 경험이 서로 자연스럽게 연결되어 있는지, 논리적인 흐름이 있는지를 점검하는 것도 좋은 평가 방법이다.

⑦ 지원서 제출 시점 확인

지원서의 제출 시점에 따라 지원자들의 분포가 다를 수 있어 지원서 제출기간이 길게 설정된 경우, 제출하는 날짜에 따라 지원자들의 서류 작성 수준에 차이가 있을 수 있다.

⑧ 면접관 간 점수차이가 발생하는 경우

면접 평가에서는 다음과 같은 다양한 변수들이 결과에 영향을 미칠 수 있다.

- 면접관의 선호도 차이: 면접관이 가진 전공 지식, 경력, 실무 경험 등에 따라 평가 기준과 선호도가 다를 수 있다. 이는 평가 결과에 영향을 줄 수 있다.
- 초기 점수의 영향력: 지원자의 첫 번째 항목에 낮은 점수를 주면, 이후 항목에서도 상대적으로 낮은 평가를 하게 되는 경향이 생길 수 있다. 이는 평가의 일관성을 해칠 수 있는

요소다.
- 면접관의 컨디션: 면접관도 사람이기 때문에, 특히 오후 시간이나 평가 후반부에는 피로로 인해 집중력이 떨어져 실수가 발생할 수 있다.
- 감점 항목에 대한 인식 차이: 오탈자나 블라인드 규정 위반과 같은 항목에서 면접관마다 감점 여부에 대한 판단이 다를 수 있다.
- 성과 판단의 기준 차이: 정량적 성과(수치, 지표 등)와 정성적 성과(과정, 태도 등)에 대해 면접관이 중요하게 생각하는 정도가 다를 수 있어, 동일한 내용에 대해서도 평가가 달라질 수 있다.

⑨ **나만의 평가 기준 (직무 경험 여부에 대한 5단계 평가)**

채용기관에서 정한 채점 기준을 기반으로 평가하되, 면접관은 자신의 평가 기준을 명확히 설정해 두는 것이 중요하다. 그래야 지원자들의 글에 흔들리지 않고 평가의 일관성을 유지할 수 있다.

내가 일반적으로 머릿속에 가지고 있는 평가 기준은 다음과 같다.

- 탁월: 경험 + 과정 + 결과(성과) + 대외적 평가
  (예: 수상경력, 전파노력, 공적인 인정 등)
- 우수: 경험 + 과정 + 결과
- 보통: 경험 + 과정
- 미흡: 단순한 경험만 제시
- 불량: 관련 경험 자체가 부족하거나 없음

[표 2] 서류평가와 대면평가의 개략적인 차이

항목	서류 평가	대면 평가
면접관 구성 (공공기관 기준)	3인 이상 중앙기관: 외부 면접관 1인 이상 지방기관: 외부 면접관 절반 이상	3인 이상 외부 면접관 절반 이상
위원장 유무	없음	있음 (진행 및 조정 역할)
협업 필요성	낮음 (개인 역량 중심)	높음 (질문 조율, 시간 배분 등 팀워크 필요)
평가 시간	지원자 1인당 3~5분	지원자 1인당 10~20분
일일 처리 인원	100~150명 (개인 역량 따라 조절)	기관 일정에 따라 유동적 (다대일, 다대다 가능)
주요 판단 근거	서류 내용 (경력, 자기소개서, 직무계획서)	답변 내용, 논리성, 태도
정보 흐름	단방향 (읽고 판단)	쌍방향 (묻고 듣고 판단)
면접관 요구 역량	문해력, 집중력	사고력, 상황 판단, 임기응변 능력
평가 기준	경력 타당성, 지원동기, 서술 논리성, 경험과 성과내용 등	실무 이해도, 발표력, 논리적 설명력, 경험 신빙성 등
부수 평가 요소	오탈자, 블라인드 위배 등	복장, 태도, 비언어적 표현 등
점수 산정	평균점수 + 가산점 (자격증, 경력 등)	평균점수 + 가산점 (보훈, 장애 등)
기타	독립적 업무를 선호하는 면접관에 적합	팀워크 선호하는 면접관에 유리

※ 위 표는 저자의 개인적 경험을 바탕으로 정리한 것으로, 실제 채용기관의 공식 기준이나 규정과는 무관하다는 것을 밝힌다.

면접 행정 절차의 중요성

공정 면접의 중요성이 강조되면서 외부 전문면접관을 활용한 채용 방식이 점차 보편화되고 있다. 이에 따라 전문면접관을 양성하는 교육기관도 꾸준히 증가하는 추세다. 다양한 경력과 경험을 지닌 면접관들이 교육과 훈련을 통해 전문성을 갖추고 있으며, 이러한 교육 과정은 대체로 면접 질문에 초점을 맞추는 경우가 많다.

물론 질문을 던지고 지원자의 답변을 토대로 평가하는 것이 면접의 핵심임은 분명하다. 그러나 면접은 단순히 평가에만 그치는 것이 아니라, 반드시 숙지하고 준수해야 할 행정적 요소들을 포함한 하나의 '행정 절차'이기도 하다. 이러한 요소를 소홀히 할 경우, 면접관 자신뿐 아니라 기관 전체가 불필요한 리스크에 노출될 수 있다. 이에 따라 실제 면접 현장에서의 경험을 바탕으로, 면접관들이 실무에서 반드시 유의해야 할 행정적 사항들을 정리하여 공유하고자 한다.

사전 준비

외부 면접관으로 위촉되면, 가장 먼저 해당 기관의 홈페이지를 통해 채용 정보를 구체적으로 확인해야 한다. 채용 공지사항, 서류 전형 내용, 면접 일정 등의 정보를 꼼꼼히 체크하면서 면접의 방향을 파악할 수 있다. 또한 조직의 비전, 미션, 인재상 등 면접과 관련된 정보도 함께 수집해 이를 바탕으로 면접 질문을 어떻게 구성할지 구상해야 한다. 평가 분야별로 핵심 질문을 4~5개 정도 준비하고, 자문자답을 통해 예상되는 답변과 이에 따른 평가 기준을 정리해 두는 것이 바람직하다.

면접 당일에는 최소 30분 전에 면접 대기실에 도착하는 것이 좋다. 채용기관 인사팀으로부터 면접 진행 방식과 주요 평가 항목, 주의사항 등에 대한 사전 설명을 듣고, 함께 참여하는 면접관들과 인사를 나누게 된다. 이 시간은 면접관에게 매우 중요하다.

이 자리에서 채용 취지, 면접 규모, 진행 방식, 주의 사항 등에 대한 사전 교육이 이루어지며, 면접위원장 선임과 면접관 간 역할 배정도 협의한다. 면접관별 질문 영역과 순서가 정해지기 때문에, 사전에 다양한 주제의 질문을 폭넓게 준비해 두는 것이 필요하다. 예를 들어 책임감이나 윤리의식에 대한 질문만 준비했는데, 갑자기 도전 의식에 대한 평가를 맡게 되는 경우도 있다. 경험이 풍부한 위원장이 있다면 역할 조율이 수월하지만, 그렇지 않은 경우에는 최소한의 가이드라인을 제시하고 사전 동의를 받는 것이 중요하다.

시간 관리

일반 면접의 경우, 응시자 1인당 주어지는 시간은 평균 10분 내외인 경우가 많다. 짧게는 5분, 길게는 15분 정도의 시간이 주어지는데, 이 시간을 적절히 관리하지 못하면 핵심 질문을 하지 못한 채 시간이 초과되는 일이 발생한다. 따라서 면접관은 핵심 평가 영역별로 최소 3가지 정도의 질문 선택지를 미리 준비해두는 것이 좋다.

모든 지원자에게 동일한 질문을 던지는 방식도 가능하지만, 다대다(단체) 면접의 경우 3번째 이상 순서의 지원자는 앞선 응답을 참고해 답변을 준비할 수 있는 기회가 생긴다. 이런 상황을 방지하려면 난이도가 유사한 질문 3개 정도를 준비해 적절히 혼용하여 운영하는 것이 효과적이다.

질문은 반드시 단순하고 명료해야 한다. 질문이 길거나 복잡하면 지원자가 내용을 제대로 이해하지 못하는 상황이 생길 수 있다. 이로 인해 질문을 다시 설명하는 데 시간이 낭비될 뿐 아니라, 면접관의 질문 능력에 대한 의구심을 유발할 수도 있다. 면접 중 "질문을 다시 설명해 주세요"라는 요청이 자주 나온다면, 질문 구성 방식에 대해 점검이 필요하다는 신호로 봐야 한다.

또한 면접관은 면접 서류를 효율적으로 활용할 필요가 있다. 블라인드 면접이라 하더라도 기본적인 이력서, 자기소개서, 지원 동기 등은 면접관의 책상에 비치되어 있다. 하지만 대부분 면접 시작 30분 전이 돼서야 이 서류들을 처음 접하고, 면접이 시작되면 서류를 꼼꼼히 읽을 시간도 여유도 없다. 이 때문에 자기소개서나 지원 동기 등 핵심 문서를 중심으로 키워드를 빠르게 훑어보고, 미리 준비한 질문의 범위 내에서 약간의 변형을 줘 대응하는 전략이 특히 초보면접관에게 유용하다.

면접위원 간 역할 관리

면접은 지원자의 순서와 시간이 사전에 정해져 있기 때문에, 일단 시작되면 끊김 없이 일사불란하게 진행되어야 한다. 기본적인 시간 관리와 전체 흐름은 보통 면접위원장이 담당하지만, 각 면접관도 자신에게 맡겨진 질문 영역에 책임감을 가지고 주도적으로 참여해야 한다.

보통 면접 첫날, 면접관 미팅 시간에 위원장이 중심이 되어 각 면접관의 경력과 전문성을 고려해 질문 영역과 순서를 조율한다. 이때 위원장은 전체 시간과 면접 진행 상황을 관리하는 역할을 맡기 때문에, 질문은 마지막 순서에 하는 것이 가장 효율적이다. 다만 일부 기관에서는 면접 운영과 시간 관리를 채용기관 측에서 직접 맡고, 면접관은 질문과 평가에만 집중하는 방식으로 운영하기도 한다. 이런 경우에는 각 면접관이 사전에 자신의 질문 순서를 충분히 숙지하고, 정해진 시간 안에 평가를 마치도록 유의해야 한다.

내부 면접관은 해당 기관의 사정에 밝고, 조직이 실제로 필요로 하는 인재상의 구체적인 기준을 잘 알고 있는 경우가 많다. 따라서 주로 직무와 관련된 기술적 역량, 실질적인 업무 이해도, 조직 문화와의 융화 가능성 등을 검증하는 역할을 맡는 것이 바람직하다. 다만 내부 면접관의 직무 경험이나 직급에 따라 평가의 깊이나 기준에 차이가 있을 수 있으므로 이에 대한 사전 조율이 필요하다.

외부 면접관은 자신이 맡은 전문 영역의 역량 검증에 집중하되, 동시에 지원자의 인성과 태도 등 보다 일반적인 요소를 평가하는 데에도 주의를 기울여야 한다.

점수 관리

이 부분은 초보면접관이 가장 어려움을 느끼는 지점일 수 있다. 점수는 어디까지나 객관적인 평가 기준에 따라 부여되어야 하며, 이는 면접 평가에 있어 기본 중의 기본이다. 단순히 말을 유창하게 잘한다고 해서 고득점을 주거나, 반대로 답변이 어눌하다고 해서 낮은 점수를 주는 것은 적절하지 않다. 특히 면접관이 잘 모르는 분야일수록 이런 오류가 발생하기 쉽다. 이럴 때일수록 지원자의 핵심 이해도, 경험의 진정성, 논리적인 연결 구조에 주목해야 한다. 긴장으로 인해 말이 더디더라도, 그 속에 실제 경험이 녹아 있고 논리적인 흐름이 있다면 긍정적인 평가가 가능하다.

지원자 간 답변 수준의 차이는 분명하게 드러나는 경우가 많다. 하지만 그 차이를 구체적인 점수로 구분하는 일은 또 다른 과제다. 제한된 시간 안에 판단을 내려야 하기 때문에, 면접관은 자신만의 기준점을 미리 갖추는 것이 중요하다. 이 점은 마치 야구 경기에서 주심이 스트라이크와 볼을 판정하는 것과 비슷하다. 최근에는 프로야구에서도 자동 판정 시스템이 도입되는 등 판정의 정확성과 일관성에 대한 요구가 높아지고 있다. 마찬가지로 면접관 역시 일관된 기준 없이 감에만 의존해서는 안 되며, 체계적인 평가 기준이 없으면 장기적으로 면접관 활동을 지속하기 어렵다. 따라서 면접 질문을 준비할 때, 해당 질문에 대한 모범답안 수준과 점수 기준을 미리 정리해 두는 것이 좋다.

예를 들어 다음과 같이 구분할 수 있다.
- 1점: 관련 경험이 전혀 없음
- 2점: 관련 경험은 있으나 수동적으로 참여
- 3점: 경험 + 적극적인 추진
- 4점: 경험 + 타의 모범이 될 수준의 열정
- 5점: 뛰어난 성과 + 대내외적인 인정이나 파급력

이러한 기준을 바탕으로 면접을 진행하면, 자신감 있게 판단을 내릴 수 있을 뿐 아니라 면접관 간 점수 격차에 대해서도 설득력 있는 설명이 가능하다.

순위 관리

〈면접의 최종 목적은 '최적의 인재 선발'〉

면접의 본질은 해당 직무에 적합한 사람을 찾는 것이다. 즉 면접의 1차 목표는 부적격자를 걸러 내는 것이며, 궁극적으로는 조직에 가장 적합한 인재를 선발하는 데 있다. 채용 인원이 1명이라면, 많은 지원자들 중에서 반드시 1등 지원자를 찾아야 한다.

경우에 따라서는 모든 지원자가 기대치에 미달하는 상황도 발생할 수 있다. 이럴 때는 전원 탈락을 결정하고, 다시 적합한 인재를 찾는 것이 오히려 바람직한 선택이 될 수 있다.

〈공공기관 면접의 특수성〉

공공기관에서는 보통 여러 분야에서 다수를 채용하는 경우가 많다. 예를 들어, 10명을 선발하는 면접에 30명의 지원자가 참여한다면(3배수 기준), 이들 중에서 순위를 정해 합격자를 결정해야 한다. 보통 상위권인 1위부터 5위까지는 비교적 쉽게 결정되지만, 6위부터 10위까지의 판별은 쉽지 않다. 또한 합격자 중 일부가 포기하거나 자격 요건에 위배되는 등의 상황에 대비하여, 11위부터 15위까지의 예비 합격자도 정확하게 평가해둘 필요가 있다.

〈조 편성에 따른 평가의 편차〉

면접이 여러 조로 나누어 진행되면 조별 편차 문제가 생기기 쉽다. 예를 들어 특정 조에 우수한 인재가 몰려 있는 경우, 혹은 조마다 면접 대상자의 수가 다른 경우, 지원자 간의 공정한 비교가 어려워진다. 초보면접관의 경우 전체적인 순위를 놓친 채 개별 평가에만 집중하다 보면 전체 평가의 객관성이 떨어질 수 있다. 경험이 많은 면접위원장이 중간 점검이나 조율을 해 주는 것이 이상적이지만, 그렇지 못할 경우 평가 결과에 대한 신뢰도를 확보하기 어려워질 수 있다.

〈점수 산정의 함정〉
면접 점수는 일반적으로 면접관 각자의 점수를 합산하고 평균을 내는 방식으로 평가된다. 면접관 수가 많은 경우 최고점과 최저점을 제외한 점수로 평균을 계산하기도 한다. 하지만 이 방식에는 보이지 않는 함정이 있다. 예를 들어, 어떤 지원자는 85점, 80점, 75점을 받아 평균 80점이 나올 수 있고, 또 다른 지원자는 100점, 80점, 60점을 받아 동일한 평균 점수를 받을 수 있다. 평균 점수는 같지만, 전자의 경우가 더 일관되고 신뢰도 있는 평가 결과라고 할 수 있다.

이런 점수 왜곡 현상은 다음과 같은 이유로 발생할 수 있다.
- 면접관 간 점수 기준의 차이
- 모호하거나 추상적인 질문
- 면접관 개인의 호불호

따라서 면접관들은 공정한 평가 기준을 사전에 공유하고, 이에 기반한 점수 부여가 이루어져야 한다.

〈초보면접관이 놓치기 쉬운 점〉
경험이 부족한 면접관일수록, 자신의 판단에만 의존한 채 면접 행정 절차를 간과하는 경우가 많다. 평가 기준이 모호하거나 주관적인 판단이 개입될 경우, 전체 면접의 공정성은 물론이고 면접관 개인의 전문성에 대한 의문이 제기될 수 있다.

지원자 수가 많을 경우, 모든 답변을 기억하는 것은 매우 어렵다. 따라서 면접 중에 주요 특징이나 키워드를 간단히 메모해두는 것이 좋다. 이 메모는 객관적인 평가를 돕는 도구일 뿐 아니라, 이의 제기 등 사후 상황 발생 시 중요한 자료로 활용될 수 있다.

〈공정 채용 절차의 중요성〉
공공기관이 공정 채용 절차를 위반할 경우, 그 사안의 경중에 따라 징계는 물론 형사상 책임까지도 질 수 있다. 특히 전문면접관이라면 관련 규정과 절차를 사전에 충분히 숙지해야 하며, 정해진 절차를 철저히 지키는 것이 최우선이다.

면접은 단순한 평가가 아니다. 하나의 행정 절차이자 책임이 수반되는 공식 업무라는 점을 다시 한번 강조하면서 이 장을 마무리하고자 한다.

5. 마지막 한 마디

면접 현장에서 느낀 개선 과제

전문면접관으로 활동하면서 꼭 개선이 필요하다고 느낀 점들을 몇 가지 정리해 보고자 한다.

현실적인 한계에 부딪히는 면접 평가 시간
전문면접관으로 활동하면서 가장 크게 느낀 어려움은 면접 시간의 부족이다. 물론 모든 면접이 그렇지는 않지만, 내가 직접 경험한 사례 중에는 이틀 반 동안 약 150명의 지원자를 대면 면접한 적이 있고, 또 다른 경우에는 4일간 약 700명의 서류를 평가하기도 했다. 간단히 계산하면, 대면 면접은 지원자 1인당 10분, 서류 평가는 1인당 5분도 넘기기 어려운 상황이다. 대면 면접에서는 시작 및 종료 멘트에 약 2분이 소요되므로, 실제 질문과 답변에 사용할 수 있는 시간은 고작 8분 남짓이다. 면접관이 3명일 경우, 1인당 질문 시간이 2~3분에 불과하다. 이처럼 짧은 시간 안에 지원서를 충분히 검토하고, 구조화된 면접 질문을 적용하는 것은 사실상 불가능에 가깝다. 본 질문에 이어 꼬리 질문을 던지기도 전에 시간이 끝나는 경우도 많다. 특히 질문 도중 실수가 생기거나, 지원자가 질문 의도를 오해하는 상황에서는 이를 바로잡을 시간조차 없다. 공정채용 면접에서는 특정 지원자에게만 시간을 더 줄 수 없기 때문에, 시간 관리는 더욱 중요해진다.

서류 평가의 더 열악한 현실

서류 평가의 상황은 대면 면접보다도 더 열악하다. 공공기관의 지원 서류는 보통 경력사항, 자기소개서, 직무계획서 등으로 구성되며, 분량이 3,000자에서 4,000자에 이르는 경우도 많다. 이 정도의 분량을 정확히 이해하며 읽으려면 최소 5분 이상이 필요하다. 그러나 실제 배정 시간은 그보다 짧다. 조금이라도 의문이 생겨 다시 읽기 시작하면 금세 시간이 초과된다. 결국 꼼꼼히 정독하며 평가하기보다는, 기계적으로 훑는 식으로 진행되는 경우가 많다. 이처럼 비현실적인 시간 배정의 원인은 명확하지 않지만, 가장 큰 이유는 경제적 요인일 가능성이 크다. 빠듯한 채용

일정, 그리고 면접관 인건비 절감이 우선시되는 구조 때문이다.

근본 원인과 고민해봐야 할 질문

그렇다면 여기서 우리는 질문을 던져봐야 한다. 면접관 인건비를 줄이는 것이 정말 더 큰 이익일까? 아니면 충분한 평가가 이루어지지 않아 발생하는 '잘못된 채용'의 손실이 더 클까? 이 문제는 단순히 예산 절감의 문제가 아니다. 해당 조직의 인재 선발 효율성과 직결된 중요한 이슈다. 따라서 이 구조적인 문제에 대한 근본적인 인식 전환과 제도 개선이 필요하다고 생각한다.

면접관의 미래

공정 채용과 전문면접관의 확대

공정 채용이 법제화되면서, 대부분의 공공기관에서 이를 기본 원칙으로 채택하게 되었다. 최근에는 ESG 경영이 글로벌 트렌드로 자리 잡으며, 은행권을 시작으로 민간기업까지 그 영향이 확산되고 있다. 이러한 흐름에 따라 외부 면접관에 대한 수요는 앞으로도 꾸준히 증가할 것으로 보이며, 전문면접관의 활동 전망 역시 밝다고 할 수 있다.

경쟁 심화와 제도적 과제

그러나 진입 장벽이 낮다는 점은 또 다른 문제를 야기할 수 있다. 명확한 자격 기준이 없다 보니, 면접관 간 경쟁은 점점 치열해지고 있다. 그 결과 면접관 개인의 역량과 경험 차이가 평가의 질에 직접적인 영향을 줄 가능성도 커졌다. 과도한 경쟁은 면접관의 처우를 낮추고 근로 환경을 악화시키는 결과로 이어질 수도 있다. 뿐만 아니라, 면접관의 역량 부족으로 인해 면접이 원활히 진행되지 않거나 평가 신뢰성이 떨어질 경우, 외부 면접관 제도 자체에 대한 신뢰가 훼손될 우려도 존재한다.

전문성 강화를 위한 제도적 기반 필요

이제는 전문면접관을 체계적으로 육성하고, 그에 걸맞은 대우와 근무 환경을 보장할 수 있는 제도적 기반이 필요할 때가 되었다. 앞으로는 면접관 양성을 위한 전문 훈련기관의 확대, 그리고 면접관의 처우를 보호하고 목소리를 대변할 수 있는 전문 단체의 필요성도 더욱 커질 것이다. 이러한 변화가 실현된다면, 면접관의 전문성뿐만 아니라 면접 전반의 질 역시 함께 향상될 것으로 기대된다.

PART 2
면접관은 처음이라

02

초보면접관의 불안

1. 불안한 면접관
2. 생각하는 면접관
3. 행동하는 면접관
4. 마지막 한 마디

초보면접관의 불안

이호정 면접멘탈가드

저자소개

20년째 강의실에서 학생을 만나고, 8년간 정신과에서 환자들을 만나는 심리상담사이다. 삶의 어느 때에 상담을 알게 되었고, 급기야 상담으로 밥 벌어먹으며 살고 있다. 하라고 할 때는 하지 않던 공부를 뒤늦게야 시작했고, 몸소 실천하며 배우는 일을 좋아한다.

사람을 좋아하고, 사람의 감정과 생각, 행동에 관심이 있다. 상담 현장에 있다 보니 특히 불안과 우울이라는 감정과 자주 만나고, 이들과 친근한 편이다. 흔히들 감정은 죄가 없고, 불안은 실체가 없다고 한다. 인간이라면 누구나 살면서 맞닥뜨리게 되는 '불안'을 숨기지 않고 편하게 드러낼 수 있기를 바란다. 한 명의 면접관으로서도, 불확실한 세상을 살아가는 개인으로서도.

주요 경력 및 직무

現) ㈜ E&C PARTNER 이사(2019.01~현재)
現) 고려대학교 평생교육원 상담심리학과 초빙강사(2014.03~현재)
現) 마포****나무 정신건강의학과 심리상담사(2017.01~현재)

학력 및 전공

서울여자대학교 일반대학원 교육심리학과(상담 및 임상심리전공) 박사 수료
고려대학교 교육대학원 상담심리교육 석사
가톨릭대학교 영어영문학과 학사

전문 자격 및 인증
전문면접관 2급(사람인)
채용면접전문가 2급(한국전문면접평가인증원)
전문면접관 마스터 레벨업과정(한국면접관협회)
생애설계코칭전문가 1급(커리어컨설팅)

전문 활동
〈채용면접〉 한국석유공사, 국민건강보험공단, LH한국토지주택공사, 한국남동발전, 건강보험심사평가원 등 70회 이상

연락처 및 SNS
loveleehj70@naver.com
http://facebook.com/loveleehj

들어가며

불안한 나도 면접관이 될 수 있을까?

꿈을 갖는다는 것은 희망을 품는다는 뜻일 것이다. 하지만 꿈을 꾼다는 것은 동시에 미완성을 견디며 불안을 마주해야 한다는 말과도 같다. 불안을 즐기며 일을 할 수 있다면 더할 나위 없이 좋겠지만 그렇지 못한 사람들도 있다. 내가 그런 부류다. 나는 기질적으로 불안이 높고 예민한 사람이다. 나를 아는 사람들은 "네가?", "전혀 그렇게 안 보이는데?"라고 반문할지 모른다. 아마도 그것은 뿌리 깊은 불안을 남들에게 들키지 않으려 더욱 철저히 감추며 살아왔기 때문일 것이다. 아니, 분명 그랬다.

성장하면서 불안정한 환경과 개인적 취약성은 나를 무척 힘들게 괴롭혔다. 예민함은 주로 여유가 없을 때 등장했다. 시간적 여유가 없거나 상황적으로 쫓기는 느낌이 들 때면 사소한 것에도 자주 발끈하고 주위 사람들에게 날카롭게 굴었다. 날 선 말투와 짜증 섞인 목소리로 특히 가까운 가족들을 괴롭히곤 했다. 그러다가 상담을 알게 되었고 이것은 결국 내 밥벌이가 되었다. 예민한 성격은 타인의 말과 표정을 듣고 마음을 헤아리는데 도움이 되었다. 별로 쓸모없다고 생각했고 고쳐야만 할 것 같았던 내 성향이 상담이라는 일에는 참 잘 맞았다.

심리상담사로서 곧잘 한다고 생각했고 환자들도 늘었다. 상담실에서 불안을 가진 환자를 만난다는 건, 결국 불안을 가진 나를 만나는 일이기도 했다. 무엇보다 보람이 있었고 타인의 불안을 함께 들여다보며 나의 불안도 더불어 인정하게 되었다. 열심히 배우고 공부하며, 상담하고 긴장 속에서 보내는 시간들이 꽤 흘러갔다. 천직이라 생각하며 병원에서는 환자들을 만나고, 학교에서는 상담을 가르쳤다. 우수 강의상을 받았고, 병원에서는 환자들도 차츰 나아졌다. 그러나 정작 나는… 언젠가부터 그냥 그랬다. 더 이상 공부가 재미없어졌고, 뭔가 답답해졌다. 무기력해졌다.

그러던 중에 지인으로부터 면접관이라는 일을 추천 받았다. 들어 보니 내가 하던 일과도 연관이 있어 보였다. 결정적으로 새로움이 나를 자극했다. 당장 다음 달에 있다는 전문면접관 교육을 듣게 되었다. 한국면접관협회(회장 권혁근)의 인문학과 심리학 배경의 전문면접관 교육은 새로웠고,

궁금해졌다. 나는 원래 몸이 재거나 뭐든 빠른 편이 아니다. 생각이 많다 보니 새로운 것을 시작하는데 남들보다 오랜 시간이 걸리는 사람이다. 다양한 경우의 수를 생각하고 움직이다 보니 실수는 적지만 시작이 느리다. 실수를 곧 실패로 인식하는 나의 뇌구조 때문이다. 따라서 실수를 줄이기 위해서는 뭔가를 알아야 하고 알기 위해선 공부를 해야 한다고 생각한다. 내가 잘 알지 못하는 분야에서는 자신감이 부족할 뿐만 아니라, 친구이자 적(?)인 '불안'이 어느새 나를 붙들고 만다.

내가 대범해 보인다고, 소위 쿨 해 보인다고 하는 사람들은 나를 일부만 아는 사람들이다. 나를 잘 안다고 하는 사람들은 내가 얼마나 쫄보(?)인지, 내가 얼마나 긴장하고 걱정이 많은 지를 안다. 그럼에도 불구하고 면접관에 호기심이 생겼다. 여긴 뭔가가 있다는 생각이 들었다. '나를 끌어당기는 이것은 무엇일까?' 더 알고 싶은 마음이 올라왔다. 하지만 동시에 내 안의 다른 목소리는 자꾸 나를 끓어앉혔다.
 '새로운 일을 시작하기에 너무 늦은 것은 아닐까?'
 '하던 일이나 잘하지 무슨 면접관?'
 '공부하면서 해 보면 되지 않을까?'
 '그래도 못하면 이게 무슨 망신이야?'

「초보면접관의 불안」은 '불안'이라는 소재를 초보면접관의 측면에서 살펴보고 이를 해결 보고자 하는 마음에서 출발했다. 면접관으로서는 초보일지라도 심리상담가로서의 전문성을 바탕으로 글을 풀어 내며 초보면접관이 느끼는 불안의 원인을 이해하고 실질적인 가이드를 통해서 해결하도록 안내하고 있다. 각 장마다 불안을 해소하기 위해 현장에서 실천해 볼 수 있는 간단한 방법을 제시하였으며, 면접현장에서의 팁을 담고 있다. 독자들은 이러한 내용을 통해 자신의 불안을 이해하고 이를 해결할 수 있는 나름의 대안을 생각해 볼 수 있을 것이다. 이를 통해 평상시 불안 뿐 아니라, 초보면접관으로서도 자신의 불안을 다스리고 보다 편안한 일상을 보내는 데 도움이 되기를 바란다.

초보면접관의 불안

1. 불안한 면접관

'늦었나?'

충분하다. 어젯밤에 컨디션 조절을 위해 일찍 잠이 들었고 아침 기분도 상쾌하다. 준비해 둔 옷을 입고 현관문을 나서니 햇살은 따스하게 비추고, 바람이 코끝을 간지럽힌다. 때마침 지하철도 바로 도착, 오늘따라 뭔가 척척 맞아 들어가는 게 하루 일이 잘 풀릴 듯하다.

    면접장에 일찍 도착했다. 면접위원님들과 인사를 나누고, 역할을 분담했다. 이제 천천히 기관의 평가지표와 질문 예시, 지원서를 살펴보며 지원자들을 기다린다.

    문이 열린다. 오늘은 면접관 세 명에 지원자가 둘이다.

    "남들이 반대하는 어려운 일에 도전해 본 적이 있습니까?"

    경험질문을 하고, 이어 꼬리 질문을 이어간다.

    "결과는 어떠했습니까?"

지원자는 떨면서도 자신의 경험을 이야기하고 다른 두 분의 면접관 질문에 답을 한 뒤, 깍듯이 인사를 한 후 나간다. 끝이 났다.
"수고하셨습니다"
"위원님, 질문도 잘하시고, 목소리도 좋으시고, 차분하게 면접 잘하십니다."
역시나, 성공적이다.

"따리리리릭~ 따리리리릭~~"
'어머, 이게 무슨 소리야??? 지금 면접 중인데….'
기상 알람이었다. 아차차, 꿈이었구나. 첫 면접 날인데 어젯밤 너무 긴장한 탓인지, 잠을 뒤척였다. 얼굴도 붓고 온몸이 찌뿌둥하다.
'잘할 수 있을까?'
'목소리가 떨리면 어떡하지?'
'말이 씹히면 그게 무슨 창피야.'
'어제 꿈은 좋았잖아.'
'꿈과 현실은 반대라는데….'
'에라, 모르겠다. 어떻게든 되겠지….'

결과는… 망했다.

누구에게나 처음은 있다. 어쩌다 알게 된 면접관, 어쩌다 하게 된 면접관, 내게는 면접관이 그랬다.

2024년 8월의 어느 날, 처음 면접을 나간 그날을 절대 잊을 수 없다. 무더운 여름, 새벽부터 서둘러 지하철을 타고 어느 대학 캠퍼스에서 모 기관의 대규모 채용이 이루어졌다. 하루 종일 어찌나 떨리고, 긴장했던지…, 집으로 돌아오자마자 쓰러져 죽은 듯이 잠에 취하고 말았었다.

첫 번째 불안 – 예기불안

"걱정은 내일의 고통을 없애지는 못하지만 오늘의 힘을 없앤다."

- 코리 텐 붐(Corrie ten Boom)

까였다.
오늘도 떨어졌다.
면접관을 하겠다고 나름 거금을 투자해서 교육을 받았다. 나 같은 경우는 시작하면서 3곳의 교육기관에서 총 6회의 교육을 받았다. 한두 군데 교육만으로는 안심이 되지 않아, 남들보다 초기 투자 시간과 비용을 더 들였다. 이제부터는 기다리면 된다. 흔히들 천수답이라고 하는데, 비가 오기를 기다리는 것처럼 면접관으로서 면접의 기회를 얻기 위해 마냥 기다리는 것 외엔 달리 할 것이 없는 입장을 빗댄 듯하다. 나는 기다리는 건 크게 문제가 안 될 거라고 생각했다. 하지만 예상했던 것과 달리 몇 달이 지나자 슬슬 조바심이 밀려왔다. 뭐가 부족한 건지 모르겠는데, 자존심이 상하기도 하고 가족들 볼 면목도 없었다. 시간이 지체될수록 마음속에서 오만가지 생각이 나를 괴롭혔다. 들인 시간과 노력이 아까우니 더 기다려봐야 하는지, 아님 일찌감치 발을 빼는 게 옳은지 모르겠다.

이쯤 되면, 친숙한 나의 오랜 친구가 역시나 고개를 빼꼼히 내민다.

'불안'이다. 이름하여 '예기불안'.

예기불안

예기불안(anticipatory anxiety)은 미래에 일어날지도 모를 일을 부정적으로 생각하는 상태를 말한다. 이는 스트레스나 불안을 유발하는 상황에서 최악의 상황을 상상하게 만든다. 대부분의 사람들은 인생을 살아가며 이러한 경험을 한두 번쯤은 하게 된다. 왜 그럴까? 현대 사회에서 왜 이러한 불안이 더 만연해지는 걸까? 인간이 최악의 경우를 상상하는 이유에 대한 답을 인간 본성의 두 가지 측면에서 찾아보려고 한다.

첫째, 인간은 본능적으로 모든 것을 자신의 통제 하에 두고 싶어 한다. 그래서 불안이 큰 사람일수록 자신과 타인, 상황을 통제하려 애쓴다. 그들은 눈앞에 있는 모든 것을 파악하고, 일거수일투족을 속속들이 알아야만 위험에 대비할 수 있다고 믿기 때문이다.

둘째, 인간은 불확실성을 겁낸다는 것이다. 불확실함을 견디고 이겨 내는 법을 알지 못한다. 이것은 생각하는 것보다 훨씬 더 많은 좌절감을 준다. 예기불안은 면접, 시험, 큰 결정 등을 앞두고 일상생활에 지장을 준다. 우리는 최악을 예상한다. 눈앞에 닥친 문제를 해결하기 위한 작은 노력마저 포기하게 만든다. 예기불안의 직접적인 결과 중 하나는 바로 현재에 집중하지 못하게 되는 것이다. 나의 첫 번째 내면의 불안은 '예기불안'이었다.

예기불안에게 말을 해 보자.

"아직 아무 일도 일어나지 않았다."

〈예기불안이 느껴질 때, 이렇게 해보세요.〉
- 몇 번 숨을 깊이 들이 마신다.
- 간단하게 몸을 풀어 준다.
- 마인드컨트롤 "너 생각보다 잘 하잖아."

두 번째 불안 – 수행불안

"성공한 사람과 실패한 사람의 차이는 두려움을 다루는 방법에 있다."

- 로버트 키요사키(Robert Kiyosaki)

카톡이 울린다.
'안 됐어…'
면접시험에 응시한 첫째 아이의 메시지다.
몇 년간 취업을 위해 준비하고 최종 면접에 오르기까지 얼마나 많은 시간을 떨며 준비에 준비를 거듭했던가. 그 지난한 시간을 알기에 아이의 마음이 얼마나 괴로울지 감히 헤아려지지 않았다. 면접전형에서 이상한 면접관을 만났다고 딸의 짜증 섞인 푸념을 들었던 것이 생각났다. 업무와 전혀 관련이 없는 걸 물어봤다면서 순간 당황했다던 이야기를 들으며 나를 돌아보게 되었다. 그도 나처럼 첫 면접관으로서의 경험이었을까? 면접관 자신이 너무 긴장한 나머지 지원자들을 배려하지 못한 것일 수도 있다. 하지만 면접관으로서의 실수는 용납될 수 없다. 이는 본인에게서 끝나지 않으며 수개월에서 몇 년을 걸쳐 준비하고 면접에 임한 지원자들에게는 있어서는 안 될 무책임한 태도이다.

수행불안

'내가 잘 할 수 있을까?'

심리학에서는 이런 걸 수행불안(performance anxiety) 혹은 사회적 불안(social anxiety)이라고 한다. 낯선 사람을 만나거나 사람들 앞에서 어떤 일을 수행할 때 실수하거나 창피당할지 모른다고 불안해하는 것을 말한다. 어느 정도의 불안은 위험에 미리 대비하여 준비를 하게하고, 중요한 일을 처리하는데 긴장감을 더해 주는 지극히 정상적인 감정이라고 한다. 하지만 수행불안을 가진 사람들은 대부분 자신이 실제 가진 실력보다 스스로를 낮게 평가한다. 불안 때문에 너무 긴장한 나머지 실력을 제대로 발휘하지 못한 경험들이 쌓여 있기 때문이다. 그리고 자신에 대해 '나는 항상 긴장해, 나는 결국 실패할 거야, 나는 어차피 망했어, 뻔해' 등과 같은 비합리적 신념을 가지게 된다. 인간의 사고(생각)는 감정에 영향을 미치고, 감정은 결국 행동으로 이어진다.

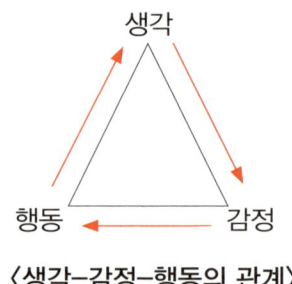

〈생각-감정-행동의 관계〉

　부정적 사고를 가지고 스스로 불안해하고 긴장한다면 당연히 행동은 소극적으로 드러난다. 준비한 역량만큼 결과를 내지 못한다. 정상적인 불안은 병적 불안장애 즉, 과도한 불안을 지속적으로 느끼고 일상생활을 정상적으로 하지 못하는 것과 구별되어야 한다. 하지만 이를 그대로 방치하여 일반적인 불안보다 심각해질 경우 병적인 불안장애로 발전하는 경우도 있다. 생각보다 많은 사람들이 알게 모르게 병적인 불안장애로 고통 받고 있다. 한국 보건복지부 정신건강실태조사 보고서(2021)에 따르면 불안장애의 평생 유병률은 9.1%에 달해(참고: 정신의학신문) 10명 중 1명에게는 누구나 한 번쯤 발현될 수 있는 병이다. 또한 보고되지 않은 불안장애의 경우도 많기 때문에 실제 수치는 이보다 더 높을 것이다. 물론 나의 불안은 병적 불안장애로 진단까지는 아니었지만 생활에 지극히 불편과 긴장을 자주 느끼게 하는 손톱 밑 아주 작은 가시 같은 거였다.

　'내가 전문면접관의 일을 잘할 수 있을까?'
　나의 두 번째 내면의 적은 '수행불안'이었다. 결국 나는 불안을 벗어날 수 없는 것인가? 그렇다면 어떡해야 하지?

그때 나를 안심시킬 수 있었던 내면의 목소리가 들렸다.

"누구에게나 불안은 있다."

〈수행불안이 느껴질 때, 이렇게 해보세요.〉
- 코로 천천히 숨을 들이마시고, 2~3초 숨을 멈춘 후, 입으로 천천히 내쉰다.
- 신체 이완하기: 예) 어깨에 힘을 주어 으쓱했다가 천천히 내리기 등
- 마인드컨트롤 "나는 지금 긴장하고 있구나, 이것도 곧 지나갈 거야."

세 번째 불안 – 완벽주의적 불안

"완벽을 추구하는 것보다 더 중요한 것은 끊임없이 나아가는 것이다."

- 오프라 윈프리(Oprah Winfrey)

'망했다. 아닌데, 이게 아닌데…'
첫 면접관으로서 면접을 마치고 돌아오는 길, 얼굴이 화끈거려 죽을 뻔 했다. 몇 날 며칠을 경험질문을 배우고 익히고 연습했다. 이어지는 꼬리 질문도 충분히 준비했다고 생각했다. 하지만 면접장에서 지원자들을 만나자 나도 그들만큼 긴장했다. 내가 할 질문을 생각하느라 옆 면접관님들의 질문이 귀에 들리지 않았다. 게다가 지원자들의 답변도 잘 들리지 않았다. 상대방을

말을 잘 들어야 그의 대답에 적절한 꼬리 질문을 이어갈 텐데, 내가 할 말만 생각하고 있으니 면접이 매끄러울 리가 없다. 다른 면접관들의 눈치가 보인다. 나를 실력 없는 면접관이라고 생각할 테지, 쥐구멍이라도 숨고 싶다. 나는 무능한 면접관이었다.

완벽주의적 불안

모든 것에 완벽을 추구하는 완벽주의자들은 불안장애나 강박을 가지기 쉽다. 불안은 완벽을 추구하며 고군분투하는 과정에서 잘 찾아온다. '반드시 잘 이뤄내야 한다'는 강박과 이루어내지 못할 수도 있는 미래의 상황을 걱정하며 자신을 괴롭힌다. 이들은 주로 자신의 기준보다 타인의 시선을 의식하고 인정받고자 하는 욕구가 높은 사람들이다. 과정보다 결과와 성과에 집착하게 만들고 이로 인해 과도한 불안과 긴장을 가지게 된다. 이러한 완벽주의적 성향을 내려놓으려면 어떻게 해야 할까?

다음은 일반적으로 완벽주의에 대항하는 방식들이다.
① 타인의 기준보다 나만의 기준 세우기
남들이 어떻게 평가할지를 신경 쓰는 대신, 내가 중요하게 여기는 것에 집중한다. 자신의 발전에 초점을 맞추고, 타인과 비교하는 습관을 버리는 것이 필요하다. "이건 내가 중요하게 생각하는 가치인가?"를 스스로 물어보는 연습을 한다.
② 흑백사고 버리기
완벽주의자들은 '~해야만 한다' '반드시' '항상' '절대' '전혀' '한 번도' 등의 단어를 쓰면서 A아니면 B라는 흑백논리를 펴는 경우가 많다. '이번 일을 망치면 나는 끝장이야' 대신 '일을 완벽하게

하지 못해도 최선을 다하면 돼'라는 생각으로 바꾸도록 노력한다. 흑백사고에 빠질 때마다 이를 기록하고 그에 대한 반박을 통해 흑백사고를 수정하는 연습을 한다.

③ 작은 실수에 집착하지 않기

완벽주의자는 사소한 실수에 심하게 몰두하고 자신의 가치를 깎아내린다. 미국의 불안장애 전문가 에드먼드 본 (Edmund J. Bourne)은 '실수나 후회 없이는 어떤 진정한 배움도 없다'는 사실을 인지해야 한다고 강조한다.

④ 매일 행복한 일 한 가지씩 하기

완벽주의자는 모든 일에 경직되고 금욕적이다. 일상의 즐거움을 찾는 일을 뒤로 미룬다. 일상을 심각하게 만들지 말고, 매일 적어도 한 가지씩 자신을 행복하게 하는 일을 실천해 본다. 맛있는 커피를 즐기거나 좋아하는 친구와 연락하는 등 사소한 일도 좋다.

그때 당신에게 들려주어야 할 말은 바로 이것이다.

"처음부터 잘 하는 사람은 없다."

〈완벽주의적 불안이 느껴질 때, 이렇게 해보세요.〉

- 현재의 감각에 머무르기
  보이는 것 3가지 말하기 (예: 책상, 창문, 나무, 하늘, 손)
  들을 수 있는 소리 2가지 찾기 (예: 새 소리, 자동차 소리, 내 호흡 소리)
  냄새 맡을 수 있는 것 1가지 떠올리기 (예: 커피 향, 비누 냄새)
- 마인드컨트롤 "이 세상에 실수하지 않는 사람은 없다. 실수는 성장의 과정이야."

2. 생각하는 면접관

인간은 생각하는 대로 느낀다. 자신이 느낀 감정에 책임을 진다는 것은 기쁨이든 싫음이든 그 감정을 만들어낸 장본인이 바로 자신임을 깨닫고 인정하는 것이다. 우리의 감정을 결정하는 것은 어떤 일에 대한 우리의 전적으로 개인적이고 주관적인 평가다. 당신은 주위에서 예상했던 것과 사뭇 다르게 반응하는 사람들을 보고 의아했던 적이 많았을 것이다. '정말 이해가 안 돼. 어떻게 저렇게 아무렇지도 않을 수가 있지'라거나 '정말 이해가 안 돼. 사소한 일에 어쩌면 저렇게 흥분을 하지?'라고 말이다. 그 말은 당신이라면 같은 상황에서 다르게 반응했을 것이라는 뜻이다.

그렇다면 인간이 같은 일에 서로 다르게 반응하는 이유는 무엇일까? 이것은 사람마다 상황을 다르게 보기 때문이다. 같은 상황이라도 어떤 사람에게는 사소하게 보일 수도, 어떤 사람에게는 커다란 의미를 가질 수 있기 때문이다. 누군가는 나와 다르게 생각하기 때문에 다르게 느끼고 다르게 행동하는 것이다.

불안에 대한 새로운 시각

심리학자 알버트 엘리스(Albert Ellis)는 인간의 감정이 사건 자체가 아니라, 그 사건에 대한 개인의 신념과 해석에 의해 결정된다고 보았다. 그는 이를 A-B-C 이론으로 설명했는데, 여기서 A(Activating Event)는 '선행 사건'으로, 당신의 생각이나 신념에 앞서 발생하는 사건을 말한다. B(Belief

System)는 '신념 체계'로, 이러한 지각을 의식적이든 무의식적이든 긍정적이거나 부정적, 혹은 중립적으로 받아들이고 평가한다. 마지막으로 C(Consequence)는 '결과'로, B의 신념 체계를 바탕으로 한 해석의 결과에 따라 슬퍼하거나 분노하거나 걱정하는 등의 반응을 의미한다.

예를 들어 '시험이 내일이다(A)'라는 사실은 '나는 이번 시험에 실패할 것이다(B)'라는 생각이나 '신념 체계(Belief System)'에 앞서는 활성화 사건이다. 이는 불안과 걱정이라는 감정을 불러일으키며, 시험을 포기하거나 더 열심히 공부하는 행동(C)이라는 '결과(Consequence)'로 이어질 수 있다.

같은 선행 사건도 서로 다른 생각과 감정, 행동을 유발할 수 있다. 만약 당신의 상사가 당신의 업무에 대해 뭔가 비판적인 말을 했다고 생각해 보자(선행 사건). 당신은 '오늘 그녀가 힘든 일이 있었고 그래서 여기 사무실에 있는 모두가 다 그렇게 느낄 것이다'라고 생각해 볼 수 있다. 그 결과 당신은 다소 실망하겠지만(감정), 특별히 불안해하지 않을 것이며, 당신의 업무를 계속 이어서 해 나갈 것이다(행동). 반대로 당신이 '그녀가 날 해고할지도 몰라'라고 생각한다면 보다 강한 불안감(감정)을 느낄 수 있고 그래서 속상한 마음에 다음 날 집에서 쉬기로 결정(행동)할 수도 있게 된다. 즉, 같은 활성화 사건이라도 다른 생각, 감정, 행동을 이끌 수 있다. 긍정적인 생각은 당신을 안심하게 하고, 여유를 갖게 하고, 사랑하게 하고, 만족스럽게 한다. 반면 부정적인 생각은 우울하게 하고, 걱정하게 하며, 열등감과 죄책감을 느끼게 한다.

인간은 자기 앞에 닥쳐진 A라는 상황을 그가 가진 B로 느끼고 C로 행동하는 시스템을 가지고 있다. 여기서 중요한 부분이 바로 B이다. 상황을 해석하고 평가하는 우리의 생각, 사고, 신념 같은 것 말이다. 개인이 어떤 B를 가지고 있느냐에 따라 그 사람의 마음은 행운과 불행, 평안과 불안, 천국과 지옥을 오갈 수 있게 된다.

노벨경제학상을 수상한 최초의 심리학자인 대니얼 카너먼(Daniel Kahneman)은 그의 책『생각에 관한 생각』에서 인간 사고의 특징을 인지심리학, 사회심리학, 인지신경심리학 등을 통해 자신의 연구와 연결해 설득력 있게 제시했다. 카너먼은 이 책에서 인지적 착오에 대해서 이야기한다. 우리 뇌는 분석적이고 꼼꼼하게 정보를 처리하는 것보다 직관적으로 빨리 처리하는 방식에 의존한다고 한다. 또한 이익 추구보다는 예상되는 손해를 먼저 피하는 경향이 있다. 앞으로 나에게 도움이 되는 것보다 현재 눈앞에 고통을 먼저 해결하려는 선택과 결정을 하기 쉽다는 뜻이다.

자신이 겪는 고난과 역경에 긍정적인 의미를 부여하고 이를 긍정적으로 스토리텔링할 수 있는 사람은 위기를 기회로 전환하는 회복탄력성이 높은 사람이라 할 수 있다. 지금 겪고 있는 문제를 어떻게 바라보고 어떤 의미를 부여할 것인가? 마찬가지로 나의 불안에 대해 어떤 의미를 부여할 것인가? 그것을 나를 성장시키는 배움의 기회로 바라보면 어떨까?

> **〈불안에 대한 새로운 시각〉**
> 불안을 억압하기보다, 그것을 나를 성장시키는 배움의 기회로 받아들이고 긍정적인 의미를 부여해 보자.

불안 다스리기

불안을 다스리는 방법에는 어떤 것들이 있을까? 불안 장애를 가진 사람들은 종종 자신의 감정과 생각을 통제하는 데 어려움을 겪는다. 이러한 감정과 생각은 현실과 다를 수 있음에도 불구하고, 불필요한 걱정과 불안이 생기게 된다.

인지행동치료(Cognitive Behavioral Therapy, CBT)는 왜곡된 인지 패턴을 구별하고 수정하는 데 초점을 맞춘 치료 방법이다. 인지행동치료(CBT)는 불안 장애를 비롯한 다양한 정신건강 문제를 치료하는 데 효과적인 심리치료 방법 중 하나로 알려져 있다. CBT는 부정적인 생각과 행동 패턴을 인식하고 수정하여 증상을 완화하고 삶의 질을 향상시키는 것을 목표로 한다.

불안 장애는 대개 부정적인 생각과 이미지, 그리고 과도한 긴장과 걱정 등의 인지 및 행동 패턴과 관련이 있다. CBT는 이러한 근본적인 원인에 직접적으로 초점을 맞추어 문제 상황을 적극적으로 다루고, 문제 해결에 집중하는 방식으로 진행된다. 예로 불안이 높은 사람의 경우 그는 자신과 상황, 미래에 대한 부정적이고 비합리적인 신념을 가지고 있을 가능성이 크다. 이와 같은 환자는 치료자와 함께 그의 신념이 과연 그러한지에 대해 논박(disputing)을 통해 이야기를 나누게 된다. 이 과정을 통해 스스로 자신의 생각과 감정을 조절하고, 불안을 유발하는 상황에 대처하는 방법을 배우게 되고 자기 통제력을 강화하게 된다. 또한 배운 기술들을 일상생활에서 지속적으로 적용하면서 불안 증상을 완화하고 삶의 질을 향상 시킬 수 있게 된다.

**면접관을 위한
인지행동치료**

인지행동치료에는 완벽주의, 과도한 책임감 등 강박장애 환자에서 흔히 나타나는 생각들을 좀 더 현실적인 생각으로 바꾸어보는 인지치료와 행동치료가 포함되며 합리적정서행동치료(REBT)도 그 종류라 볼 수 있다. 인지행동치료에서는 주로 다음과 같은 접근 방식과 기법을 사용한다.

인지 재구성

부정적인 생각과 믿음을 인식하고, 이를 보다 현실적이고 긍정적인 생각과 믿음으로 바꾸는 것이다. 초보면접관으로서 면접을 앞두고 긴장이 될 때 "현재 나는 불안을 느끼고 있구나, 긴장하고 있구나, 충분히 잘할 수 있어. 너무 잘 하려고 하지 않아도 돼"라고 말해 본다. "불안해하지 마"보다 훨씬 효과가 있을 것이다.

다음은 합리적정서행동치료(REBT)치료 적용을 위한 시트지와 그 예이다.

* REBT(Rational Emotive Behavior Therapy: 합리적 정서 행동 치료) 개인 연습

구분	설명	사례연습
A 선행사건 (activating event)	상황 설명: 고통을 느끼는 상황을 간단히 요약	면접관으로서 첫 시작하는 날
B 신념 (beliefs)	비합리적 신념: 흑백논리, 파국화, 자기 비난 등	나는 너무 긴장해서 실수할 거야
C 결과 (consequences)	부정적 감정: 불안, 우울, 분노, 좌절감, 수치심 등	불안, 긴장
D 논박 (disputing)	이 신념이 유익한 것인가? 이 신념은 논리적인가? 나는 정말 이것을 견딜 수 없는가?	긴장은 누구나 하는거야/ 아직 해보지도 않았잖아/ 나는 떨리지만 결국 잘 해낼 거야
E 효과적인 철학 (effective philosophy)	합리적 생각: 새로운 생각으로 전환	불안을 잘 견뎌낼 수 있어
F 새로운 감정과 행동 (new feelings & behaviors)	건강한 부정적 정서: 실망, 염려, 유감 등	긴장이 덜 해짐

노출 치료

불안을 유발하는 상황에 의도적으로 자신을 노출시키는 것은, 불안에 대한 내성을 높이고 상황 대처 능력을 향상시키는 데 효과적이다. 면접관으로서의 감각은 자주 경험해 보며 익히는 수밖에 없다. 작은 기회라도 놓치지 말고 직접 지원하고 참여해 보는 것이 중요하다.

면접 프로세스를 구조화하고 면접의 흐름을 미리 계획해 보는 연습 역시 실전에서의 긴장을 줄이고 판단력을 높이는 데 도움이 된다. 예상치 못하게 면접위원장을 맡게 되는 경우도 있는 만큼, 면접의 전체 흐름을 주도할 수 있는 준비 역시 사전에 갖춰두는 것이 좋다.

시작은 자기소개로부터 편안한 분위기를 조성하고, 직무와 관련된 질문과 대답, 시간 엄수하기, 동료 면접관과 내부 면접관들과의 조정 등을 순차적으로 미리 머릿속에 그려보는 것이다. 이렇게 준비를 철저히 하고 구조를 따르면 예측 가능성이 높아져 긴장이 줄어들게 된다.

이완 훈련

몸과 마음을 편안하게 만들어 주는 훈련으로 호흡법, 스트레칭, 명상 등 다양한 방법이 있다. 면접에 시작되기 전에 호흡을 크게 한다든지, 면접 쉬는 시간에 간단한 스트레칭을 하면서 몸의 긴장을 풀어 준다. 시간의 여유가 있다면 가볍게 걷는 것도 도움이 된다.

스트레스 관리

평상시 스트레스를 효과적으로 관리하는 방법을 배우는 것이다. 면접 전 날 일찍 잠자리에 들며 과음을 하지 않는 것도 도움이 된다.

자기 모니터링

부정적인 생각이 들 때 자신의 생각, 감정, 행동을 관찰하고 기록하는 것을 말한다. 이를 통해 자신의 인지 및 행동 패턴을 파악하고, 개선할 수 있다. 나는 이것을 '면접에 관한 면접'이라고 부른다. 면접을 다녀온 후 면접 전 과정을 모니터링해 보는 것이 도움이 된다.

인터뷰어 십 (interviewership)

불안을 해결하기 위해서는 안정감이 필요하다. 정서적 안정감은 나 외에 다른 누군가 혹은 무엇인가와 연결되어 있다는 느낌, 즉 커넥션(connection)에서 생긴다. 불안은 당신이 당신 자신, 다른 사람, 자연, 나아가 어떤 위대한 힘에 연결되어 있음을 상실할 때 일어난다. 연결이 끊어졌다, 소외되어 있다는 느낌은 안정과 행복에 위협이 된다. 불안은 대부분 연결되어 있다는 느낌이 없는 상태에서 위험에 노출되어 있다는 인식 때문에 생긴다. 따라서 면접 후의 불안을 다스리기 위해서는 동료 면접관들과의 연결 즉, 모임과 배움 등을 통해서 안정감을 얻는 것을 제안하고 싶다.

이것은 '인터뷰어 십(interviewership)'으로 설명할 수 있다. 면접관과 관련된 커뮤니티에 가입하여 지속적으로 참석하고 도움을 받는 것이 도움이 된다. 동료 면접관들의 경험담을 들을 수도 있고, 다양한 면접의 현장과 분위기를 간접적으로 경험할 수 있다. 면접관으로서의 전문성 강화를 위한 재교육뿐 아니라 최근의 면접 이슈 등 필요한 정보와 자료를 효과적으로 공유할 수 있다. 나아가 면접관으로서의 태도를 점검할 수 있는 기회가 되며 인터뷰어 십으로 학습과 경험을 통해 지속적으로 발전시킬 수 있다.

인터뷰어 십을 향상시키는 방법으로는 다음과 같다.

첫째, 교육 및 훈련을 들 수 있다. 면접 기법, 평가 기준 설정, 공정성 확보 방법 등에 대한 교육을 꾸준히 받는 것이다. 나의 경우 면접을 처음 시작하고 6-7개월간 3개 교육기관에서 총 6개의 교육과정을 이수했다. 지금도 꾸준히 교육을 이수하고 있다. 기초과정부터 실제 면접 시뮬레이션까지 다양한 교육이 준비되어 있으니 본인의 상황에 맞춰 교육 받는 것을 권한다. 최신 채용 트렌드와 다양한 면접 방식(예: AI 면접, 화상 면접, 면접모니터링)등에 대해 배움을 게을리 하지 않아야 한다.

둘째, 모의 면접과 같은 시뮬레이션을 통해 실전 경험을 쌓고 피드백을 받는다. 면접관 경험뿐 아니라, 지원자의 경험을 할 수 있게 되면 면접 현장에서 지원자들이 얼마나 긴장하고 떨려 하는지를 실감할 수 있을 것이다.

셋째, 면접 후 피드백을 바탕으로 개선점 찾는다. 나의 경우에는 면접 20회가 될 때까지 아래의 양식에 따라 그날의 면접을 돌아보고 개선점을 찾아보곤 했다. 개인적으로 이름 붙이길 '면접에 관한 면접'이다. 이후엔 기록은 따로 하지 않더라도 면접을 끝내고 돌아오는 길에는 항상 리마인드 하며 면접을 복기하는 시간을 가졌다.

〈면접일지의 예〉

면접일	2024. 10. 00
면접기관	○○공사
면접채용대행사	*****
종합 평가	1. 오늘 면접에 대해 스스로 평가해 본다면 몇 점을 줄 수 있을까요? (1점 ~ 10점) 그렇게 점수를 준 이유는 무엇이라 생각되나요? • 6점 • 면접을 시작하자마자, 나에게 기피, 회피 건이 나와서 당황함 • 이전 유사기관 공사면접 지원자였음 • 이후 다소 긴장함 • 평가 점수가 총 500점 만점이었는데 100점으로 착각함 • 지방이라 귀경 KTX 시간을 변경하느라 초반 대행사 설명에 집중하지 못함
잘 된 점	1. 면접을 위해 내가 준비한 것들 중 잘 수행되었다고 생각되는 것은 무엇인가요? 그 이유는? • 동료 면접관의 질문과 중복되었을 때, 순발력 있게 변경하여 질문함 • 내부 위원님들과 스몰토크 적당히 • 미소와 아이 컨택 • 구두를 준비해서 가서 면접 시간에 갈아 신었음
보완할 것	1. 다시 오늘의 면접을 진행한다면 이것만은 꼭 바꾸고 싶은 것은 무엇인가? • 내·외부 면접관에게 나의 특성 분야에 대한 어필(정신과 상담)을 먼저 하기 • 회피, 기피 상황에 대해 당황하지 않고 대처하기 • 지나간 것 빨리 털어 버리기
배움과 교훈	〈배움〉 • 면접위원장이 블라인드 위배사항에 대해서 대행사에 확인해 보고 다시 면접위원들에게 전달해 준 점 〈교훈〉 • 슬슬 긴장이 풀리면서 실수가 나오기 시작하는 시점인 듯 함 • 여유있게 그러나 정확하게 하자!

3. 행동하는 면접관

불안을 다스리기 위해 면접관이 실천할 수 있는 행동 수칙을 정리해 보고자 한다.

STEP 1. 배우기(Learning)

전문면접관에게 배움은 끝이 없다. 면접관으로서의 지식과 기술뿐만 아니라 태도 역시 지속적으로 익혀야 한다. 꾸준한 교육은 면접관으로서의 자신감을 키워줄 뿐만 아니라, 새로운 것에 대한 겸손함을 갖게 하는 데도 도움이 된다.

STEP 2. 훈련하기(Training)

초보면접관이라면 면접 전에 면접장의 환경을 살펴보고, 면접 과정 전반을 시뮬레이션해 보는 것이 좋다. 또한 불안한 마음을 인정하고, 평소 완벽주의에서 벗어나는 연습을 해야 한다. 내면의 불안을 유발하는 잘못된 생각을 점검하고, 보다 합리적인 사고로 전환하는 습관을 들이면 도움이 된다.

STEP 3. 기록하기(Recording)

면접을 마친 후에는 면접 일지를 작성하는 것을 추천한다. 특별한 형식은 필요 없지만, 당일 면접에서 잘한 점, 실수한 점, 부족했던 부분 등을 기록하고, 이를 어떻게 개선할지 고민해 보는 것이 중요하다. 또한 면접관 본인의 수행뿐만 아니라 동료 면접관, 면접 대행사, 채용 기관 등 여러 관점에서 면접을 되돌아보는 것도 유익한 경험이 된다.

STEP 4. 피드백 받기 (Getting Feedback)

　면접 스킬을 향상시키기 위해서는 동료 면접관이나 선배 면접관들과 정기적으로 교류하는 것이 효과적이다. 다양한 경험을 공유하며 간접적으로 배울 수 있을 뿐만 아니라, 본인의 면접 경험에 대한 궁금증을 해소할 기회도 얻을 수 있다. 적극적으로 피드백을 요청하고 반영하는 자세가 중요하다.

4. 마지막 한 마디

2028년 미래의 일기
오늘로 올해 면접이 마무리되었다. 올해엔 총 128회의 면접을 다녀왔구나. 초보면접관으로서의 불안에 관해 책을 쓴 지 꼭 3년만이다. 그렇다면 나는 이제 면접을 앞두고 전혀 떨리지 않고 긴장하지 않으며 평안한 상태로 면접을 보게 되었을까?
　그렇다면 좋겠지만, 나는 어제도 긴장되는 마음에 어깨가 뭉치고 하루 종일 소화가 안 된다고 느끼며 잠을 설쳤다. 하지만 이제는 이 불안과 긴장이 싫지만은 않다. 최근에도 평상시 경험이 많다고 큰소리치던 어느 면접관의 안 좋은 소식을 들었다. 기관에서 그를 더 이상 모시고 싶지 않다고…. 무슨 실수를 했는지 모르겠으나 적당한 불안과 긴장은 오히려 실수를 줄이고 준비하도록 하게 한다. 따라서 적절한 불안은 면접관 일에 도움이 된다고 믿는다.

　나는 불안한 면접관이다. 하지만 불안은 나에게 더 이상 걸림돌이 아니다. 나를 더 준비하게 하고 성장하게 할 뿐이다.

PART 3

좋은 질문은 어떻게 만들어지는가?

03

사람을 이끄는 질문의 힘

1. 현장에서 검증된 '진짜 사람'
2. 진짜 자아를 꺼내는 질문의 힘
3. 현장에서 쌓은 면접의 감각
4. 나의 미래, 전문면접관으로서 더욱 깊어질 여정

사람을 이끄는 질문의 힘

박혜화 <small>릴레이션큐레이터</small>

저자 소개

사람의 성장을 함께 고민해 온 실무형 채용전문가다. 20여 년간 콜센터와 교육 현장에서 채용, 교육, 평가의 전 과정을 경험하며 사람과 조직을 함께 이해해 왔다. 특히 벤츠 딜러샵 콜센터 센터장으로 재직하며 인재의 선발부터 교육, 실무 적응, 성장까지 전 과정을 직접 이끌고 지켜본 경험은 '누구를 뽑을 것인가'에서 '어떻게 길러낼 것인가'까지 채용의 시야를 넓히는 데 큰 전환점이 되었다.

이후 역량평가사, 전문면접관, 코칭 전문가, ESG전문가로 활동하며 조직 안에서 사람이 성장하는 방식과 그 흐름을 만들어 내는 구조를 함께 이해하며, 질문을 통해 가능성과 본질을 읽어 내는 전략을 정립해 왔다.

현재는 교육 컨설팅 회사를 운영하며 면접관 교육, 리더십 코칭, 피드백 문화 설계를 통해 기업과 공공기관의 채용 역량을 지원하고 있다.

주요 경력 및 직무

ktcs 교육팀
벤츠 콜센터 센터장
위앤미교육연구소 & 위앤미HRD교육센터 대표
역량평가사
전문면접관

강의

조직내 면접관 양성, ESG 경영, 조직 리더십, 공감 커뮤니케이션, 협업 중심 조직관리 등 공공기관·기업 대상 특화 강의 진행

컨설팅

ESG 전략 수립, 서비스 품질 개선, 인재 육성 체계 구축 등 조직 맞춤형 컨설팅 수행

면접

공기업 · 민간기업 면접위원 다수 참여, 역량기반 질문 설계 및 내부 면접관 교육 운영

연락처 및 SNS

인스타: weme_parkhyehwa

블로그: https://blog.naver.com/phh2199

들어가며

질문은 사람을 말하게 한다

"수습 기간엔 정말 열심히 하더니, 정규직이 되자 '이건 제 일이 아니에요!' 라고 하더군요."

요즘 조직에서 자주 나오는 하소연이다. 그 뒤에는 어김없이 이 말이 따라온다.

"왜요? 지금요? 제가요?" 조직에서는 이를 '3요'라고 부른다.

단순한 말투처럼 보이지만, 이 짧은 세 마디는 태도의 본질을 드러내는 조직 내 리스크 신호이다. 혼자만 일을 하지 않는다면 그만일까? 그렇지 않다. 이러한 태도는 개인의 문제를 넘어 조직 전체의 흐름을 흔들고, 열심히 일하는 다른 구성원들의 사기를 떨어뜨린다. 결국에는 유능한 인재가 회사를 먼저 떠나는 상황까지 벌어지기도 한다. 한 번 채용한 인재는 쉽게 내보낼 수 없기에, 조직이 감당해야 할 숨은 리스크이자 가장 큰 손해 비용이 된다.

면접이 끝나면 모든 것이 결정된다. 채용을 마무리하면 그 다음은 '현장의 시간'이 시작된다. 그 시간 속에서 면접관의 판단이 옳았는지, 아주 냉정하게 드러난다. 면접에서 자신감 있게 말하던 지원자가 현장에서 무너지고, 오히려 긴장했던 지원자가 조직에 잘 적응하며 성장해 나가는 모습을 볼 때마다, 나는 스스로에게 묻게 된다. 면접장에서 내가 무엇을 놓쳤던 걸까?

벤츠 딜러샵 콜센터 장을 역임하며 채용과 교육을 총괄한 경험을 시작으로, 역량 평가사와 전문면접관으로 활동해왔다. 특히, 내가 직접 뽑은 인재가 입사 후 어떤 태도로 일하는지, 시간이 지나면서 어떻게 성장하거나 무너지는지를 끝까지 지켜볼 수 있었던 것은 외부 면접관에게는 허락되지 않는, 채용과 현장을 모두 아우르는 드문 경험이라 할 수 있다. 지금은 코칭 전문가이자 교육 컨설팅 회사의 대표로서 여전히 채용 현장의 목소리를 실시간으로 듣고 있다.

"좋은 사람을 뽑을까, 나쁜 사람을 걸러낼까?"

처음엔 이 질문에서 출발했지만, 진짜 중요한 건 '누가 오래 함께할 사람인가'를 가려내는 일이었다. 그 사람은 단지 일을 잘하는 사람이 아니라, 책임을 나누고 동료와 함께 시너지를 만드는 사람, 즉 리더십을 지닌 사람이어야 했다. 답을 찾기 위해 사람의 태도와 문제 해결력을 드러내는 질문법을 연구했다. 질문은 단순한 평가를 위한 도구가 아니라, 지원자의 본질을 이끌어내고, 가능성을 움직이게 하는 힘이라는 사실을 확신하게 됐다.

'무엇을 묻느냐'보다 '어떻게 묻느냐'가 가장 중요하다. 질문의 방식에 따라 지원자는 본질을 드러내기도, 감추기도 했다. 예상치 못한 질문에 대한 반응에서 실제 역량과 태도가 오히려 더 명확히 드러났다. 단순히 '얼마나 잘 준비했는가'를 평가하는 것이 아니라, 조직에 얼마나 잘 적응하고 함께 성장할 수 있을지를 읽어 내는 질문 설계가 핵심이었다. 그리고 무엇보다 좋은 질문은 지원자가 자신의 강점을 스스로 발견하고 말할 수 있는 기회를 제공한다는 점에서 특별한 힘을 가진다.

사람을 제대로 보는 일은 좋은 질문에서 시작된다. 질문은 단순한 평가의 도구가 아니라, 사람의 진짜 모습을 이끌어 내는 전략이다. 이 책에는 실전에서 길어 올린 질문의 감각과, 사람을 보는 눈을 길러온 시간의 기록을 담았다. 사람을 위한 면접이란 어떤 것인지, 함께 고민하고 싶은 마음으로 글을 썼다. '질문의 힘'이 어떻게 가능성을 열고, 평가를 넘어 발견으로 이어지는 면접을 만들어 가는지를 이야기한다. 나와 같은 고민을 가진 채용 전문가에게 지원자의 진심을 이끌어 내는 질문의 실마리를 찾는 데 도움이 되기를 바란다.

여러분의 질문이 누군가의 가능성을 열어 주는 시작점이 되기를 기대한다.

사람을 이끄는 질문의 힘

1. 현장에서 검증된 '진짜 사람'

리더를 원하지 않는 시대, "승진 안 하고 싶어요"

부하 직원의 표정에서 나는 직감했다.

'아, 내가 또 꼰대가 되었구나.'

벤츠 콜센터 센터장일 때, 아끼던 부하 직원에게 이렇게 말했다.

"내가 언젠가 이 자리에서 물러날 때, 그때 너한테 자리가 주어질 수도 있어. 센터장이 되려면 기본적인 관리 능력이나 제안서, 결과 보고 같은 것도 할 줄 알아야 하잖아. 그걸 지금 배우지 않으면, 나중엔 누가 가르쳐주겠니. 지금이 기회야."

하지만 말이 끝나기가 무섭게, 직원의 표정이 굳어지고, 시선은 바닥에 멈췄다.

그는 면접장에서 굉장히 인상적인 지원자였다. 핵심 질문마다 또렷하게 대답했고, 성실하게 일할 인재였다. "열심히 하겠습니다"라는 말도 힘차게 했다. 우리는 그가 리더처럼 말했기 때문에 리더일 거라 믿었다. 실제로 그는 업무를 잘했다. 책임감 있고 성실했으며, 동료들과의 관계도 원만했다. 그러나 승진을 하면 할수록 회의에서는 말이 없어졌고, 복잡한 상황에선 조용히 물러섰다. 내가 처음 느꼈던 리더라는 확신은 시간이 갈수록 착각으로 바뀌었다.

어느 날, 조심스럽게 물었다. 무슨 어려움이 있는지, 왜 그렇게 소극적인지, 그는 잠시 머뭇거리다 말했다. 승진이나 더 큰 책임은 원하지 않으며, 정해진 일을 안정적으로 해내는 것이 자신의 목표라고, 추가적인 부담은 두렵다고 했다.

나는 그가 조금만 더 책임감을 가지고 도전하면 반드시 성장할 수 있다고 믿었다. 지금은 힘들더라도, 리더가 되면 그만큼 보람도 커질 거라고 확신했다. 그래서 업무를 잘하면 승진의 기회가 생긴다고 말했다. 그 말을 습관처럼 건넸다. 누구에게든, 가능성이 보이고 좋은 사람이 보이면 반복했다. 나는 항상 진심이었다. 하지만 나중에서야 내 말이 직원들 사이에서 어떻게 회자되는지 알게 됐다.

"센터장님 또 시작이시네…. 그냥 시키는 일만 하고 싶은데, 괜히 배웠다가 일만 더 늘지."

내가 그들에게 건넨 말은 응원이 아니라, 원치 않는 부담이었다.

요즘 세대는 리더가 되고 싶어 하지 않는다. 급여를 조금 더 받기 위해 감정노동과 인간관계를 떠안고 싶어 하지 않고, 그보다는 정해진 업무를 안정적으로 해내며, 퇴근 이후의 삶을 지키는 쪽을 선택한다. 그건 무책임함이 아니라 분명한 삶의 기준이고 개인의 가치관이다. 그걸 제대로 이해하지 못한 채, 나는 내 방식대로 그들을 밀어붙이고 있었던 것이다.

실제로 이러한 현상은 개인 차원을 넘어 조직 전반의 문제로 확산되고 있다. 잡코리아가 2023년 MZ세대 직장인 1,114명을 대상으로 실시한 설문조사에 따르면, 응답자의 54.8%가 임원 승진 의사가 없다고 답했다. 이 중 가장 큰 이유는 '책임을 져야 하는 위치가 부담스러워서'(43.6%)였다. 이는 단순한 책임을 회피하려는 태도가 아니라, 리더 역할에 대한 부담과 일과 삶의 균형을 중시하는 가치관이 반영된 결과다. 실제로 조직 현장에서도 리더로 성장하려는 인재 자체가 줄어들면서, 중간관리자 자리가 공석으로 남는 사례가 점점 더 많이 관찰되고 있다. 요즘처럼 리더를 맡고 싶어 하지 않는 흐름은 조직 입장에서 새로운 고민을 던지고 있다. 미래를 설계하고 인재를 발굴해야 하는 관리자들에게는 이제 기존과는 다른 채용과 육성의 기준이 필요해진 것이다. 이제는 단지 일을 잘하는 사람을 넘어서 책임을 받아들일 준비가 되어 있고, 성장하고자 하는 내적 의지를 가진 사람을 찾아야 한다. 리더를 뽑는다는 건 단순한 능력 평가가 아니라 일에 대한 태도와 방향성까지 함께 읽어 내는 일이기 때문이다.

면접의 질문도 바뀌어야 한다. 막연한 열정이나 예의 바른 표현보다 자신의 포부를 구체적으로 설명할 수 있고, 맡게 될 일을 어떻게 해나갈지 스스로 말할 수 있는 사람을 찾기 위한 질문이어야 한다. '열심히 하겠습니다'라는 말만으로는 리더가 될 수 없다. 그 말 뒤에 숨은 진짜 의지와 책임감, 성장의지를 꺼낼 수 있는 질문이 필요하다. 포부를 묻기 전에, 포부를 끌어낼 수 있는 질문을 준비하는 것 그것이 지금 우리가 바꿔야 할 면접의 시작점이다.

〈입사 후 포부를 묻는 구체적인 질문의 예〉
- 이 직무에서 중요한 업무가 무엇이라고 생각하나요?
- 이 업무를 잘하기 위해 필요한 역량은 뭐라고 생각하나요?
- 이번 직무를 통해 무엇을 배우고 성장하고 싶나요?
- 입사 후 첫 3개월 동안 어떤 방식으로 적응하고 일할 계획인가요?
- 입사 후 맡게 될 업무 중 하나를 정해, 본인이 주도적으로 개선하거나 기여할 수 있는 아이디어가 있다면 말해 보세요.

한 달 1,000콜을 들으며 깨달은 진짜 실무형 인재

"터미널 근처 동물병원이요! 가장 가까운 곳으로요."

114에 전화를 건 고객의 목소리에는 초조함이 묻어 있었다. 낯선 지역에서 아픈 반려동물을 안고 길을 찾는 상황. 고객은 빠르고 실질적인 안내를 원했다. 이런 유형의 상담 전화는 실제로 자주 걸려온다. 상담 매뉴얼은 정해져 있다. "정확한 위치는 확인이 어렵습니다"라는 말과 함께, 고객이 터미널 주변 중 하나의 행정동을 선택해야만 안내가 가능하다. A와 B, 두 상담사 모두 같은 매뉴얼을 따랐지만 결과는 전혀 달랐다.

A 상담사는 "고객님, 지금 많이 답답하시죠?"라는 말로 감정을 어루만지며, 정보를 하나하나 함께 찾아갔다. 고객의 말을 한 번 더 되묻고, 위치를 함께 좁혀가며 안내했다. 고객은 상담이 끝날 무렵 "정말 고마워요"라는 말을 남겼다.

반면 B 상담사는 절차에만 집중했다. 정보는 정확히 전달됐지만, 고객의 불편한 감정에는 한 번도 반응하지 않았다. 결국 고객은 상담 도중 "그걸 모르니까 전화했잖아요!"라며 격앙된 반응을 보였다. B의 대응은 매뉴얼에는 맞았지만, 고객의 감정은 철저히 놓쳤다.

콜센터에서 수천 건의 상담을 모니터링하며 이런 사례를 수없이 접해 왔다. 녹취를 반복해서 듣는 과정에서 하나의 공통점을 발견했다. 상담을 잘하는 사람은 단지 매뉴얼만을 따르지 않았다. 그들은 정해진 틀 안에서 자신이 할 수 있는 것을 더 찾았고, 고객의 감정을 읽고, 반응하며, 진심을 담아 대응했다. 매뉴얼을 넘어서려 한 게 아니라, 매뉴얼 안에서 사람답게 반응한 것이다.

이 사례를 떠올리며, 문득 이런 생각이 들었다. 면접에서도 비슷한 일이 벌어지고 있지 않을까? 지원자가 정해진 대본을 외워 답변하는 순간, 겉모습은 완벽해 보일 수 있다. 그러나 그 안에 담긴 사고방식과 태도가 보이지 않는다면, 면접관은 진짜 모습을 알 수 없다.

'이 대답, 준비해 온 말이겠지. 그런데 진짜일까?'
'현장에선 어떻게 반응할 사람일까?'

면접관은 '답을 평가'하는 사람이 아니라, '사람을 이해'해야 하는 사람이라고 생각한다. 그러기 위해선 질문도 달라져야 한다. 단순히 정답을 유도하는 질문이 아니라, 지원자의 사고방식과 태도, 문제 해결력과 진정성을 이끌어 낼 수 있는 질문이어야 한다. 그 사람이 어떤 선택을 하고, 왜 그런 판단을 내렸는지를 물어야 한다.

면접에서 좋은 점수를 받고, 실제로도 조직에 들어와 성과를 낸 지원자들을 떠올려 보면, 분명한 공통점이 있다. 그들은 '말을 잘하는 사람'이 아니라, '자신의 경험 안에서 의미를 찾아 말하는 사람'이다. 준비된 문장을 유창하게 말하는 사람은 많다. 하지만 성과를 낸 사람들은 단순히 무엇을 했는지 보다, 그때 왜 그렇게 판단했는지, 어떤 고민을 했는지, 그리고 그 경험이 지금의 자신에게 어떤 의미로 남아 있는지까지 말할 줄 알았다. 예를 들어 "어려운 프로젝트였지만 팀원들과 협력해 잘 마무리했습니다"라고 끝나는 게 아니라, 무엇이 어려웠는지, 갈등은 어떻게 풀었는지, 그 안에서 내가 어떤 선택을 했고, 그 선택이 어떤 결과를 만들었는지를 이야기하는 사람. 그런 사람은 틀 안의 질문에도 자기 방식으로 사고하고, 움직이고, 연결하는 사람이었다.

직원 교육을 갈 때면, 나는 종종 흰 종이에 선을 하나 긋고 이렇게 말한다.
"이 선 위에, 자유롭게 그림을 그려 보세요."
선은 모두 같지만, 누군가는 그 위에 길을 그리고, 누군가는 파도를, 누군가는 사람을 그린다. 같은 선 위에서도 각자의 방식으로 움직이고 표현하는 사람, 조직은 그런 사람을 원한다. 정해진 절차가 중요하지만, 그 틀 안에서 자신의 역량을 어떻게 발휘하느냐가 진짜 실력이라는 뜻이다. 면접관이 정말 알고 싶은 건,

'이 사람이 매뉴얼 안에서 자유롭게 움직일 수 있는 사람인가?'에 대한 확신이다. 질문은 사람의 진짜 모습을 꺼내기 위한 하나의 도구일 뿐이다. 이제 중요한 건, 그 '진짜 사람'을 면접장에서 어떻게 발견해 낼 수 있느냐이다.

다음 글에서는 현장에서 일할 수 있는 인재를 면접장에서 어떻게 가려낼 수 있을지에 대한 질문 전략에 대해 이야기해 보려 한다.

2. 진짜 자아를 꺼내는 질문의 힘

면접장에 등장한 '부캐 군단', 어떻게 진짜를 밝힐 것인가?

교육 컨설팅을 하다 보면 학생들과 모의 면접을 진행할 기회가 많다. 그날도 학생이 긴장하지 않도록 성격의 장·단점을 묻는 기본적인 질문으로 모의 면접을 시작했다. 학생은 조심스럽게 웃으며 낯을 가리는 성격이라고 말했고, 대학 시절 조별과제를 통해 극복하기 위해 노력했다고 했다. 먼저 말도 걸고, 회의도 주도하면서 조금씩 나아졌다고 덧붙였다. 흔히 들을 수 있는 익숙하고 잘 정리된 답변이었다 이 학생은 면접을 위한 '친화력 있는 사람'이라는 부캐를 준비해 온 듯했다. 나는 면접관의 시선으로 그 부캐를 캐치했고, 학생의 본캐를 자연스럽게 끌어내기 위해 자기소개서의 모순된 표현을 짚어 주었다.

"자기소개서에는 낯선 환경에 적응하거나, 사람들과 친해지기까지 시간이 좀 걸린다고 쓰셨던데요?"

학생은 당황하며 짧고 빠르게, 지금은 괜찮아졌다고 대답했다. 이어 처음 만난 우리가 낯설지 않은지 조심스럽게 되물었다. 잠시 침묵이 흘렀다. 학생은 지금도 떨린다며 이야기를 꺼냈다. 면접을 준비하면서도 진짜 모습을 보여 줬다가 떨어지면 어쩌나 하는 걱정이 많았다고 털어놓았다. 솔직하게 말해준 지원자에게 마지막으로 이렇게 물었다.

"그런데도 이 자리에 앉아 있는 건 그만큼 간절해서겠죠?"

학생은 이 일이 정말 하고 싶고, 이번에는 회피하지 않고 부딪쳐 보고 싶다고 답했다. 방금 학생이 이 자리에서 꺼낸 건 부캐가 놓친 감정이자 본캐가 안고 있는 진심이었다. 면접관이 진정으로 보고 싶은 것은 완벽하게 설정된 페르소나가 아니라, 그 사람만의 태도와 진심이 담긴 '진짜 모습'이다.

이처럼 짧은 모의 면접 한 장면에서도 알 수 있다. 지원자는 연습된 모습으로 등장하지만, 그 이면에는 여전히 두려움과 망설임, 보여주지 못한 '진짜 나'가 숨어 있다. 그렇기에 전문면접관이 되어 고민해야 할 것은 단순히 질문을 잘 던지는 것이 아니라, 그 사람이 스스로를 꺼낼 수 있도록 돕는 '환경'을 설계하는 일이다. 면접관의 표정, 말투, 대화 방식, 질문의 순서 하나하나가 지원자의 본캐를 꺼낼 수 있는 작은 '신호'가 된다.

많은 면접관이 위기의 순간에 진면목이 드러난다고 믿는다. 그래서 압박 질문이나 당황스러운 상황을 일부러 연출하는 경우도 있다. '긴장 상태에서의 대처 능력'을 보기 위한 전략이다. 하지만 그것만이 방법일까? 질문 설계에 익숙한 면접관이라면, 위기 상황을 몰아붙이는 대신 지원자의 사고방식과 감정이 자연스

럽게 드러나는 순간을 설계할 수 있어야 한다

본캐를 꺼내기 위한 면접관의 3가지 실천 전략을 제안한다.

첫째, 자기소개서의 모순을 짚는 질문

자기소개서 속 표현과 실제 답변 간의 미세한 차이를 예리하게 읽고 질문한다.

포인트는 '지적'이 아닌, '이야기를 풀어낼 실마리'를 잡아 주는 데에 있다.

좋은 질문 사례: "협업을 잘한다고 쓰셨는데, 낯선 사람들과의 소통이 부담스럽다고 하셨어요. 어떤 상황을 말한 걸까요?"

둘째, 감정에 닿는 꼬리 질문

행동이 아닌 그 행동의 배경에 있었던 감정과 판단에 주목한다.

좋은 질문 사례: "그때 어떤 고민이 있었나요?", "그 경험이 본인에게 어떤 의미로 남았나요?"

셋째, 심리적 안전감 조성

긴장을 완화하는 말 한마디, 공감의 끄덕임, 부드러운 말투가 모두 신호가 된다. 면접관이 인간적으로 다가갈수록, 지원자도 본래의 모습을 보여주기 시작한다.

좋은 질문 사례: "처음이라 떨릴 수 있어요. 편하게 말씀하셔도 됩니다."

면접은 누가 더 잘 준비했는가를 검증하는 자리가 아니다. 누가 더 솔직하게 자기 자신을 꺼내 놓을 수 있는가를 함께 확인하는 시간이다. 그래서 진짜 전문면접관은 질문을 던지기 전에 스스로에게 묻는다. 내가 꺼내려고 하는 것은 그 사람이 준비한 대사인가? 아니면 그 사람이 품고 온 마음인가?

정해진 답을 탓하기 전에 정해진 질문부터 살피자

면접관은 준비된 답을 반복하는 지원자에게 종종 실망한다. 마치 어디선가 외워 온 듯한 매끄럽지만 익숙한 말들. 그 속에서는 정작 그 사람의 진짜 모습이 보이지 않기 때문이다. 하지만 문득 이런 생각이 들었다. '혹시 나도 그들과 같지 않을까?' 정해진 질문을 꺼내 들고, 그 안에서 '다른 사람'을 기대했던 건 바로 나였을지도 모른다. 의례적이고 형식적인 질문, 누구에게나 반복되는 그 질문을 던지며 나는 정말 그 사람을 알고 싶어 했던 걸까?

질문은 단순한 정보 수집이 아니다. 지원자의 실제 일하는 방식과 조직 적합성을 예측하기 위한 밀도 높은 탐색의 도구다. 직무에 따라, 정해진 시간에 따라, 지원자의 수에 따라 그리고 면접의 목적이 신입인지, 인턴인지, 경력인지에 따라 질문은 달라져야 마땅하다. 질문에는 기본적인 가이드가 존재하지만, 그 가이드를 상황에 맞게, 틀 안에서 유연하게 적용하는 것이 바로 면접관에게 요구되는 전문성이다.

지금부터는 직무에 따라 달라지는 질문의 유형, 그리고 시간과 구조에 따라 달라지는 질문 전략에 대해 함께 짚어 보고자 한다.

직무는 같지 않다. 질문도 같을 수 없다.

단 하나의 질문으로 모든 직무를 판단하려 한다면, 결국 누구에게도 충분하지 않은 평가가 될 수 있다. 단순히 "문제 해결력이 있습니까?"라고 묻기보다는, 그 사람이 어떤 방식으로 문제를 인식하고 선택하고 대처하는지를 살펴보는 질문이어야 한다. 이를 위해서는 직무에 따라 기대되는 문제 해결 방식을 반영한 질문이 필요하다. 지원자의 경험을 해당 직무의 맥락과 연결 지을 수 있을 때, 비로소 그 사람이 실제로 어떻게 일할 것인지에 대한 신뢰 있는 판단이 가능해진다. 다음은 내가 실제 면접에서 자주 활용하는 질문 전략이다.

〈문제해결능력의 직무별 질문 전략〉

- 기술 직군:
  예상치 못한 기술적 문제가 발생했을 때 어떻게 해결했는가?
- 기획 직군:
  전략이 예상과 다르게 흘렀을 때 어떻게 수정하고 대응했는가?
- 영업 직군:
  어려운 고객을 설득했던 경험은 무엇이며, 어떤 방식으로 접근했는가?
- 관리 직군:
  조직 내 갈등을 어떻게 조율했으며, 어떤 배움을 얻었는가?

이처럼 직무에 적합한 문제 해결 맥락을 반영한 질문을 설계하면, 지원자의 답변 속에서 드러나는 선택과 태도, 상황 인식과 판단 기준을 통해 그들의 실제 역량과 조직 적합성을 더 명확하게 파악할 수 있다.

시간에 쫓기는 면접, 질문은 더 명확하고 유연해야 한다.

지원자 4명, 면접 시간은 고작 10분, 면접관은 3명, 면접관이라면 누구나 한 번쯤 이런 상황을 마주한 적이 있을 것이다. 질문 하나 던지기도 빠듯한 시간 안에 지원자의 역량과 태도, 잠재력을 파악하고 평가를 마쳐야 하는 부담스러운 순간이다. 제한된 시간 안에 다수를 평가해야 하는 구조에서는 정해진 질문지를 그대로 따라가는 것만으로는 부족하다.

형식적인 질문과 짧은 답변이 이어지다 보면, 우리는 결국 '사람'을 놓치고, 정답에 가까운 '내용'을 받아 적는 데 급급해지기 쉽다. 이럴 때 필요한 건 핵심을 정확히 짚어 내는 질문의 감각과 지원자의 말 속에서 단서를 포착하고 유연하게 질문을 이어가는 기술이다.

질문을 미리 '정해두는' 것이 아니라, 핵심을 놓치지 않도록 '기준'을 갖는 것이 중요하다. 나의 경우 이런 상황에 대비해 항상 질문을 구성하는 세 가지 핵심 축을 먼저 정리해 둔다. 바로 '이 사람이 어떤 방식으로 일하고, 실수나 갈등을 어떻게 다루며, 성장을 어떻게 받아들이는지를 알고 싶다'는 방향성이다. 다음과 같은 질문을 던진다.

〈촉박한 시간 질문 전략〉
최근 몇 개월 사이, 본인이 가장 크게 성장했다고 느낀 순간은 언제였나요?
최근 가장 몰입했던 일은 무엇이었나요?
실수했던 경험이 있다면, 당시 어떻게 대처했는지 들려주세요.

이 질문들은 단순한 경험 나열을 유도하는 것이 아니라, 지원자가 어떤 상황에서 동기부여를 느끼고, 어떤 방식으로 문제에 접근하며, 그 과정에서 어떤 배움과 성장을 이뤘는지를 파악하기 위한 탐색의 장치다. 중요한 것은 질문의 개수나 길이가 아니라, 질문을 통해 무엇을 듣고자 하는지에 대한 면접관의 '의도'와 '기획력'이다. 짧은 시간 안에서도 충분히 그 사람을 들여다볼 수 있다. 물론 어디까지나 질문이 잘 설계되어 있고, 그 질문을 상황에 맞게 조정할 수 있을 때 가능한 일이다. 이는 곧 면접관이 갖춰야 할 전문성, 즉 상황을 빠르게 판단하는 유연함과 기본 가이드라인 안에서 맥락에 맞게 융통성 있게 대처할 수 있는 능력을 의미한다.

정해진 답을 준비해 온 지원자를 탓하기 전에 정해진 질문만 반복해 온 면접관은 아닌지 돌아보자

3. 현장에서 쌓은 면접의 감각

면접에 코칭을 활용하다, "왜 떨어졌는지 알려주세요."

요즘 사람들은 A+를 받아도 그 이유를 알고 싶어 한다. "잘했네!"라는 한마디로는 부족하다. 이제 사람들은 "어떤 점이 좋았나요?", "어떤 기준으로 점수를 매기신 건가요?"하고 물으며 단순한 결과보다 자신에 대한 더 깊은 이해를 원한다.

최근 많은 기업이 관찰 면접을 도입하고 있다. 그 배경에는 면접관의 피드백 책임이 더 강조되고 있다는 변화가 있다. 특히 면

접 이후 지원자가 정보공개청구를 통해 "왜 탈락했는지"를 요청하는 사례가 늘어나면서, 관찰과 기록의 필요성이 더욱 부각되고 있다.

관찰 면접은 직접 질문을 하지 않고, 지원자의 태도, 질문과 답변, 비언어적 표현 등 전반적인 행동을 관찰해 정성적으로 기록하는 방식이다. 유형은 두 가지다. 하나는 면접장 안에서 질문 없이 관찰하는 방식, 다른 하나는 면접장 밖에서 지원자의 자연스러운 모습을 동행하며 관찰하는 방식이다. 이 면접은 점수 대신 서술형 피드백으로 결과를 정리하며, 지원자의 언행에서 드러나는 특성과 역량을 포착하는 데 초점을 둔다.

관찰 면접관을 별도로 운영하는 이유를 처음엔 단순히 면접관이 너무 바쁘기 때문이라고 생각했다. 하루에도 수십 명의 지원자를 만나니, 모두를 꼼꼼히 기억하고 기록한다는 게 현실적으로 어렵겠다고 생각했다. 그런데 시간이 지나면서 알게 된 사실이 있다. 정말로 '관찰을 어떻게 해야 하는지, 무엇을 관찰해야 하는지, 또 어떤 기준으로 피드백 해야 하는지' 자체를 모르는 경우가 있다는 것이다.

어느 날, 지인이 울면서 물었다.

"언니는 면접관도 해봤잖아. 나는 필기도 붙고, 면접도 나름 잘 봤는데…, 내가 왜 떨어졌는지 정말 모르겠어."

그 친구는 누구보다 성실하게 준비했고, 충분한 역량을 갖춘 지원자였다. 왜 떨어졌는지 피드백을 요청해 보라고 조언했다. 돌아온 기업의 피드백은 단 한 줄이었다.

"당신은 아직 젊잖아요. 다음에 또 기회가 있을 거예요."

이 말은 위로처럼 들릴 수 있지만, 실제로는 지원자의 질문에 아무것도 답하지 못한 말이다. 피드백의 부재는 지원자에게 상처만 남긴다.

　피드백을 잘 해야 하는 이유가 또 있다. 피드백을 전하는 면접관은 단순한 평가자를 넘어, 그 기업의 가치와 문화를 대표하는 얼굴이다. 지원자가 면접을 통해 느끼는 감정, 경험, 메시지 하나하나가 모여, 결국 '이 회사는 어떤 곳인가'에 대한 인식으로 이어진다. 이것이 바로 고용 브랜딩(Employer Branding)이다. 단순한 채용 공고나 조직 홍보 영상보다, 면접관의 말 한마디, 표정, 그리고 피드백이 기업의 이미지를 결정짓는 시대다. 따라서 면접관이 전하는 피드백은 지원자의 진로 방향뿐 아니라, 기업에 대한 신뢰와 호감도에까지 영향을 미친다.

　그렇다면 우리는 과연 어떤 피드백을 준비해야 할까?
　그 답은 '코칭형 피드백'의 세 가지 원칙에서 찾을 수 있다. 코칭형 피드백은 단순히 잘잘못을 지적하거나 결과만 전달하는 방식이 아니라, 지원자(또는 학습자, 직원)가 스스로를 돌아보고 성장의 방향을 찾을 수 있도록 돕는 방식이다. 평가자 중심이 아니라 피드백을 받는 사람 중심의 사고와 언어가 특징이며, '무엇이 부족한가'보다 '어떻게 더 나아질 수 있을까'를 함께 고민하는 태도에서 출발한다.

⟨코칭형 피드백의 3가지 원칙⟩

원칙	목표	사례
사실 기반 (Fact-based)	객관적 행동 포착: 주관적 인상이나 감정보다 관찰된 행동에 근거해야 함	관찰: "시선을 회피하거나 대답이 짧았다"
구체성 (Specific)	행동의 의미와 영향 분석: 추상적인 말보다 상황, 대화, 태도 등 명확한 맥락 포함	해석: "자신감 부족처럼 보일 수 있다"
성장 유도 (Growth-oriented)	지원자의 개선 방향 제시: 단점 지적보다는 어떻게 개선할 수 있을지 방향 제시	제안: "긴장 완화를 위해 강점부터 말해 보길"

다음은 지원자에게 실제 피드백을 준 사례이다.

> "면접 내내 침착하고 안정적인 모습을 보여주신 점이 인상적이었습니다. 다만 질문에 답변하실 때 시선이 바닥을 향하거나, 목소리가 점점 작아지는 부분이 반복되어 약간 긴장한 듯한 인상을 받았습니다. 실제로도 긴장을 느끼셨다면, 이후 면접에서는 본인이 자신 있었던 경험이나 자주 준비한 질문부터 먼저 입을 여는 방식으로 심리적 안정감을 만들어 보는 것을 권해드립니다."

관찰 면접관은 단순히 옆에 앉아 조용히 지켜보는 사람이 아니다. 지원자가 다음 면접에서 더 나은 모습으로 설 수 있도록, 그 사람의 가능성을 읽고 응원하는 조력자다. 지원자들은 지금도 묻는다. "제가 왜 떨어졌나요?" 이 질문은 단지 결과를 알고 싶어서가 아니다. 자신을 돌아보고, 다음을 준비하고 싶기 때문이다. 그리고 그 물음에 답할 수 있는 사람이야말로 진짜 면접관이고, 조직의 얼굴이라 할 수 있다. 이제 면접관은 '더 나은 사람'

을 평가하는 데 그치지 않고, 앞으로 누가 '더 나아질 수 있는 사람'인지를 찾고, 발전 가능성을 함께 설계하는 존재로 나아가야 한다. 피드백은 그 변화의 첫 문장이 될 것이다.

태도로 드러나는 리더십, 현장에서 배운 눈으로 본다

성과를 이야기할 때, 누가 중심에 서는가? 그리고, 누구의 이름이 언급되는가?

역량평가사이자 전문면접관으로 활동하며 수많은 면접 장면을 지켜봤다. 그중에서 내가 유독 관심을 갖고 들여다보았던 역량은 리더십이었다. 지원자들은 자신의 주도한 프로젝트나 성과를 앞세워 리더십을 강조하지만, 나는 오히려 '말의 태도' 속에 녹아 있는 리더십의 깊이에 더 주목해왔다. 단지 직업적 호기심 때문만은 아니다. 조직에서 센터장을 맡아 팀을 이끌었던 경험이 있고, 그 과정에서 함께 일하는 사람들의 동기와 성장을 이끄는 일이야말로 리더의 본질이라는 것을 체감했다. 이후 자연스럽게 리더십에 대한 관심이 깊어졌고, 지금은 기업과 기관을 대상으로 리더십 강의와 코칭을 진행하고 있다. 그래서인지 면접이나 평가 상황에서도, 그 사람이 보여 주는 조직 안에서의 태도와 영향력을 유심히 살펴보게 된다.

김윤나 작가는 자신의 저서 『리더의 말 그릇』에서 이렇게 말한다.

"진짜 리더는 공을 독점하지 않는다. 말로써 함께한 사람을 무대 위로 올린다."

이 말은 면접 현장에서 마주한 수많은 장면과 정확히 겹친다. 물론 직장에서도 마찬가지였다. 한 중간관리자 승진 면접에서 A 후보는 프로젝트 매출 200% 달성이라는 눈에 띄는 성과를 강조했다. 프레젠테이션 내내 "제가 주도했고", "제가 결정했고"라는 말을 반복했다. 질문 시간에 "팀원들과의 협업 과정은 어땠나요?"라고 물었을 때, 그는 잠시 멈추고 이렇게 답했다.

"혼자 할 수 있는 일은 아니었지만, 전반적인 큰 그림은 제가 그리면서 팀을 리드했다고 보시면 됩니다."

그 순간 성과는 남았지만, 리더십은 사라졌다. 말은 함께했다고 했지만 그의 말에는 '사실상 내가 다 했다'는 메시지가 또렷하게 묻어났다. 아마 A 후보의 진심은, "진짜 제가 다 한 거예요"라는 말에 가까웠을 것이다. 그는 '공을 나누는 언어'를 전혀 사용하지 않았고, 오히려 팀과의 거리감만을 드러냈다.

반면 한 청년 인재 채용 면접에서는 조금 다른 장면이 펼쳐졌다. 5인 토론이었고, B 지원자는 한 걸음 뒤에서 흐름을 지켜보다, 말이 적은 팀원에게 자연스럽게 발언 기회를 열어 줬다.

"이 주제는 현장에서 일하셨던 C 님 의견이 궁금한데요."

그 한 마디로 조용하던 C 지원자가 발언을 시작했고, 팀 분위기가 부드럽게 살아났다. B 지원자는 눈에 띄는 자신의 성과를 주장하지 않았지만, 말을 통해 사람을 세우는 리더십을 행동으로 보여준 셈이었다.

이 두 장면은 단지 지원자의 자질을 평가하는 순간이 아니라, 내가 어떤 리더를 조직 안으로 초대하고 싶은가에 대한 질문의 답이기도 했다. 면접장에서 내가 던지는 질문 하나, 관찰하는 태도 하나에도 리더십에 대한 지원자의 기준과 경험이 자연스럽게 녹아든다. 그 기준은 단순히 이론이나 매뉴얼에서 비롯된 것이 아니다.

사람이 '뽑힌 이후' 어떻게 쓰이고 자라는지에 오랜 시간 집중해왔다. 그래서 늘 '채용(採用)'이라는 말을 다시 바라보게 된다. '채용(採用)'은 뽑는(採) 것만이 아니라, 쓰는(用) 것까지 포함하는 말이다. 잘 뽑는 것도 중요하지만, 잘 쓰기 위한 준비가 함께 이루어져야 한다. 바로 그 '용(用)'의 관점에서 채용 이후를 설계하는 일을 함께 하고 있다. 이러한 현장 경험은 면접장 안에서 다시 살아 숨 쉰다. 리더십은 자격보다 태도에서 드러나고, 그 태도는 함께 일해 본 사람이 더 잘 알아볼 수 있다. 현장을 아는 면접관의 질문은 단순한 평가를 넘어 가능성을 여는 대화가 된다. 사람을 평가하기보다는, 그 안에 숨어 있는 리더십의 가능성을 발견하는 데 더 집중하게 된다. 그것이 내가 면접장에서 사람을 만나는 이유이기도 하다.

4. 나의 미래, 전문면접관으로서 더욱 깊어질 여정

세대를 읽는 면접관

한 지원자가 면접에서 이렇게 말했다.
"야근은 조직이 필요로 할 때 당연히 해야 합니다."

면접관들은 고개를 끄덕이며 메모했다. '조직 이해도가 높다'는 인상이었을 것이다. 다음 지원자의 대답은 달랐다.

"업무 효율을 높여 야근 없이 성과를 내는 것이 목표입니다."

그 순간, 한 면접관이 작게 중얼거렸다.

"조직을 몰라도 너무 모르네…."

과연 조직을 모르는 건 누구일까?

리더십 교육 현장에서 만난 한 팀장은 회식 문화에 대한 고민을 털어놓았다. 성과 포상으로 회식을 하자고 했더니, MZ세대 직원들은 평소 쉽게 접하기 힘든 랍스터나 소고기 같은 고급 메뉴를 제안했다고 한다. 의견은 갈렸고, 하나로 모아지지 않았다. 그러자 누군가가 조심스럽게 입을 열었다.

"그냥… 각자 먹고 싶은 걸 먹는 건 어때요?"

분위기는 잠시 정적에 잠겼고, 그보다 더 당황스러운 한마디가 이어졌다.

"저는 참석은 못하지만… 혹시 그 비용을 따로 받을 수 있을까요?"

결국 회식은 결론 없이 흐지부지 마무리되었다.

한 세대는 '같이 밥을 먹는 것'에서 조직문화를 배웠고, 다른 세대는 '개인의 시간을 지키는 것'을 배려하고 인정하는 문화에서 소속감을 느낀다. 그 다름을 이해하지 못한 채, "요즘 애들은 조직을 몰라"라고 말하는 건 과연 누구의 무지일까?

기성세대는 집단 안에서 예의와 법도를 배웠다. MZ 세대는 혼자서 과제를 해결하고, 온라인으로 소통하며 자라났다. 사회화 방식 자체가 다르다. 그래서 때때로 협업이 부족해 보이고, 존중이 없다고 느껴질 수 있다. 그러나 그건 '태도'가 아니라 '경험의 차이'다. 기성세대가 익숙한 방식만을 기준으로 삼는다면 현 세대를 '이해'할 수도, '발굴'할 수도 없다.

면접관이 전문성을 갖췄다는 건 자신의 기준을 고수하는 사람이 아니라, 맥락을 해석할 줄 아는 사람이라는 뜻이다. 예를 들어보자.

[지원자 발언 1]
"야근은 지양하고 싶어요."
[상황 해석]
무책임해서가 아니라, 효율과 워라밸을 중시하는 가치관일 수 있다.
[이렇게 물어보면 좋다]
"그렇다면 급한 상황에서는 어떻게 대응하시겠어요?"

[지원자 발언 2]
"그건 제 일이 아닌 것 같습니다."
[상황 해석]
역할과 책임에 대한 분명한 인식일 수 있다.
[이렇게 물어보면 좋다]
"그 상황에서 본인이 할 수 있다고 생각한 일은 무엇인가요?"

[지원자 발언 3]
"왜 그걸 해야 하죠?"

[상황 해석]
반항이라기보다 납득하고 싶다는 솔직한 표현일 수 있다.
[이렇게 설명해 보자]
"조직에서는 원래 그래요."라는 말 대신 "이 일의 의미는 이런 거고, 당신의 역할은 여기에 있어요."라고 설명해 주는 것이 효과적이다.

우리는 우리 세대와는 다른 언어를 쓰는 새로운 세대와 소통하고 있다. 그렇다면 먼저 '듣는 방식'을 바꿔야 한다. 세대를 이해하지 못하면, 미래의 인재를 놓친다.
　MZ세대는 면접장에서 마음속으로 이렇게 묻고 있다.
　"당신은 나를 진짜 이해하려 하나요?"
　"이 조직에서 일하는 내 모습을 상상할 수 있게 도와줄 수 있나요?"
　면접은 단순한 시험의 자리가 아니다. 누가 더 준비를 잘했는지를 가리는 무대가 아니라, 지원자와 면접관이 서로를 설득하고 이해하려는 대화의 장이 되어야 한다. 지원자는 자신의 답을 준비해 온다. 그렇다면 면접관은 어떤 질문을 준비하고 있는가?
　이제 질문이 바뀌어야 한다. 정답을 평가하기 위한 도구가 아니라 사고방식을 들여다보고 가능성을 발견할 수 있는 도구가 되어야 한다. 단절을 만드는 질문이 아니라, 대화를 설계하는 질문이어야 한다. 질문을 통해 가능성을 발견하려면, 먼저 지금 세대의 기준을 읽어야 한다

　면접관이 전문성을 갖췄다는 것은 과거의 기준을 고집하는 사

람이 아니라 세대와 맥락을 함께 해석할 수 있는 사람이라는 뜻이다. MZ세대를 이해한다는 것은 말의 표면만 듣지 않고 그 말 뒤에 숨은 상황과 감정, 배경까지 함께 읽는 감각을 갖는 것이다. 그리고 그들의 표현을 '태도의 문제'로 단정 짓기보다는, '관점의 차이'로 받아들일 수 있는 유연함을 갖는 것이다. 면접관은 이제 묻는 사람에서 멈추지 않고, 이해하는 사람, 이끌어 주는 사람, 그리고 함께 일할 사람을 보는 사람이 되어야 한다.

다름을 아는 면접관

면접관을 잘 만나는 게 진짜 운일까?

지원자들은 자신과 잘 맞는 면접관을 만나야 면접에 붙는다고 말하곤 한다. 어떤 면접에서는 어떻게 말해도 말이 통하고, 다른 면접에서는 똑같은 말을 했는데 표정이 굳는다. 같은 지원자이지만, 면접관이 다르면 전혀 다른 평가를 받는다고 생각한다. 그래서 사람들은 말한다.

"면접은 운이다."

실제로 면접장 안에서 면접관과 지원자가 벌어지는 '오해'는 사소한 차이에서 시작된다. 예를 들어, F(감정형) 면접관 앞에서 T(사고형) 지원자가 "그건 비효율적이라 저는 하지 않았습니다."라고 말한다. 공격적이지 않았다. 그냥 사실을 말했을 뿐이다. 하지만 감정형 면접관에게는 차갑고 단호하게 들릴 수 있다. 그 순간 성향의 차이가 해석의 차이로 바뀌고, 해석의 차이는 평가의 차이로 번진다.

'운이 좋아서 면접에 붙었다'는 말을 듣지 않으려면, 면접관에게도 분명한 준비가 필요하다. 면접관이 T인지 F인지, 지원자가 E(외향형)인지 I(내향형)인지가 중요한 게 아니다. 그보다 더 중요한 건 '나와 다른 방식으로 말하는 사람을 어떻게 해석할 것인가'에 대한 고민이다.

말투가 건조하다고 해서 무례한 것이 아니고, 말이 길다고 해서 배려심이 없는 것도 아니다. 그 속에 담긴 의도와 맥락, 즉 다름의 이유를 이해하려는 노력이 있을 때, 면접은 비로소 평가가 아닌 발견의 시간이 된다.

좋은 면접은 운이 아니라 설계의 결과다. 그렇다면 그 '설계'는 어떻게 가능해질까? 면접관이 할 수 있는 일은 단순한 스킬을 배우는 데 그치지 않고 사람을 이해하기 위한 공부, 태도, 그리고 감각을 훈련하는 일이다. 예를 들어 성격유형에 대한 이해(MBTI, Big 5 등)는 같은 말을 왜 다르게 해석하는지를 설명해 준다. 조직 행동론적 관점은 개인의 표현 뒤에 놓인 조직문화와 환경의 맥락을 함께 보게 한다. 인지심리학과 산업심리학은 평가자의 무의식적 편향과 오류를 인식하고, 더 공정한 판단을 위해 어떤 질문을 던져야 하는지를 알려 준다.

면접장 안에서 내가 지금 감정적으로 반응하고 있는 건 아닌지, 지원자의 말에 내가 내 기준을 덧씌우고 있는 건 아닌지, 그 미세한 순간을 포착하고 조절할 수 있는 자기인식(self-awareness)이 필요하다. 그 인식의 순간이 면접을 바꾸고, 평가를 대화로 바꾼다.

결국 좋은 면접이란 학습과 성찰, 태도와 기술이 함께 작동하는 '설계된 만남'이다. 면접관이 사람을 보는 눈을 기를 때, 지원자는 자신의 가능성을 펼칠 수 있는 무대를 만나게 된다.

균형을 갖춘 면접관

지원자들은 "내 이야기를 들어주지 않았다"고 말하고, 조직은 "왜 그런 사람을 뽑았냐?"고 말한다. 어느 쪽도 틀리지 않았다. 하지만 어느 한쪽의 입장에 서는 순간 면접은 금세 기울게 될 것이다. 면접장에 앉아 있는 면접관은 지원자의 간절함과 조직의 현실 사이에서 매 순간 조율하는 사람이다. 이 사람을 뽑고 싶지만 조직에 맞지 않으면 안 된다. 그렇다고 조직만 생각하면 좋은 인재를 놓칠 수 있다. 매 순간 지원자의 가능성과 조직의 필요 사이에서 줄을 탄다. 그 균형을 잡는 것이 바로 면접관의 역할이라고 믿는다. 면접관에게 균형을 맞춘다는 것은 곧 공정성을 지킨다는 일이다. 어떤 면접관은 가끔 면접장소에 도착하면 내부 면접관, 인사담당자에게 이렇게 묻곤 한다.

"어떤 사람을 뽑을까요?"
"필요한 조건이 있나요?"

이 질문은 조직이 어떤 방향으로 가고 싶은지, 어떤 인재가 필요한지 알 수 있어 중요한 질문이 된다. 하지만 이 질문이 '독'이 될 수 있다는 사실을 한 번 기억해 볼 필요가 있다.

'우리는 이런 사람을 원해요'라는 기준이 생기는 순간, 면접은 좋은 인재를 찾는 자리에서 조직에 잘 맞는 사람을 고르는 자리로 바뀌기 쉽다. 그리고 기준이 강해질수록 면접은 점점 지원자의 가능성보다 조직의 편안함을 우선시하는 절차로 바뀔 수 있다.

그래서 면접관은 자신에게 먼저 물어야 한다.
- 이 기준은 직무 적합성을 기반으로 한 판단인가?
- '조직문화 적합성'이라는 이름 아래, 다양성을 제한하고 있는 건 아닌가?
- 특정 외모, 말투, 배경, 성향에 대한 무의식적 편향은 개입되지 않았는가?
- 블라인드 채용의 정신을 위배하는 질문이나 평가 방식은 없었는가?

면접 전에 조직의 기준이 생기면, 새로운 가능성은 기준 외로 치부될 수 있다. 특히 '조직문화적합성'을 정해 버리면, 의견이 강한 사람, 톤이 다른 사람, 배경이 다른 사람은 "우리랑 안 맞을 것 같아요"라는 이유로 배제되기 쉽다. 나는 누군가의 가능성을 조직 안에서 피워내고 싶고, 조직의 언어를 지원자에게 상처 없이 전달하고 싶다. 좋은 면접관은 기준을 따르기만 하는 사람이 아니라, 기준을 되묻는 사람이다. 질문은 지원자에게만 던지는 것이 아니라 면접관 자신에게도 끊임없이 던져야 한다. 그 질문을 멈추지 않을 때, 면접은 지원자에게는 '기회'가 되고, 조직에게는 '좋은 사람을 만나는 통로'가 된다.

함께 길을 여는 면접관

나는 질문을 던지는 사람이었다. 하지만 수많은 면접을 거치며 점점 깨달았다. 좋은 질문은 사람을 평가하는 것이 아니라, 그 사람을 이해하고, 발견하며, 함께 길을 여는 일이라는 것을.

수습 기간에 누구보다 성실하던 직원이 정규직이 되고 "이건 제 일이 아니에요"라고 말하던 순간이나, 면접장에서 자신감 넘치던 지원자가 현장에서는 무너지는 모습을 볼 때마다, 나는 스스로에게 질문했다. '내가 무엇을 놓친 걸까?' 그 질문에서 시작된 고민은 나를 '질문 설계자'로 성장시켰다. 정답을 유도하는 질문이 아니라, 지원자의 깊은 의지와 가능성을 끌어내는 질문을 만드는 일에 집중해 왔다. 매뉴얼을 넘어서려는 사람이 아니라, 매뉴얼 안에서 사람답게 반응하는 사람을 알아보는 눈을 길러 왔다. '왜요?'라는 말에 담긴 불성실함이 아니라, 납득을 구하는 태도를 읽어 내는 감각도 키워 왔다.

세대는 달라지고, 조직이 요구하는 과제도 날마다 복잡해지고 있다. 이제 면접관은 맞고 틀림을 가리는 사람이 아니라 다름을 이해하고 연결할 줄 아는 사람이어야 한다. 그 시작은 질문을 바꾸는 데서 출발한다. 압박해서 끌어내는 것이 아니라, 신뢰 안에서 말하게 해야 한다. 무엇보다 중요한 것은 면접관 역시 끊임없이 배우고 성장하는 사람이어야 한다는 점이다.

마지막으로 좋은 면접은 혼자 잘하는 기술이 아니라, 함께 성장하는 과정이라고 생각한다. 지원자와 함께, 동료 면접관과 함께, 조직과 함께 더 나은 질문을 찾아가는 여정 말이다.

이 글은 그 여정을 걷는 사람들에게 전하는 하나의 신호이며 제안이다.

당신의 질문이 누군가의 가능성을 열고, 그 가능성이 조직의 미래를 바꾸는 순간을 만들기를 진심으로 바란다.

04

면접관이 되는 길

1. 면접관의 지식
2. 면접관의 질문 기술
3. 면접관의 신뢰를 만드는 태도
4. 지속 가능한 면접관 문화 만들기

면접관이 되는 길

이다인 **피플애널리스트**

저자소개

인재연구소 잡그레이드 대표로 사람과 데이터를 연결하는 피플 애널리틱스 기반 인재 평가 전문가이다. 간호장교로 시작해 군 조직 내에서 약 17년간 커리어를 쌓았다. 전역 후 도전한 스타트업 창업 경진대회에서 1천만 원을 수상하였으나 창업은 실패로 돌아갔다. 이후 기술의 본질을 배우기 위해 서강대학교 AI MBA에 진학, 인공지능과 데이터 분석의 세계에 입문했다.

현재는 박사과정에서 일자리 이동, 인재 선발, 채용 공정성, 역량 기반 평가, 조직문화 분석을 주제로 연구하고 있다. 2023년에는 한국직업능력연구원 공모전에서 청년 일자리 시퀀스 분석으로 최우수상을 받았다. 저서로는 『데이터로 이해하는 HR 실무(2025)』가 있다.

2020년부터 60여 개 기관에서 약 100회의 외부 전문면접관으로 활동하며, 다양한 평가 현장을 경험해 왔다. 오늘도 더 나은 질문을 고민하며 면접 설계와 평가 기준에 대해 끊임없이 연구하고 있다. 이러한 현장의 시선을 담아 전문면접관 교육과 기업 임직원 대상 면접 역량 강화 교육에도 참여하고 있다. 한국면접관협회 이사로서, 면접관 마스터 과정에서 면접 기초 이론을 강의하고 있으며, 실무 중심의 면접관 트레이닝 과정도 운영하는 등 공정하고 전문성 있는 면접 문화 확산에 힘쓰고 있다. 잡그레이드(JobGrade)라는 이름처럼 90세까지 직업을 업그레이드하며 살아보고 싶은 꿈. 내가 성장하는 만큼 누군가의 커리어에도 작게나마 쓸모 있는 존재로 살아가고자 한다.

주요 경력 및 직무

2020년 ~ 현재: 인재연구소 잡그레이드 대표
2016년 ~ 2019년: 공군본부 제 8전투비행단 군무원(6급)
2006년 ~ 2015년: 국군의무사령부 육군 간호장교(대위 예편)

학력 및 전공

숙명여자대학교 경영학 Business Analytics 박사 과정
서강대학교 경영학 AI MBA 석사 졸업
숭실사이버대학교 평생교육상담학과 학사 졸업
국군간호사관학교 간호학 학사 졸업

전문 자격 및 인증

행정사, 평생교육사 2급, 간호사

전문 활동

(現) 한국면접관협회 이사
(前) 공정채용 컨설팅 컨설턴트
(前) IT여성기업인협회 호남지회 이사

연락처 및 SNS

happy_dain@naver.com
blog.naver.com/happy_dain

들어가며

당신은 어떤 면접관입니까?

"이 사람에게 내 아이를 맡겨도 될까?"
내 인생에서 가장 치열했던 면접은 바로 아이 돌보미를 뽑는 일이었다. 단순히 일자리를 제안하는 자리가 아니었다. 많은 시간을 아이와 함께 보낼 사람, 신뢰와 책임을 나눌 사람을 고르는 일이었다. 돌이켜보면 우리 삶의 중요한 결정 뒤에는 늘 '면접'의 순간이 있었다. 그런 의미에서 면접은 '사람을 판단하는 과정'이라기보다, '삶을 함께할 사람을 결정하는 일'에 가깝다.

누구나 한 번쯤은 타인의 가능성과 한계를 고민해 본 적이 있을 것이다. 친구의 진로를 걱정하거나, 동료의 장점을 발견해 주는 일처럼 말이다. 그렇게 사람을 바라보는 경험이 쌓일수록 안목도 조금씩 자라난다. 그래서일까. '사람 보는 눈'이 생기면 누구나 면접관이 될 수 있다고들 말한다. 과연 그럴까?

송길영의 『호명 사회』에서는 "친구와 상담을 잘한다고 해서, 그 사람을 상담사라고 부르지는 않는다"고 말한다. 면접도 마찬가지다. 직관과 경험만으로 질문을 던지고 평가하는 것만으로는 면접관이라 말하기 어렵다. 면접관은 구조화된 방식으로 지원자의 역량을 검증하고, 조직과의 적합성을 판단하는 전문가다. 질문을 통해 지원자의 본질을 끌어내고, 공정하고 일관된 기준으로 평가할 수 있어야 한다. 그렇기에 면접관에게는 다양한 역량이 요구된다. 직무에 대한 이해, 평가 기준의 설정, 심리학적 도구의 활용 등의 지식이 기본이다. BEI(경험 질문)과 SI(상황 질문)등 질문 기술도 익혀야 한다. 하지만 무엇보다 중요한 건 '업무'가 아닌 '책임'으로 이 일을 바라보는 태도다.

나는 인사담당자도 아니었고, 인사 조직이나 심리학 전공자도 아니었다. 그럼에도 지난 5년간 면접관으로 활동하며 다양한 기업에서, 수많은 지원자를 만나왔다. 더 나은 면접관이 되기 위해 지금은 인사조직과 데이터 분석을 공부하며 경영학 박사 과정을 밟고 있다. 나에게 면접관이란, 누군가를 평가하는 일이 아니라, 나 자신을 성장시키는 여정이었다. 그리고 함께 고민하고 성장하는 동료들이 있기에 그 길은 더 의미 있었다.

면접관이 되는 건 어렵지 않다. 하지만 좋은 면접관으로 성장하고, 오래 활동을 지속하는 일은 전혀 다르다. '나는 어떤 면접관인가? 어떻게 성장할 것인가?' 이 질문을 스스로에게 던지는 순간 진짜 면접관의 길이 시작된다. 「면접관이 되는 길」에서는 면접관이 갖춰야 할 지식, 기술, 태도를 실제 경험을 바탕으로 전한다. 면접 앞에서 막막했던 사람, 면접장에서 '이게 맞는 건가?' 고민했던 사람, 지금보다 더 나은 면접관이 되고 싶은 사람에게 작은 확신이자 조용한 용기가 되어 주고자 한다.

면접관이 되는 길

1. 면접관의 지식

전문성을 묻다:
"HR 전문가라면서요?"

정갈한 정장, 깔끔한 구두, 완벽하게 차려입은 면접관이 회의실로 들어섰다. 한 기업의 채용 면접 현장이었다. 운영진이 말했다.

"이분은 HR 전문가입니다."

자신감 넘치는 태도, 단단한 인상, 준비된 분위기. 그러나 그 신뢰는 오래가지 못했다.

"혹시… 나르시시즘이 뭐죠?"

내부 면접관[1] 한 명이 인성 검사지를 바라보며 잘 모르겠다는

---

1) 내부 면접관: 기업 내부 직원 중 면접에 참여한 평가자. 보통 부서 팀장, 실무자, HR 담당자이다.

표정으로 조심스레 물었다. HR 전문가의 얼굴이 미묘하게 굳었다. 짧은 침묵, 그리고 어색한 미소. 뭔가 말하려 했지만 끝내 대답은 나오지 않았다. 그 정적을 깨고 다른 외부 면접관[2]이 대신 설명을 이어갔다. 그 순간 면접관들 머릿속을 스친 것은 아마 이런 생각이었을 것이다.

'이 사람이 정말 HR 전문가가 맞긴 하는가?'

그 HR 전문가는 바로 나였다. 면접 2년 차, 나는 나름 괜찮은 면접관이라 생각하고 있었다. 매년 면접관 교육을 받고, 질문을 유연하게 이어가는 기술도 익혔다. 몇 번의 성공적인 면접 경험이 쌓이자, 자신감도 생겼다. 하지만 인성 검사 질문을 받았던 그날, 나는 대답하지 못했다. 그 경험은 내게 중요한 사실 하나를 일깨워 주었다.

사람들은 면접관을 모든 것을 아는 '전문가' 혹은 '권위자'로 여긴다. 관련 학위나 실무 경력, 교육 이수까지 갖췄다면 더 그렇게 본다. 그러나 면접 현장은 책이나 강의가 가르쳐주지 않는 순간들로 가득하다. 질문을 던지는 건 누구나 할 수 있다. 하지만 질문 하나로 누군가의 가능성과 조직의 미래를 잇는 일은 전혀 다른 이야기다. 스스로 "전 면접관이 될 준비가 끝났어요. 너무 잘할 수 있어요."라고 말하는 사람이 가장 두렵다. 그 말속에는 더 이상 배

---

2) 외부 면접관: 기업 외부 전문가로, 채용 공정성과 객관성 확보를 위해 위촉된다. 정부 기관은 인사 규정에 따라 면접 위원 일정 비율(일반적으로 50%)을 외부 면접관으로 구성한다.

울 것이 없다는 단단히 닫혀버린 태도가 담겨 있기 때문이다.

면접관은 자격이나 이론만으로 되는 것이 아니다. 현장에서 부딪히고, 질문하고, 스스로를 끊임없이 점검하며 자질을 길러내야 한다. 기초 없이 실전에 들어가는 것 역시 위험하다. 면접관의 지식은 완성의 증명이 아니라 시작의 조건이다. 특히 심리검사 개념이나 평가 기준은 비전공자에겐 낯설 수 있기에 반드시 익혀야 할 기본이다. "잘 모르겠습니다"라는 한마디는, 그동안 쌓아온 신뢰와 전문성을 무너뜨릴 수 있다.

그렇다면 면접관은 어디서부터 무엇을 공부해야 할까? 다음은 내가 면접관으로 활동하며, 질문을 설계하고 평가 기준을 세울 때 실제로 참고해 온 주요 자료들과 심리검사 개념들이다. 기초부터 차근히 이해하고 싶다면, 이 자료와 개념들부터 살펴보기를 권한다.

〈NCS 기반 블라인드 채용[3]과 채용 트렌드 이해를 위한 자료 및 서적〉

1. 공감채용가이드북(2023, 고용노동부)
2. 공공기관 공정채용 가이드북(2025, 기획재정부,고용노동부,인사혁신처)
3. 지방공공기관 블라인드 가이드북(2019, 행정안전부)
4. 채용 절차 공정화에 관한 법률 업무 매뉴얼(2020, 고용노동부)
5. 매년 발간되는 채용 트렌드(윤영돈)

---

[3] 블라인드 채용: 지원자의 학력, 출신학교, 성별 등 비직무적 요소를 배제하고 직무역량과 경험을 중심으로 평가하는 채용 방식이다.

〈면접관이 알아두면 좋은 인성 검사 개념과 용어〉

1. Big Five Personality Traits (빅 5 성격 특성)

인간의 성격을 다섯 가지 요인으로 분류하는 대표적인 성격 이론
* 성실성(Conscientiousness): 자기 관리, 책임감, 성취 지향성
* 외향성(Extraversion): 사회적 상호작용, 활동성, 긍정적 감정
* 개방성(Openness to Experience): 창의성, 새로운 경험에 대한 수용성
* 친화성(Agreeableness): 협동성, 공감 능력, 타인에 대한 배려
* 정서적 안정성(Neuroticism: 낮을수록 안정적): 감정적 균형, 스트레스 내성
– 지원자의 성격적 강점과 약점을 파악하여 조직과의 적합성을 평가할 수 있음

2. MMPI-2 (Minnesota Multiphasic Personality Inventory, 다면적 인성 검사)

– 심리적 안정성과 성격적 경향을 분석하는 임상적 성격 검사
– 정신 건강, 스트레스 내성, 조직 내 행동 패턴을 예측하는 데 활용됨.
– 주의할 성격적 경향
* 자기애성(Narcissism): 자기중심적, 타인의 감정을 고려하지 않는 성향
* 공격성(Aggressiveness): 갈등을 유발하거나 대립적인 태도
* 우울성(Depression): 지속적인 무기력감, 동기 부족
* 강박성(Obsessiveness): 과도한 세부 사항 집착, 융통성 부족
* 충동성(Impulsiveness): 감정 조절 문제, 즉흥적 행동 경향
– 활용 예시: 조직에서 지원자의 감정 조절 능력과 대인관계 패턴을 평가할 때 유용함.

> **3. CWB(Counterproductive Work Behavior, 반생산적 직업 행동)**
> - 조직의 목표를 방해하고, 직장 내 갈등을 유발하며, 업무 효율성을 저해하는 행동 패턴
> - 지원자의 직무 태도 및 조직 적합성을 판단하는 데 중요한 요소
> - CWB의 유형
> * 조직 대상 CWB: 조직 규칙 위반, 생산성 저하, 업무 태만, 사기 저하 유발
> * 동료 대상 CWB: 동료와의 갈등, 괴롭힘, 협업 저해, 비윤리적 행동
> - 조직 내 잠재적 문제 행동을 예측하고 사전에 방지할 수 있음.

**평가 기준을 세우다:
직업기초능력 이해하기**

면접관이 되기 위해 그다음 무엇을 공부해야 하느냐 묻는다면, '직업기초능력'이라 답할 것이다. 이는 산업과 직무를 불문하고 모든 직무에서 공통으로 요구되는 기본 역량이다. NCS[4]에서는 이를 10개 역량과 43개의 세부 항목으로 정의하고 있다. 공공기관 채용에서는 이 기준을 토대로 면접을 구성하는 경우가 많기에 면접관이라면 반드시 알고 있어야 하는 핵심 개념이다.

---

[4] NCS(National Competency Standards, 국가직무능력표준): 산업현장에서 요구하는 직무수행 능력을 체계적으로 정리한 기준. 직무별로 필요한 지식, 기술, 태도를 명확히 정의한 국가표준

[표 1] 직업기초능력 10개 역량과 43개 세부 항목

1. 의사소통		문서이해	문서작성	경청	의사표현	기초외국어
2. 자원관리		시간관리	예산관리	물적 자원관리	인적 자원관리	
3. 문제 해결	사고력	창의적사고	논리적사고	비판적사고		
	문제처리 능력	문제인식	대안선택	대안적용	대안평가	
4. 정보능력		컴퓨터 활용능력	정보 처리능력			
5. 조직이해		국제감각	조직 체계이해	경영이해	업무이해	
6. 수리능력		기초연산	기초통계	도표분석	도표작성	
7. 자기개발		자아인식	자기관리	경력개발		
8. 대인관계		팀워크	리더십	갈등관리	협상능력	고객 서비스
9. 기술능력		기술이해	기술선택	기술적용		
10. 직업 윤리	근로윤리	근면	정직	성실		
	공동체 윤리	봉사와 책임	준법성	예절과 존중		

면접관으로 위촉되었다고 상상해 보자. 면접장에 도착하니 평가표가 놓여 있다. '구조화 면접[5]'을 위해 정해진 질문 외에는 삼가 달라는 안내가 있다. 미리 준비한 질문 리스트를 평가표와 대조해 본다. 그런데 정작 '평가 항목'이 뭘 평가하는지 잘 모르겠다면? 큰일이다.

---

5) 구조화 면접: 모든 지원자에게 사전에 정해진 일관된 방식으로 동일한 질문을 제시하는 것이며, 객관적이고 공정한 평가를 목적으로 하는 면접 방식

예를 들어, 나는 여태까지 '수리 능력'은 필기시험에서만 다루는 항목이라 생각했다. 하지만 어느 공공기관 면접에서 '수리 능력'이 평가 항목에 등장했고, 당황했던 기억이 있다. 다행히 '기초연산, 기초통계, 도표분석, 도표작성'이라는 하위 항목을 떠올렸고, 지원자에게 통계 분석 경험을 물으며 겨우 상황을 수습했다.

이처럼 면접관은 평가 항목의 의미를 정확히 이해하고 있어야 한다. 질문을 적절히 설계하고, 공정하게 평가하기 위해서다. 특히 NCS 기반으로 평가하는 공공기관 면접에서는 직업기초능력 자체가 평가 기준이 되므로 구조와 개념을 충분히 숙지해야 한다. 가끔 면접관 교육을 하다 보면 직업기초능력은 알겠는데, 어디에 뭘 물어야 할지 모르겠다는 질문을 자주 듣는다. 그만큼 실전에서 헷갈리는 항목이 많다는 뜻이다. 면접 현장에서 특히 자주 혼동하거나, 면접관들이 어려워하는 몇 가지 역량 항목을 중심으로 정리했다.

대인관계능력

대인관계능력은 단순히 "협업 잘하나요?"라는 한마디로는 평가하기 어렵다. 항목은 다음의 5가지 하위 역량을 포함하고 있으며, 항목에 맞는 질문을 설계해야 면접관도 평가 기준을 명확히 잡을 수 있다.

1. 팀워크	당신이 팀에 기여했던 방식 중, 가장 효과적이었다고 느낀 점은 무엇이었나요?
2. 리더십	리더 역할을 맡았을 때, 가장 중점적으로 신경 썼던 부분은 무엇이었나요?
3. 갈등관리	업무 중 타인과 갈등이 생겼던 상황이 있었나요? 어떻게 해결하셨나요?

| 4. 협상 | 상대방의 입장과 나의 입장이 달랐을 때, 어떻게 조율해 본 경험이 있나요? |
| 5. 고객응대 | 상대방이 만족할 수 있도록 한발 더 나아간 경험이 있다면 말씀해 주세요. |

의사소통능력

면접관들이 종종 오해하는 항목이 있다. 바로 의사소통능력이다. 많은 면접관이 이 능력을 단순히 '공감하고 경청하는 태도'로 이해하고, 말을 잘하거나 태도가 부드러운 지원자에게 높은 점수를 주는 경향이 있다. 하지만 NCS 기준에서의 의사소통능력은 문서이해, 문서작성, 경청, 의사 표현, 기초 외국어의 5개 하위 항목으로 구성된 훨씬 넓은 개념이다. 즉 단순한 말하기와 듣기를 넘어 읽기, 쓰기까지 포함한 종합적 커뮤니케이션 능력인 것이다.

여기서 중요한 점은 모든 직무에 동일한 수준의 의사소통능력이 요구되는 것은 아니라는 사실이다. 예를 들어 인턴이나 신입 직원에게 제안서 작성이나 기술 매뉴얼 경험을 묻는다면 그 자체로 부적절한 질문이 될 수 있다. 의사소통능력은 직무 수준에 따라 기대치가 달라지며, 면접 질문 또한 그것에 맞게 조정되어야 한다.

〈직무 수준별 의사소통능력 예시〉

직무수준	요구 능력 예시
상	제안서 작성, 기술 매뉴얼 작성, 업무 성과 발표, 논리적 의사 표현
중	메일 작성, 공문 작성, 회의 및 토론, 주제에 맞는 의사 표현
하	지시문 작성, 메모 작성, 결과 보고 등 간단하고 이해하기 쉬운 의사 표현

면접관은 직무의 난이도와 역할에 맞춰 질문의 난이도도 조절해야 하며, 지원자의 경험이 직무 수준에 비추어 얼마나 충실한지를 기준으로 평가해야 한다. 질문이 아무리 정교해도 기준이 맞지 않으면 지원자에 대한 판단 역시 왜곡될 수 있다.

문제해결능력

면접관이 파악해야 할 중요한 역량은 문제해결능력이다. 지원자의 직무 적합성을 평가할 때, 단순한 지식보다는 상황을 어떻게 바라보고, 실제로 어떻게 풀어가는가를 보는 것이 훨씬 중요하다. NCS에서는 문제해결능력을 다음의 두 가지 하위 요소로 구분한다.

1. 사고력 – 어떻게 문제를 바라보는가?
- 창의력: 기존 방식에 얽매이지 않고 새로운 접근을 시도하는 능력
- 논리력: 원인과 결과를 구조화하여 문제를 분석하는 능력
- 분석력: 문제의 핵심을 파악하고 필요한 정보를 분리해 내는 능력

2. 문제처리능력 – 어떻게 해결하는가?
문제를 순차적으로 파악하고, 대안을 도출하고 실행할 수 있는 방식으로 해결하는 순차적인 프로세스를 기반으로 하는 체계적 접근 능력

면접관이 이 역량을 제대로 평가하려면, 해당 직무에서 실제로 요구하는 해결 방식이 무엇인지를 먼저 이해해야 한다. 그리고 그 기준에 맞춰 지원자가 어떻게 접근하고 행동했는지를 경험 기반 질문으로 파악해야 한다.

〈문제해결능력 평가 체크리스트〉

- 대안이 있는가?
  : 하나의 해결책에만 의존하지 않고 다양한 가능성을 고려했는가?
- 관행을 개선했는가?
  : 기존 방식에 비판적 시각을 가지고 개선을 시도했는가?
- 문제를 예측하고 준비했는가?
  : 사전에 리스크를 인지하고 대비했는가?
- 논리적으로 판단했는가?
  : 해결 과정에서 주관이 아닌 근거를 제시했는가?
- 창의적 접근이 있었는가?
  : 고정관념을 깨는 아이디어를 제시했는가?
- 실제 행동으로 옮겼는가?
  : 생각에 그치지 않고 실행으로 연결했는가?
- 실질적인 해결책을 도출했는가?
  : 실제 업무에 적용 가능한 수준이었는가?

　이처럼 문제해결능력은 사고력과 실행력을 동시에 평가할 수 있는 영역이다. 지원자의 직무 역량뿐 아니라 현장에서 문제를 감지하고 돌파하는 힘이 있는지를 파악하는 데 매우 중요하다. 참고로 NCS 사이트에서는 각 직업기초능력 항목과 하위 요소에 대한 설명이 잘 정리되어 있다. 평가 역량에 대한 이해를 깊이 있게 다지고 싶다면, 해당 자료를 적극적으로 참고하길 권한다.

2. 면접관의 질문 기술

**질문을 나누다:
경험 질문 vs. 상황 질문**

면접 질문은 크게 두 가지로 나뉜다. 경험을 묻는 질문(BEI)과 상황에 대한 생각이나 의견을 묻는 질문(SI)이다. 면접관은 무엇을 평가할 것인가에 따라 질문 유형을 구분하고, 그에 맞는 질문 방식과 평가 기준을 사전에 준비해야 한다.

> **1. 경험을 묻는 질문 – BEI (Behavioral Event Interview)**
> - 과거 경험을 기반으로, 실제 행동과 성과를 평가
> - '과거에 어떻게 행동했는가?'에 초점
> - STAR 기법(Situation, Task, Action, Result)을 활용
> - 책임감, 문제해결력, 협업 능력 등을 구체적으로 확인 가능

> **2. 생각(의견)을 묻는 질문 – SI (Situational Interview)**
> - 가상의 상황을 제시하고 대응 방안을 묻는 방식
> - '지원자는 특정 상황에서 어떻게 행동할 것인가?'에 초점
> - 문제 해결력, 논리적 사고, 의사결정 과정을 평가
> - 직무 전문가가 주도하거나 면접장에서 상황 문제를 제공하는 방식으로 운영

BEI와 SI는 채용 공고에 명시되므로, 면접관은 각 기법의 목적과 특징을 정확히 이해한 상태에서 질문을 설계해야 한다. 특히 BEI 면접에서는 지원자의 과거 경험을 검증하는 것이 핵심이므로 가상의 상황 질문을 섞어서 하는 것은 적절하지 않다. 이 기법의 핵심은 '실제 경험'에서 출발하기 때문이다.

지난 5년간 면접 경험을 돌아보면, 대부분 경험 면접(BEI)이 주를 이루었다. 그 이유는 면접관들이 생각과 의견을 묻는 질문(SI)을 효과적으로 활용하지 못한 경우가 많았고, 이에 따라 평가는 주관적이 되기 쉽기 때문이다. 또한, 실제 현장에서는 예상치 못한 논란이나 민원이 발생한 사례도 적지 않았던 점도 영향을 미쳤을 것이다. 예를 들어 다음의 질문이 그러하다.

- "협력과 협상의 차이는 무엇인가요?" → 이론적 이해는 확인할 수 있으나, 행동 평가에 한계가 있음
- "무인도에 가져갈 세 가지는 무엇인가요?", "자신을 색깔로 표현한다면 무슨 색인가요?" → 답변 평가 기준이 모호하고 주관적
- "야근이 가능한가요?", "스카우트 제안이 들어온다면 어떻게 하겠습니까?" → 정해진 답을 유도하는 소위 '답정너' 질문

이런 이유로 면접관들은 평가가 모호한 상황 질문보다, 실제 행동을 기반으로 한 경험 면접을 선호하게 되었을 것이다. BEI는 지원자의 실제 경험에 기반해 구체적인 답변을 끌어낼 수 있기 때문에 평가의 신뢰도를 확보하기 유리하다. 그렇다고 상황면접(SI)은 비효율적인 면접 방식일까? 꼭 그렇지는 않다. 상황 질문도 잘 설계하면 매우 효과적인 평가 도구가 될 수 있다. 특히 논리적 사고력, 직무 대응력, 판단력을 확인하고자 할 때 유용하다. 윤영돈의 『채용 트렌드 2025』에서도 시뮬레이션 면접과 팀플레이 형식의 평가가 강화될 것이라 예측한 바 있다. 이는 단순한 의견이 아닌 직무 기반의 시나리오를 통해 지원자의 실제 대응력을 파악하려는 흐름으로 진화하고 있음을 보여 준다.

질문에 깊이를 더하다: 주질문과 탐침 질문

첫 면접을 앞두고 나는 밤새 기출 질문을 검색했다. 예상 질문 100개를 A4 용지에 빼곡히 적으며, '질문이 막히면 안 되니까, 무조건 준비해야 해'라고 되뇌었다. 하지만 막상 면접이 시작되자 그 종이는 꺼내보지도 못했다. 종이를 읽는 모습은 전문적이지도 않았거니와 평가 기준에 맞는 질문을 골라내기엔 시간이 없었다. 심지어 사전에 외운 질문들이 오히려 내 발목을 잡았다. 면접관으로 활동하다 보니 알게 되었다. 좋은 질문은 외워서 꺼내는 것이 아니라, 면접관으로서의 경험을 통해 체득되어야 하며, 그 경험에서 자연스럽게 흘러나와야 한다는 것을. 질문은 반복 훈련을 통해 다듬어지는 실전 기술이며, 질문을 준비할 때 가장 중요한 것은 '암기'가 아닌 '구조화'라는 사실이다.

이를 위해 다음의 [경험 질문 설계 5단계 접근법]을 제안한다.

[1단계] 평가표를 먼저 확인한다.
무엇을 평가할 것인지, 어떤 역량을 중점적으로 볼 것인지를 평가표를 통해 정확히 파악한다.
이 단계는 질문의 방향성과 면접의 목적을 명확히 설정하는 기초 작업이다.

[2단계] 평가 역량별 주요 키워드를 정리한다.
각 역량이 어떤 키워드로 구성되어 있는지를 자유롭게 떠올린다.
(예) 문제해결능력 → 창의력, 분석력, 실행력, 의사소통능력

→ 말하기, 듣기, 문서작성

이처럼 역량별 핵심 요소를 정리하면, 질문 틀이 자연스럽게 잡힌다.

[3단계] 직무와 관련된 키워드를 선별한다.

모든 키워드가 유효한 것은 아니다. 해당 직무와 밀접하게 연결된 키워드만을 선별해야 질문이 실제 평가로 이어질 수 있다. 직무별 핵심 역량을 고려하여 질문의 우선순위를 정하는 것이 핵심이다.

[4단계] 주질문을 만든다.

선별된 키워드를 바탕으로 "~했던 경험을 말해주세요" 형식의 주질문을 만든다. 이렇게 하면 지원자의 실제 경험을 자연스럽게 끌어낼 수 있고, 핵심 역량을 구체적인 행동 중심으로 평가할 수 있다.

[5단계] 다양한 탐침 질문을 이어간다.

면접은 지원자가 준비된 답변을 해올 것이라는 전제로 진행되어야 한다. "문제를 해결했던 경험이 있나요?"라는 주질문만으로는, 지원자의 숨겨진 역량과 진면목을 파악하기 어렵다. 핵심은 답변을 경청하고, 그 맥락을 이해한 뒤, 적절한 탐침 질문(Probing Question)6)을 던지는 것이다. 이런 방식으로 질문을 이어가면, 지

---

6) 탐침 질문: 주질문 이후에 지원자의 답변을 더 깊이 탐색하기 위해 던지는 추가 질문을 의미한다.

원자의 경험 흐름과 실제 역량을 보다 명확하게 끌어낼 수 있다. 효과적인 탐침 질문의 대표적인 구성 방식은 START 기법(Situation, Task, Action, Result, Takeaway)과 육하원칙을 활용해 구성한다.

〈START 기반 탐침 질문〉

요소	설명	예시 질문
Situation(상황)	경험이 발생한 배경과 맥락을 설명	당시 어떤 상황이었나요?
Task(과제)	해결해야 할 문제나 목표를 명확히 정의	당신에게 주어진 과제나 목표는 무엇이었나요?
Action(행동)	문제 해결을 위해 취한 구체적인 행동	어떤 행동을 취했으며, 왜 그렇게 결정했나요?
Result(결과)	행동의 결과와 성과를 정량적/정성적으로 설명	당신의 행동이 어떤 결과를 가져왔나요?
Takeaway(배운 점)	이 경험을 통해 얻은 교훈이나 배운 점	이 경험을 통해 무엇을 배우고, 앞으로 어떻게 활용할 계획인가요?

〈육하원칙 기반 탐침 질문〉

요소	탐침 질문 예시
누가 (Who)	이 프로젝트에서 가장 중요한 역할을 한 사람은 누구였나요?
무엇을 (What)	이 과정에서 가장 어려웠던 점은 무엇이었나요?
언제 (When)	어디서 했던 일인가요?
어디서 (Where)	이 결정은 어디에서 이루어졌으며, 어떤 영향을 미쳤나요?
어떻게 (How)	이 문제를 해결하기 위해 어떤 접근 방식을 사용했나요?
왜 (Why)	이 방법을 선택한 이유는 무엇인가요?

잘 설계된 질문이 면접의 질을 결정한다. 중요한 것은 준비된 질문을 많이 외우는 것이 아니라, 상황에 맞게 구성하고 주도적으로 탐색할 수 있는 질문 감각을 키우는 일이다. 누군가는 타고나기도 하지만, 대부분은 그렇지 않다. 질문 감각은 연습과 훈련으로 충분히 길러지는 능력이다. 그렇다면 당신은 오늘 어떤 훈련을 시작할 것인가?

선입견을 비우다:
오늘 면접이 마지막이 되지 않기 위해

한 지원자가 들어왔다. 흐트러진 옷차림, 운동화, 딴청 부리는 태도. 이 자리에 오기 싫었던 사람처럼 보였다. 면접이 끝나고, 내부 면접관이 말했다.

"운동화를 신고 온 걸 보니 준비가 부족하군요."

나도 고개를 끄덕였다. 그 판단은 당연해 보였다. 그런데 잠시 후, 또 다른 지원자가 운동화를 신고 들어왔다. '이번에도 비슷하겠군.' 속으로 그렇게 생각했다.

그러나 이번 지원자는 달랐다. 긴장한 듯 보였지만, 질문이 시작되자 손을 가지런히 모으고 차분히 답변을 이어갔고, 이야기에는 진정성이 묻어났다. 눈빛은 점점 단단해졌다. 자세도 흐트러지지 않았다. 그리고 마지막 이렇게 말했다.

"구두를 미처 챙기지 못해 죄송합니다. 계속 신경이 쓰여 답변에 집중하지 못한 게 아쉽습니다."

그 순간 아까 내가 한 생각이 떠올랐다. '정말 그럴 줄 알았다고?' 운동화 하나로 지원자의 준비성을 판단한 내 시선은 선입견

그 자체였다. 겉모습만으로 지원자를 판단하지 않는 것. 그것이 공정한 면접의 시작이며 면접관이 지켜야 할 가장 기본적인 태도다. 나는 그걸 놓쳤다.

면접장에서는 여전히 이런 질문이 종종 등장한다.
"여성인데 혼자 주말 당직 괜찮으시겠어요?"
"남성인데 상담 직무가 괜찮으시겠어요?"
이처럼 지원자의 역량과 무관한 질문은 평가의 공정성을 해친다. 잘못된 질문 하나가 누군가의 가능성을 닫아버릴 수 있다.

그런데 어떤 면접관은 "그 질문은 부적절하다"는 지적에 불쾌한 반응을 보이며 방어적인 태도를 취하기도 한다. 사실 공격받는 상황에서는 본능적으로 자신을 방어하기 마련이고, 면접관도 예외는 아니다. 특히 경력이 오래된 면접관일수록, '당신의 판단이 틀릴 수도 있다'는 말을 자신의 전문성 전체에 대한 부정처럼 느낄 수 있다. 우리는 모두 무의식적 편향을 가지고 있다. 문제는 그 편향이 스스로 인식되지 않으며, 자기도 모르게 평가에 스며든다는 데 있다.

그래서 면접관에게도 정기적인 훈련과 피드백이 필요하다. 첫 걸음은 자신의 평가 성향을 객관적으로 파악하는 것이다. 예를 들어 고용노동부 평가위원 가이드북에 수록된 자가 진단 문항을 활용하면 자신이 관대화, 엄격화, 중심화 중 어떤 평가 경향을 보이는지 점검할 수 있다. 만약 관대화 경향이 있다면 면접 종료 후 점수를 한 번 더 검토하는 습관만으로도 공정성을 높일 수 있다. 이처럼 면접관은 자신의 평가 방식을 끊임없이 점검하고 스스로를 업그레이드 해야 한다.

진정한 전문가란 자존심을 지키는 사람이 아니라 공정한 채용을 통해 적합한 인재를 선발하는 사람이다. 공정성을 잃은 면접관은 더 이상 면접을 볼 기회를 얻지 못할 수도 있다. 오늘 첫 면접이 내 인생 마지막 면접이 되지 않기를 바란다면, 선입견을 없애기 위한 노력을 멈추지 말아야 한다.

3. 면접관의 신뢰를 만드는 태도

**책임을 지키다:
이상하게 하기 싫은 일**

지방의 한 대학에서 면접 교육을 진행하던 중, 한 학생이 다가와 조심스럽게 물었다.

"강남의 유명한 면접 학원에 200만 원을 내고 다섯 번만 다녀오면 원하는 기업에 다 붙을 수 있다던데, 그 말이 사실인가요?"

그 순간 말을 잇지 못했다. 취업을 위해 이처럼 비싼 비용을 지불해야만 하는 현실이 너무 무겁게 다가왔기 때문이다.

면접관으로 활동하다 보면 종종 고액의 면접 컨설팅이나 유료 동영상 강의 촬영 제안을 받는다. 돈을 벌 수 있는 좋은 기회라는 유혹에 흔들리기도 하지만, 비싼 비용을 감당해야 하는 지원자들의 현실을 알기에 면접을 가르치는 것이 과연 돈을 받아야 할 일인가? 스스로 계속 질문하게 된다. 그 질문은 자연스럽게 내 어린 시절로 향한다. 형편이 넉넉지 않았던 나는 기숙사와 학비가 지원되는 군대를 선택했다. 진로를 선택한 게 아니라 학비와 생활비를 걱정하다 현실을 선택한 한 명의 청년이었다. 그래서 나는 돈을 받고 면접을 지도하는 일이 조심스럽다.

이상하게 들릴지도 모르겠지만, 나는 꾸준히 취업·진로 교육을 진행하며 강사료를 받는다. 내가 경계하는 것은 경험을 나누는 일이 아니다. 면접관 타이틀을 걸고 '합격 보장'을 내세우며 진행되는 고액 면접 수업이다. 그래서 지금도 학생들이 돈을 내지 않아도 되는 기업교육이나 대학 섭외에는 흔쾌히 참여한다. 지원자들이 금전적 부담 없이 실질적인 도움을 제공하고 싶다는 것은 내가 지켜온 고집이다.

이 고집을 더욱 확고히 만든 사건이 있다. 소방 면접 특강을 진행한 강사가 실제 소방 면접에 면접관으로 참여한 일이 뉴스에 보도되었다. 그건 명백한 공정성 위반이었다. 만약 내가 학생들에게 돈을 받고 면접 지도를 했다면, 나 역시 비슷한 논란에 휘말릴 수 있었을 것이다.

면접관이 윤리적 책임을 저버리는 순간 그 피해는 지원자와 조직 모두에게 돌아간다. 시간이 지나면서 면접관이라는 역할에도 사회적 책임(Social Responsibility)이 필요하다는 사실을 절감했다. 이 일은 단순한 부업도, 일시적인 활동도 아니다. 면접관이라면 단 한 번의 면접에서도 공정한 채용을 책임지는 전문가여야 한다. 단 한 순간이라도 책임감과 진정성을 잃어선 안 된다. 하고 싶지 않은 일에 대한 고집은 명확해졌다. 그러면서 하고 싶은 일도 분명해졌다. 그래서 나는 지금도 돈을 벌 기회보다 '어떤 면접관이 될 것인가'를 더 오래 고민한다. 그런 고민을 나눌 수 있는 동료들과 이야기 나누는 것을 즐긴다. 진짜 면접관이 되어 사람을 대하는 자세와 철학을 나눌 수 있는 동료들을 만나는 것.

그리고 그들과 함께 걸어가는 일. 그게 내가 이 일을 좋아하는 이유다.

**신뢰로 연결되다:
'추천'으로 시작하고,
'신뢰'로 완성된다**

많은 사람들이 면접관이 되는 과정을 특별히 엄격하고 체계적인 절차로 생각한다. 물론 인사 혁신처나 리크루팅 회사의 인력풀을 통해 위촉되기도 한다. 하지만 현실적으로는 대부분 '추천'이라는 이름으로 면접관 활동을 하게 된다.

처음 면접관을 시작했을 때, 한 달에 한 번 면접 위원으로 추천을 받는 일이 고작이었다. 추천을 받았다고 해서 곧바로 위촉되는 것도 아니었다. '이번에는 위촉되지 않았습니다'라는 문자를 받는 일이 더 많았다. 추천은 받았지만, 실제 면접장에 서기까지의 길은 생각보다 멀고 험했다. 그럼에도 포기하지 않았던 건 혼자가 아니었기 때문이었다. 면접관 교육이나 현장에서 만난 동료 위원들은 내가 아직 익숙하지 않아도, 진심으로 응원해 주는 사람들이었다. 말을 많이 나누진 않았지만, 명함을 기억해 주고, 내 전공과 경력을 떠올리며 조용히 추천해 준 사람들이 있었다. 그런 작은 배려들이 내가 이 길을 계속 걸어야 할 이유가 되어 주었다.

코로나19로 면접 기회가 줄어들자 "지금 준비하면, 다음에 더 좋은 기회가 온다"는 누군가의 조언이 나에게는 전환점이 되었다. 면접장에서 만난 사람들의 명함엔 경영학 박사, 심리학 박사,

헤드헌터라는 이름이 적혀 있었다. 그 직함들은 나의 다음 길을 상상하게 해 줬다. 결정적으로 "지금은 AI의 시대야" 그 짧은 한마디에 이끌려 AI Big Data를 연구하는 Business Analytics 석사 과정에 진학했다. 지금은 사람을 데이터로 읽는 People Analytics 연구를 하며 박사 과정을 밟고 있다.

10회의 면접 경험을 채우는 데는 시간이 꽤 오래 걸렸다. 경험이 쌓이면서 20회를 채우는 속도는 훨씬 빨라졌다. 40회는 더 빨랐고, 50회를 넘기고 나니 추천에서 탈락하는 일이 거의 없었다. 채용대행사와 인사 담당자들과의 관계도 자연스럽게 깊어졌다. '다시 함께하자'는 연락이 많아졌다. 반복 위촉이 제한된 기관에서도 제척 기간이 지나면 다시 불러 주는 신뢰를 얻을 수 있었다. 좋은 면접관님들과 함께 활동하며 그분들의 추천도 큰 힘이 되었다. 그리고 이제는 다른 사람을 '추천할 수 있는 말의 힘'을 갖게 되었다. 공정한 채용을 위해 리스크 없는 면접관을 모셔야 할 때, 현직 면접관의 추천은 그 자체로 하나의 보증서가 된다. 추천은 단순히 친분이나 호의를 기반으로 절대 이루어지지 않는다. 믿을 만한 사람, 능력과 신뢰를 갖춘 사람만을 추천한다. 면접관으로 활동해 본 사람이라면 누구나 이 사실에 공감할 것이다.

추천을 받는다는 것은 누군가의 신뢰를 얻었다는 뜻이다. 그 순간이 면접관 세계로 들어서는 첫걸음이다. 하지만 그것은 시작일 뿐이다. 진정한 면접관으로 자리 잡기 위해선 신뢰와 관계 위에 끊임없이 자신의 역량을 증명하고 성장하려는 태도가 필요하다. 나는 그 과정을 '인간관계 369 법칙'으로 기억한다.

"3번 만나면 기억하고, 6번 만나면 마음이 열리며, 9번 만나면 신뢰가 쌓인다."

처음엔 교육장에서 스쳐 지나던 인연들이었지만, 반복적으로 만나고 함께 면접을 치르며 우리는 자연스럽게 '신뢰'라는 이름으로 관계를 쌓아갔다.

그래서 나는 말하고 싶다. 면접관 간의 활동 기회가 생긴다면, 주저하지 말고 함께하자. 함께하는 시간 속에서만 만들어지는 신뢰와 연결이 있기 때문이다. 결국 함께한 시간은 신뢰를 만들고, 신뢰는 다시 함께하고 싶은 사람을 만든다.

나 역시 스스로 묻곤 한다.
"나는 다시 만나고 싶은 사람일까?"

4. 지속 가능한 면접관 문화 만들기

**매일 성장하고
평생 일하다**

내가 자랄 때는 한 우물을 파는 것이 성실함의 증거였고, 곧 성공의 척도였다. 부모님은 하나에 집중하지 못하는 나를 보며 자주 걱정하셨다. 그러던 어느 날, 에밀리 와프닉의 『모든 것이 되는 법』을 읽으며, "멀티포텐셜라이트(Multipotentialite)"라는 개념을 알게 되었다. 즉 다양한 관심사를 통해 창의적 활동을 펼치는 다능인이라는 개념이었다. 한 분야에 머무르지 않고, 새로운 영역을 탐구하며 스스로의 길을 만들어가는 사람. 그 말은 내가 걸어온 길을 설명해 주었고, 무엇보다 큰 위로가 되었다.

100세 시대는 더 이상 미래가 아니다. 이제 우리는 오래 사는 것을 넘어, 80세까지 일할 수 있는 삶을 준비해야 하는 시대에 살고 있다. 그 속에서 주목받는 개념이 있다. 바로 '옥토제너리언(Octogenarian)'이다. 단순히 오래 사는 것이 아니라, 끊임없이 배우고, 성장하며, 사회에 기여하는 사람을 의미한다. 멀티포텐셜라이트는 더 이상 특이한 성향이 아니다. 삶의 전략이며 생존의 역량이다. 이런 흐름 속에서 면접관이라는 직업은 특별한 의미를 가진다. 면접관은 의료, 법률, IT, 기계, 상담, 공공서비스 등 다양한 산업과 직무의 지원자를 만나며 자연스럽게 시야를 넓혀간다. 평가자를 넘어 배움이 직업이 되는 시대의 선순환을 가장 먼저 경험하는 사람. 그게 바로 면접관이다. 끊임없는 배움과 성장의 중심에 선 사람이며, 새로운 분야를 이해하려는 노력은 질 높은 평가로 이어지고 그 경험은 다시 교육, 자문, 콘텐츠 개발, 평가 도구 설계 등 다양한 영역으로 확장된다. 실제로 나의 면접관 경험은 다음과 같은 영역에서 활용되고 있다.

> **[면접관 경험의 확장]**
> 1. 채용검증위원회, 인사위원회 위촉
> 2. 취업진로지도: 구직자들에게 면접 평가 기준과 효과적인 자기 표현법을 알려 주는 역할
> 3. 면접관 교육: 면접관 초심자에게 공정성과 평가 노하우를 전수하는 교육 분야 일
> 4. 공정채용컨설팅: 기업이 공정한 채용 절차를 설계하고 실행하도록 돕는 컨설팅 업무
> 5. 채용 트렌드 강연: 기업을 대상으로 채용 시장의 변화와 인사이트를 전달하는 강연 활동
> 6. 헤드헌팅: 적합한 인재를 발굴해 기업과 연결하는 중개 역할

7. 역량평가사: 기업의 직무별 요구 사항에 맞는 역량 평가 기준을 설계하고, 이를 효과적으로 운영하기 위한 평가 도구를 개발, 직원 선발 및 승진평가 업무

**고독사하기
딱 좋다**

면접관이라는 일은 멀리서 보면 꽤 그럴싸해 보이지만 막상 해보면 고단하고, 외로운 직업이다. 하루 종일 면접을 보다 보면 눈은 여섯 개, 손은 열 개쯤 필요할 것 같은 순간이 온다. 지원자의 이야기에 집중하며 바른 자세를 유지하는 것은 상상 이상으로 버겁다. '오늘 고개만 몇 번 끄덕였지?' 싶은 날도 있다. 오랜 시간 앉아 있다 보면 마우스 클릭 같은 사소한 소음에도 예민해지고, SNS 후기 속에서 내 이름이 거론될까 조심스러워진다. 새벽에 눈 비비며 지방으로 출발해 종일 면접하고 돌아오면, 온몸이 욱신거릴 정도로 피로가 쌓인다. 몸보다 마음이 더 무거운 날도 있다.

면접관은 늘 새로운 사람을 만난다. 명함을 교환하고 인사를 나누지만, 정작 서로를 잘 모른 채 눈치 싸움이 시작되기도 한다. 어떤 면접관은 내가 던지려던 질문을 낚아채듯 먼저 말하기도 했다. 어떤 면접관은 지원자를 "노인네"라 부르며 무례한 태도를 보였다. 또 어떤 면접관은 남자 지원자에게 "상담사 할 수 있겠냐?"며 편견을 드러냈다. 심지어 직무 면접에 "당신을 색깔로 표현해 보세요" 같은 불필요한 질문을 하는 면접관도 있었다. 지원자를 평가하는 자리에 앉았지만 정작 내가 가장 많이 평가했던 것은 옆에 앉은 면접관들이었다. 이런 순간들이 쌓이면 면접은

공정한 평가의 장이 아니라 누가 더 강하게 의견을 내느냐의 싸움이 된다. 명확한 기준은 사라지고 암묵적 합의에 휘둘리며 소통은 단절된다. 낯선 사람들과 경쟁하듯 면접을 진행하고 서로를 알지 못한 채 눈치 싸움을 벌이며, 소통이 단절된 환경 속에서 홀로 평가하는 일이 반복된다면? 이 일은 정말 고독사하기 딱 좋은 직업이 될지도 모른다.

정말 이대로 괜찮을까?

문화로 함께 성장하다

책이나 강연에서 면접관들에게 "이렇게 하지 말라"는 규정과 경고들이 자주 등장한다. 공정한 채용을 위한 기준은 필요하다. 하지만 강제적인 지침과 반복되는 압박은 면접관에게 피로감을 안긴다. 사실 내가 만난 대부분의 면접관은 편향적이거나 무책임한 사람들과는 거리가 멀었다. 진지하게 지원자를 마주하며 묵묵히 그 자리를 감당해 내는 사람들이었다. 그들의 태도는 내게 큰 영감을 주었고, 면접관으로서의 나를 성장시키는 자극이 되었다.

돌이켜보면 대부분 문제는 훈련되지 않은 면접관들과의 협업에서 발생했다. "생각보다 쉽네요", "재밌네요" 같은 말은 그 자리를 한없이 가볍게 만들었다. 면접을 잘 모르는 것은 기본이고 딴 짓하거나, 평가 의견을 내지 않거나, 지원자를 다그치거나 무례한 질문을 던지는 경우도 있었다.

지원자는 인생의 중요한 기회를 잡기 위해 온 힘을 다해 면접장에 선다. 그런데 그 앞에서 면접관이 이 자리를 단순한 경험이나 흥미의 대상으로 여긴다면, 그 무책임함은 누군가의 미래를 무너뜨릴 수 있다.

그래서 나는 이 글을 읽는 면접관 여러분께 세 가지를 제안하고 싶다.

첫째, 면접관도 훈련이 필요하다.
면접은 감으로 판단하는 자리가 아니다. 질문을 구성하고, 평가 기준을 해석하고, 지원자의 답변을 맥락에 맞게 이해하는 능력은 반복적 훈련과 실전 경험을 통해 길러지는 기술이다.

둘째, 추천은 신중해야 한다.
추천은 단순한 연결이 아니라 책임이 따르는 행위다. 면접관으로 추천되는 사람의 지식, 태도, 준비 상태는 반드시 확인되어야 하며, 역할에 대한 명확한 안내와 기대 수준도 함께 전달되어야 한다.

셋째, 면접관 간의 피드백 문화를 만들자.
면접은 혼자 완성할 수 없다. 질문도, 판단도, 평가도 함께 완성된다. 동료 면접관들과의 교류와 피드백을 통해 서로의 평가 성향을 점검하고, 실수를 줄일 수 있어야 한다. 이런 상호 피드백은 면접관 개인뿐 아니라, 면접관 문화 전체의 수준을 높이는 핵심 요소다. 면접은 면접관들끼리 실력을 겨루는 경쟁의 장이 아니다. 서로의 경험을 나누고, 함께 성장할 수 있는 협력의 공간이어야 한다. 면접관 간의 신뢰가 쌓이면, 한 사람의 판단이 아니라 팀으로서의 공정한 평가가 가능해진다. 그 과정에서 우리는 지원자에게 더 나은 질문을 던지고, 조직에 더 적합한 인재를 연결할 수 있게 된다. 이것이 우리에게 '면접관 문화'가 필요하다고 말하는 이유다. 면접관 문화라는 말이 낯설게 들릴지도 모른다. 나도 처음엔 면접관이란 혼자 판단하고 책임지는 역할이라고 여겼다. 대부분의 면접을 혼자 준비했고, 그게 당연하다고 생각했다. 그러던 어느 날 면접관들의 모임을 통해 나처럼 고민하는 사람들이 있음을 알게 되었다. 면접 과정에서 겪는 어려움을 나누고, 다양한 상황을 토론하며, 시행착오를 공유하는 사람들. 공정한 평가를 넘어 면접관 문화의 자정작용까지 고민하는 사람들이 있었다. 그들과 함께하며 단순히 질문하고 평가하는 것을 넘어, 직업에 대한 인문학적 성찰, 사회적 책임, 철학적 사고를 배웠다. 그 안에서 혼자서 잘하는 면접관보다 면접관을 연결하며 함께 성장하는 사람이 훨씬 더 매력적으로 다가왔다.

나 혼자였던 길 위에 함께 성장하는 면접관이 있다는 사실. 생각만 해도 마음이 설레지 않는가? 그게 내가 이 일을 사랑하고 앞으로도 계속 이어가고 싶은 이유다.

이제, 마지막 질문을 던진다.

당신은 어떤 면접관이 되고 싶은가?

05

면접관의
두 가지 시선

1. 지원자를 향한 시선
2. 지원자의 전략: 나만의 스토리로 취업 성공하기
3. 면접관을 향한 시선
4. 면접관의 책임: 미래를 이끄는 채용준비

면접관의 두 가지 시선

한진아 HR커리어플래너

저자 소개

'사람이 사람답게 살아가는 세상을 만든다'는 가치관을 바탕으로, 교육을 통해 실현할 수 있다는 믿음을 가지고 있다. 이러한 신념 아래 사람의 가능성과 성장을 돕는 길을 찾고자 아주대학교 교육대학원에서 HR 분야를 체계적으로 공부했다. 그 과정에서 사람의 잠재력을 이해하고, 각자의 역량에 맞는 자리에서 활동하는 것이 개인뿐 아니라 조직과 사회 전체의 건강한 발전에 필수적임을 확신하게 되었다.

13년간 교육 현장에 종사하며 교육 기획자, 교육팀장, 컨설턴트로 활동해 왔다. 현재 HRnC교육컨설팅 대표이자 한국ESG리더십교육협회 협회장직을 맡고 있으며, 조직과 개인 모두가 지속가능하게 성장할 수 있도록 맞춤형 교육과 컨설팅을 제공하고 있다. 다양한 사람들과 조직을 만나 그들의 가능성을 발견하고, 자율적이고 주도적인 삶과 효율적인 조직 운영이 조화를 이루는 세상을 꿈꾸고 있다.

2021년부터는 전문면접관으로 활동하며, 지원자의 잠재력과 성장 가능성을 공정하게 평가하는 데 집중하고 있다. 이는 국가적으로 사람과 조직이 함께 성장할 수 있는 기회를 창출하는 중요한 직업이라 믿으며, 조직과 개인이 조화롭게 발전하는 길을 여는 일이라 생각한다.

주요 경력 및 직무

現) HRnC교육컨설팅 대표
現) 한국ESG리더십교육협회 협회장
現) 한국열린사이버대학교 디지털융합경영학과 특임교수
前) 인순이와 좋은 사람들(해밀학교) 교육팀장
前) 서수원주민편익시설(수원YMCA) 지역문화팀

학력 및 전공
아주대학교 교육대학원 평생교육학 석사
한신대학교 기독교교육 및 평생교육 학사

전문 자격 및 인증
평생교육사, 사회복지사, ESG컨설턴트, 신중년전직전문가, 진로 · 적성상담사
전문면접관 MASTER과정
전문면접관 교육과정
동기부여 리더십 및 취업 전문
응용 SW 엔지니어링(챗GPT, 노션 등)
컬러기질전문가 자격과정

전문 활동
기업 및 공공기관 면접관 및 서류심사관
ESG 강사 양성
중장년 카운슬링 / 재취업 지원
경력 설계 및 취업전략 컨설팅
前) 국제인권교육협회 강사
前) 법무부 법교육 강사

연락처 및 SNS
bacchus-j@naver.com
blog.naver.com/bacchus-j
www.instagram.com/hrcareer01

들어가며

취업에서 스펙보다 더 중요한 것은?

취업 컨설팅 현장에서 나는 수많은 취업 준비생의 꿈이 현실이 되는 순간을 지켜봤다. 강의와 컨설팅을 통해 만난 이들은 취업 스킬에는 능숙했지만, 정작, 자신에 대한 이해는 부족했다. 취업이 급해 스펙 쌓기에만 몰두한 나머지, '무엇을 하고 싶은가?', '왜 하고 싶은가?', '잘할 수 있는 일인가?'와 같은 근본적인 질문을 스스로에게 던지지 않았다. 그 결과, 지원 동기를 명확히 설명하지 못하는 경우가 많았다.

나는 그들에게 스스로를 돌아볼 수 있도록 다음과 같은 질문을 던졌다.

"당신은 어떤 사람인가?"
"무엇을 할 때 가장 즐겁고 보람을 느끼는가?"
"당신이 진짜 원하는 직무는 무엇인가?"
"당신은 지금의 선택을 하기까지 어떤 과정을 거쳐왔는가?"
"당신이 하려는 일은 어떤 경험과 가치에서 비롯된 것인가?"

어쩌면 이 질문들은 너무 익숙해서 굳이 답하지 않아도 된다고 느낄지 모른다. 누구나 알고 있지만, 정작 스스로에게 묻고 깊이 답해 본 적은 드물다. 기본이라고 여겨서 지나쳤지만, 바로 그 기본이 방향을 바꾸는 출발점이 된다.

그 질문들 앞에 진지하게 마주 선 순간, 이들은 자신에게 진정으로 중요한 것이 무엇인지 고민하기 시작했다.

돌이켜보면 나 역시 크게 다르지 않았다. 강사로 첫발을 내디뎠던 시절, 나 또한 좌충우돌하는 실수투성이였다. 잘하려고 애쓸수록 오히려 막막했고, 자연스레 스펙과 겉모습에 의존하게 되었다. 그러다 강의에 나만의 철학과 가치를 담기 시작하면서 비로소 변화가 찾아왔다. 그때부터 강의 요청은 물론 앵콜 강의가 눈에 띄게 늘었다. 이 경험은 취업에도 그대로 적용된다. 자신만의 가치를 이해하고, 이를 바탕으로 진정성 있는 스토리를 전할 때, 취업의 문은 더 넓게 열리는 법이다.

취업컨설턴트에서 면접관으로

취업 최전선에서 컨설턴트로 활동한 경험을 바탕으로 면접관 역할을 맡게 되었다. 30대 초반인 내가 이 역할을 잘할 수 있을지 망설였지만, 곧 마음을 다잡았다. 올바른 인재를 적합한 자리로 안내하는 '가교 역할'이야말로 성장을 돕는 중요한 과정이라는 확신이 들었기 때문이다.

하지만 첫 면접에서 기대와 달리, 지원자들의 지나치게 획일적이고 기계적인 답변에 실망을 금할 수 없었다. 직무에 대한 열정과 역량을 진정성 있게 각자의 이야기로 들려줄 것이라 기대했지만, 그들은 매뉴얼에 맞춘 정형화된 답변에 갇혀 자신을 드러내지 못했다. 서류 질문의 핵심을 놓치고 엉뚱한 답을 하거나, 직무와 무관한 이야기, 누구에게나 적용될 법한 뻔한 대답을 반복하는 경우가 많았다. 또한 자신의 경험 없이 그럴듯하게 꾸며낸 이야기나, 외적인 이미지에만 집중한 빈약한 답변이 이어지기도 했다. 심지어 현장과 동떨어진 컨설팅 스킬을 기계적으로 따라 하는 경우도 적지 않았다. 이러한 답변들에서는 지원자의 진정성과 역량을 파악하기 어렵다. 문제의 뿌리는 분명했다. 스스로에 대한 깊은 이해 부족, 그리고 외워서 따라하는 주입식 취업 준비가 그 밑바탕에 깔려 있었다.

면접관도 평가받는다

면접관이 되어서야 알게 된 사실이 있다. 취업 준비생들이 면접을 준비하듯, 면접관 역시 철저한 기준과 책임감이 필요하다는 것이다. 현장에서 면접을 진행하다 보면 연구하고 노력하는 역량 있는 면접관도 많지만, 면접을 단순히 '일'로만 느끼고 '대충', '빨리' 끝내고자 하는 면접관들도 적지 않았다.

- 배정된 서류를 충분히 검토하지 않고 짧은 시간에 평가를 마치는 면접관
- 동료 면접관의 점수에 의존하며 스스로 평가 기준을 세우지 않는 면접관
- 모든 지원자에게 지나치게 관대한 점수를 부여하고 평가를 형식적으로 진행하는 면접관
- 역량과 무관한 질문을 하거나 자신의 직무 지식을 지원자에게 전달하며 시간을 낭비하는 면접관
- 할당된 질문 시간을 채우지 않거나 혼자 시간을 독차지하는 면접관

과연 이런 방식으로 기업이 원하는 인재를 선발할 수 있을까?

지원자가 자신을 이해하고 준비하는 것만큼이나, 면접관의 역할과 책임도 중요하다. 기업이 원하는 인재를 제대로 선발하려면, 면접관 역시 명확한 평가 기준과 높은 책임의식을 갖추고 끊임없이 스스로를 점검해야 한다. 결국 좋은 인재는 좋은 면접관이 발굴하는 법이다.

「면접관의 두 가지 시선」은 단순히 취업 스킬이나 면접관이 되는 법을 안내하려는 글이 아니다. 취업 컨설턴트에서 면접관으로 활동하며 얻은 경험을 바탕으로, 지원자와 면접관이 각자의 자리에서 스스로의 가치를 돌아보고 진정성을 찾기를 바라는 마음을 담았다.

이제 지원자와 면접관이 각자의 자리에서 더 나은 면접을 준비하기 위한 여정을 시작해 보자.

면접관의 두 가지 시선

1. 지원자를 향한 시선

내가 나를 모르면 누구도 나를 몰라 준다

한 번쯤 AI 챗봇과 대화해 본 경험이 있을 것이다. 단순한 질문에는 정형화된 답이 돌아온다.

[질문] "오늘 날씨 어때?"
[답변] "현재 기온은 20도이며 대기는 맑습니다."

정보는 정확하지만, 감정이나 개성이 없다. 면접에서 형식적인 답변이 주는 느낌도 비슷하다. 자신의 이야기가 아니라, 외워 온 정답을 말하는 것처럼 느껴지기 때문이다. 면접관으로 위촉되어 현장에 가면 마치 대본을 읽듯 정형화된 답변을 반복하는 지원자들을 많이 본다. 누구보다 열심히 준비해 면접 기회까지 얻은 지원자들이 자신의 역량을 진솔하게 드러내길 기대하지만, 형식적인 답변에 아쉬움을 느끼는 경우가 많다.

예를 들어보겠다. (실제 사례를 재구성)

면접관: 자기소개서에 '성실하게 맡은 일에 최선을 다하는 사람'이라는 표현이 있네요. 구체적으로 어떤 경험에서 성실함을 발휘하셨는지 이야기해 주세요.

지원자: 제가 인턴으로 일했을 때 업무가 복잡하고 어려웠는데 끝까지 열심히 했습니다.

면접관: 그 인턴 경험에서 어떤 성과를 내셨나요?

지원자: 성과라고 하기에는 너무 거창하고 주변에서 성실하다는 말을 많이 들었습니다.

이런 형식적인 답변만으로 면접관이 지원자의 역량과 진정성을 확인할 수 있을까? 지원자가 자신의 경험을 스스로 돌아보지 않은 채 면접장에 들어왔기 때문에 벌어지는 일이다. 면접에서 가장 많이 활용되는 역량면접은 지원자의 과거 경험 속 행동을 바탕으로 미래의 직무수행능력을 예측하여 평가하는 방식이다. 그러나 모범 답안을 준비하는 지원자들은 심지어 과거 경험조차 비슷하다.

취업컨설팅을 할 때 가장 큰 난관은 지원자들의 '지원 동기'를 피드백 할 때이다. 지원자가 왜 그 기업에, 혹은 그 직무에 지원하고 싶은지조차 명확하게 표현하지 못하는 경우가 많기 때문이다. 지원 동기에 대해 깊이 있게 물어보면, 지원자들조차 자신이 진정으로 무엇을 원하는지 확신이 없다고 말하기도 한다. 취업 시장의 치열함 속에서 가능한 많은 곳에 지원서를 넣는 것이 일반적인 사회가 되었지만, 그로 인해 자신의 목표나 가치관이 결여된 채 준비하는 경우가 허다하다는 것이 문제다. 빠른 취업을 위해 자신이 무엇을 잘하는지, 어떤 일을 할 때 가장 열정이 생기는지, 자신의 가치관이 지원한 직무에 부합한지 등을 충분히 파악하지 못한 채 취업을 준비하다 보니 지원동기를 쓸 수 없다. 결국 자신에 대한 이해가 부족하다는 것이다. 자기이해가 선행되지 않고 작성된 자기소개서는 그저 정해진 틀을 메우기 위한 문장들로 가득 차게 되며 진정성이 부족해 보인다. 직무에 대한 확신을 드러내기란 당연히 어렵다.

면접관은 그저 모범 답안이 아닌 지원자 고유의 경험을 통한 이야기를 듣고 싶어 한다. 그러나 취업 준비에 있어 가장 선행되어야 할 '자기이해'의 단계를 스킵하고 준비한다면, 면접이라는 큰 산을 넘어설 수 없게 된다. 지원자 스스로가 자신을 이해하지 못했는데, 어떻게 면접관이 그를 이해하고 합격이라는 결과를 줄 수 있겠는가.

지원 동기는 자기소개서의 핵심 요소라고 할 수 있다. 효과적인 지원동기를 작성하기 위해서는 다음 세 가지를 충분히 생각해야 한다.

첫째, 지원자가 추구하는 가치
둘째, 기업이 추구하는 가치
셋째, 기업의 미래 계획에 기여할 수 있는 지원자의 역량

지원동기에서는 기업의 가치와 방향성에 부합하는 자신의 가치와 역량을 구체적으로 드러내는 것이 중요하다. 이는 지원자의 역량이 기업의 방향성과 어떻게 맞물리는지를 보여줌으로써, 조직에 실질적인 기여를 할 수 있음을 설득력 있게 전달하는 과

정이다. 따라서 대부분의 기업이 반드시 묻는 문항인 지원동기를 효과적으로 작성하기 위해서는 철저한 자기이해가 필수적이다.

주입식으로 취업을 준비하다

지원자가 자신을 모르는 상태에서 취업을 준비하면 어려움에 봉착할 수밖에 없다. 주입식 교육 방식은 '정답'을 외우는 데 집중하게 만든다. 그리고 그 '정답'은 대부분 남이 만든 기준을 그대로 따라 하는 방식이다.

이러한 습관은 취업 준비에서도 그대로 드러난다. '취업 성공'이라는 목표에만 몰두한 나머지, 자신을 성찰하지 않고 합격자 소서나 컨설팅에서 제시하는 모범 답안을 그대로 외우는 경우가 많다.

컨설팅은 취업 준비에 있어 꼭 필요한 과정이라고 생각한다. 컨설팅을 통해 기업의 요구사항을 분석하고, 각 면접 질문에 담긴 의도를 파악하며, 효과적인 답변 구조를 익히는 것은 지원자에게 큰 도움이 된다. 이를 통해 지원자는 자신의 경험을 어떤 방향으로 표현할지에 대한 실마리를 얻는다. 하지만 문제는 이 '틀'을 이해하고 응용하는 것이 아니라, 그대로 외워서 끼워 맞추는 것으로만 접근하는 데 있다. 본인의 진짜 경험과 생각을 녹여내기보다, 마치 정답을 암기하듯 기계적으로 답변을 준비하는 경우가 적지 않다. 컨설팅은 지원자가 자신의 경험을 직무에 어울리게 풀어낼 수 있도록 돕는 일이다. 그러나 자기 이해가 전혀 되어있지 않은 상황에서 컨설팅을 하게 된다면 어떨까? 역량면접에서 가장 중요시되는 경험을 '누구나 할 법한 비슷한 경험'으로 '평범한 답변'을 준비하게 되는 것이다.

예를 들어 보겠다. (실제 사례를 재구성)

면접관: 어려운 난관에 봉착했을 때, 그것을 해결했던 경험에 대해 말해주세요.

지원자: 저는 대학 팀 프로젝트 중에 팀원 간 의견 차이로 큰 어려움을 겪었습니다. 그때 저는 팀원들의 의견을 잘 듣고, 서로 조율하면서 문제를 해결하려 했습니다. 결국 모든 팀원이 만족할 수 있는 방향으로 일을 마무리할 수 있었습니다.

이 답변은 겉보기에는 적절해 보이지만, 중요한 요소가 빠져 있어 면접관의 기대에 부합하지 않는다. 우선 문제 해결의 구체적인 과정과 지원자의 핵심 역량이 드러나지 않았다. 면접관이 알고자 하는 것은 단순한 협업 경험이 아니다. 특정 상황에서 어떤 문제를 어떻게 해결했으며, 그 과정에서 지원자가 수행한 역할이 무엇인지에 대한 구체적인 설명이다. 경험을 자신만의 시각으로 해석하고 서술하지 않으면, 지원자가 실제 상황에서 문제를 어떻게 풀어나갈 수 있을지 판단할 근거가 부족하다. 자신의 행동과 경험을 구체적으로 설명하지 못하는 이유는 바로 자신에 대한 깊은 이해가 부족하기 때문이다.

따라서 자기이해를 위해서 스스로에게 질문해 보길 바란다.
- 나에게 가장 중요한 가치는 무엇인가?
    ex) 안정성, 도전, 창의성 등
- 내가 일에서 성취감을 느끼는 요소는 무엇인가?

- 내가 원하는 직무와 산업이 나의 성향 및 능력과 맞는가?
- 단기 및 장기적인 커리어 목표가 있는가?
- 지금까지 쌓아온 경험 중 어떤 것이 취업에 도움이 될 수 있는가?

나아가 주입식 교육 방식의 취업 준비의 또 다른 문제는 '형식'에 집중한다는 점이다. 자신이 '어떻게 보여야 할지', '어떻게 말해야 할지'에만 신경 쓰다 보니 진정한 자신을 보여주기 어렵다. 면접관은 지원자가 어떻게 말하는지 보다, 그 말속에 담긴 경험의 진정성과 직무 연관성에 주목한다. 흔히 메러비안 법칙을 근거로 '내용보다 말투나 표정이 더 중요하다'고 하는 경우가 있다. 하지만 이 법칙은 면접처럼 구체적인 경험과 논리적 설명이 중요한 상황에 그대로 적용하기는 어렵다. 실제 면접관은 지원자의 긴장 상태를 충분히 이해하며, 전달 방식보다는 말속에 담긴 내용의 진정성과 직무 연관성에 더 집중한다.

실제 토론 면접에서 있었던 일이다. A 지원자는 밝은 표정, 당당한 발성으로 좋은 인상을 풍겼다. 토론이 시작되자 가장 먼저 발언에 나서 토론의 진행 방향을 제안하고, 이에 대한 다른 지원자들의 참여를 유도했다. 진행에 적극적으로 임하며 리더십을 발휘하는 모습도 인상적이었다. 그는 다른 지원자들의 주장을 요약하고, 이에 대한 추가 의견을 묻는 등 전체 토론의 흐름을 주도했다. 그러나 문제는 따로 있었다. 정작 본인의 주장이나 관점을 명확히 드러내지 않았던 것이다. 토론을 매끄럽게 이끌어가는 데는 능숙했지만, 본인이 전달하고자 하는 핵심 메시지는 끝내 제시하지 못했다. 형식적인 역할 수행에 집중한 나머지, 실질적인 내용은 빠져 있었던 셈이다. A 지원자를 긍정적으로 평가하던 나는 괘씸하다는 생각까지 들었다. '면접관이 얼마나 우습게 보였으면 저런 겉모습에 속아 넘어갈 것이라 생각했나' 하고 말이다.

주입식 취업 준비는 자기표현의 기회를 제한하고, 면접을 통해 전달하고자 하는 진정성과 개성을 효과적으로 드러낼 수 없게 만든다. 지원자는 무의미한 대답을 반복하거나, '정답'을 말하는 데만 집중하게 되어 면접에서 별다른 인상을 남기지 못한다. 면접 준비는 단순한 기술이나 전략을 익히는 과정이 아니다. 자신의 경험과 강점을 명확히 파악하고, 이를 직무와 연계해 설득력 있게 표현하는 방법을 찾는 과정이다. 지원자는 주어진 틀에 맞춘 답변을 반복하는 데 그쳐서는 안 된다. 자신의 경험을 돌아보고, 그것이 직무와 어떻게 연결될 수 있을지 진지하게 고민하는 것이 진정한 취업 준비의 시작이 되어야 한다. 취업 준비는 주입식이 아닌 자기주도적으로 해야 함을 잊지 않았으면 좋겠다.

자기주도적 취업 준비는 변화하는 환경 속에서 자신이 무엇을 준비해야 하는지를 명확히 인지할 수 있다. 단순한 트렌드 파악을 넘어, 시대의 변화 속에서 채용 방식이 어떻게 달라졌는지를 이해할 수 있다. 마치 현대사를 올바로 이해하려면 과거의 흐름과 변화의 맥락을 함께 읽어야 하듯, 취업도 흐름과 구조를 이해할 때 올바른 방향이 보인다. 흐름을 파악하면 단순한 기술 습득을 넘어 나만의 강점을 어떻게 표현할지, 어떤 방식으로 경쟁력을 드러낼지를 스스로 정의할 수 있게 된다. 이제부터는 취업 성공을 위한 구체적이고 실질적인 해결책을 살펴보자.

2. 지원자의 전략
: 나만의 스토리로 취업 성공하기

**형식에서 벗어나
진정성을 담다**

『흑백요리사: 요리 계급 전쟁 프로그램』을 본 적 있는가. 파이널 라운드 대결 주제는 '이름을 건 요리'였다. 결승에 오른 두 요리사의 실력은 이미 검증된 상태였다. 파이널 라운드에서는 단순한 요리 기술이 아니라, 요리에 담긴 스토리가 승패를 가르는 요소가 되었다. 요리사는 자신의 경험과 가치관을 담아 왜 자신이 이 무대에 있어야 하는지를 요리로 증명해야 했다. 단단한 스토리가 있는 요리가 심사위원과 시청자들에게 감동을 줄 것이라고 제작진은 예상했을 것이다.

그렇다면 왜 지원자의 이야기가 중요한 걸까? 최근 채용 시장에서 기업은 단순히 유능한 인재를 찾는 것이 아니라, 조직과 방향성이 맞는 인재를 원한다. 특히 MZ 세대는 연봉이나 복지뿐만 아니라 조직의 가치와 문화가 자신의 목표와 부합하는지를 고려해 이직을 결정하는 경향이 강하다. 기업 역시 단기적으로 머물다 떠날 인재보다 기업의 비전과 함께 성장할 사람을 원하기 때문에 '직무적합성'을 더욱 중요하게 평가한다. 따라서 면접에서 지원자가 단순히 직무 역량을 나열하는 것이 아니라, '왜 이 일을 하고 싶은지', 그리고 '어떤 동기와 가치관을 바탕으로 지원했는지'를 명확하게 전달하는 것이 중요하다.

이와 관련하여 『채용 트렌드 2025』의 저자 윤영돈 소장은 '모티베이션핏'이라는 개념을 제시하였다. 모티베이션핏은 지원자의 개인적인 동기부여 요소가 특정 직무나 조직의 성과 목표, 문화와 얼마나 부합하는지를 뜻한다. 기업이 일을 하려는 동기가 강한 지원자를 선호하는 이유는 명확하다. 내적 동기가 강한 사람일수록 자신의 업무에서 의미를 찾고, 조직 내에서 높은 성과를 낼 가능성이 크기 때문이다. 따라서 지원자는 면접에서 자신의 이야기를 통해 단순한 스펙이 아닌 직무와 조직에 대한 깊이 있는 고민과 동기부여를 보여줄 필요가 있다.

이전 세대와 달리 MZ 세대에게 평생직장의 개념은 희미해졌다. 이들은 자신의 가치관과 맞지 않는 조직에서 거침없이 이직을 준비한다. 기업 역시 이러한 변화를 받아들이고 있다. 따라서 채용 과정에서는 지원자가 직무와 조직에 얼마나 적합한 동기와 가치를 가지고 있는지가 무엇보다 중요하다. 그렇다면 지원자는 자신의 동기와 가치를 명확히 이해하고, 이를 효과적으로 전달할 수 있어야 한다. 이를 위해 가장 강력한 도구가 바로 '자신만의 스토리'다. 스토리는 단순히 과거의 경험을 나열하는 것이 아니라, 그 경험을 통해 자신의 가치와 역량을 직무와 연결하는 과정이다.

예를 들어보겠다. (실제 사례를 재구성)

면접관: 이번 직무에 지원하게 된 동기에 대해 말씀해 주세요.

지원자: 저는 사람들과 함께 일하는 걸 좋아해서 지원하게 되었습니다. 팀워크를 중요하게 생각하고 다양한 사람들과 협업하는 것을 잘합니다. 그 부분이 기업의 조직문화와 잘 맞을 것 같아서 지원하게 되었습니다.

면접관: 그렇다면 본인이 이 직무에 어떤 경험이나 역량을 발휘할 수 있을까요?

지원자: 저는 대학에서 여러 프로젝트를 경험했습니다. 팀원들과 협력하여 결과물을 도출하는 과정에서 많은 것을 배웠고, 이런 경험이 이 직무에 잘 맞을 것 같습니다. 또한, 제가 책임감의 강점을 가지고 있습니다. 직무에서 좋은 결과물을 내는데 큰 도움이 될 것이라 믿습니다.

얼핏 보면 이 지원자의 답변은 적절해 보인다. '사람들과 함께 일하는 걸 좋아한다'거나 '팀워크를 중요하게 생각한다'는 말, 다양한 프로젝트를 경험했고, 강점을 소개하는 등은 면접에서 긍정적 요소로 평가되기도 한다. 그러나 이 답변의 가장 큰 문제는 바로 '지원자의 고유한 이야기'가 없다는 것이다. 다소 일반적이고 구체적인 사례나 경험이 결여되어 면접관이 지원자의 실제 동기나 역량을 파악하기가 어렵다.

다른 예를 들어보겠다. (실제 사례를 재구성)

면접관: 이번 직무에 지원하게 된 동기에 대해 말씀해 주세요.

지원자: 저는 중학생 시절부터 환경에 관심이 많았습니다. 제가 주체적으로 환경 동아리를 만들어 활동에 참여하였고, 꾸준

히 스터디를 진행하며 지식을 넓혀왔습니다. 특히 동아리에서 환경 문제 해결을 위한 캠페인을 기획한 경험이 있습니다. 학교 내에서 재활용이 잘 이뤄지지 않는다는 문제를 인식하고 캠페인을 통해 인식개선을 도모하고자 하였습니다. 동아리 팀원들과 등교 시간에 팻말을 들고 캠페인을 벌인 결과 재활용 비율이 높아졌다는 평가를 받기도 하였습니다. 저는 이 경험을 통해 사람들의 행동을 변화시키는 방법을 배웠습니다. 사람들의 관심을 끌고 행동하도록 동기부여하는 것의 중요성을 깨달았습니다. 입사하게 된다면 국민들의 환경 인식을 높이고 실천으로 이어지는 프로그램을 기획하고 싶습니다. 기업의 목표에 맞는 전략을 세워 효과적으로 변화를 이끌도록 하겠습니다.

앞서 소개한 지원자와 달리 이 지원자는 자신의 동기와 경험을 직무 및 기업의 요구사항과 효과적으로 연결해 전달하고 있다. 단순히 핵심 키워드나 경력을 나열하는 것이 아니라, 그 경험을 통해 어떻게 성장했으며, 직무와 어떤 연관성이 있는지를 구체적으로 설명한다. 이를 통해 면접관은 이 지원자가 입사한 후의 모습을 긍정적으로 그려볼 수 있다. 즉 지원자는 자신의 동기와 가치를 구체적인 경험을 바탕으로 진솔하게 전달해야 하며, 이를 통해 직무와 조직에 적합한 인재임을 설득력 있게 보여줄 필요가 있다.

나 까짓 게?
나니까!

"저는 지금까지 아무것도 한 게 없어요."

컨설팅하다 보면 많은 지원자가 이런 고민을 토로한다. 경험이 부족하다고 느끼고, 그로 인해 자신의 역량을 효과적으로 전달하는 데 어려움을 겪는다. 그러나 중요한 점은 우리는 모두 자신만의 경험을 가지고 있다는 사실이다. 취업을 준비하는 순간이 되기까지 우리는 수많은 경험을 쌓아왔다. 학교에서 친구들과의 관계를 쌓고, 아르바이트를 통해 사회적 경험을 쌓으며, 심지어는 가족과의 관계 속에서도 배우고 성장한다. 인생에서 겪은 엄청난 변화만이 스토리가 되는 것은 아니다. 우리는 스스로가 겪은 작은 일들을 놓치고 지나가는 경우가 상당히 많다. 그 경험을 어떻게 해석하느냐가 중요하다. 그 과정에서 고유한 스토리를 발굴해낼 수 있다.

우리는 매일 다양한 상황에서 선택을 하고, 많은 사람과 부딪히며 살아간다. 그 모든 경험 안에는 분명 스토리가 있다. 나만의 스토리를 찾아내야 한다. 학교에서 팀 프로젝트나 동아리 활동, 친구들과의 협업 경험에서 배운 문제 해결 능력은 충분히 직무와 연결하여 쓸 수 있다. 여기에서 중요한 점은 단순히 '무언가를 했다'는 사실에 그치지 않는 것이다. 예를 들어 해커톤 대회에서 수상을 했다면, 자신이 어떤 역할을 했는지, 문제 인식을 위해 어떤 노력을 했는지, 그 과정에서 성공한 부분과 실패한 부분은 무엇이었는지를 정리해 보는 것이다. 이를 통해 누구나 할 수 있는 경험을 자신만의 고유한 스토리로 전환할 수 있다.

그렇다면 고유한 스토리를 만드는 구체적인 방법은 무엇일까?

첫째, 자신이 한 일의 의미와 목적을 되새겨 보아야 한다.
예를 들어 대학 축제 기간에 장터를 개최했다고 하자. 그 가운데 내 역할은 주변 정리라면, 많은 지원자가 '나는 별거 안 했어'라고 생각하기 쉽다. 그러나 이렇게 생각하면 그 활동의 진정한 의미를 놓치게 된다. 정리를 하는 일도 중요한 역할이다. 축제 현장에서 사람들의 이동을 원활하게 돕고, 장터가 혼잡하지 않도록 관리함으로써, 다른 사람들이 편안하게 즐길 수 있는 환경을 제공한 것이다. 자신의 역할을 단순화 시키지 말고, 그 일을 통해 얻은 교훈이나 깨달음을 발견해야 한다. 사람들이 많이 모인 장소에서 효율적인 공간 활용과 문제 해결 능력을 발휘한 경험은 직무와 연결할 수 있는 소중한 스토리가 된다. 그러므로 자신의 이야기를 하찮은 일이라 치부하지 않고, 그 일이 자신과 조직에 어떤 영향을 미쳤는지 스스로 피드백해 보는 것이다.

둘째, 결과에 집착하지 말아야 한다.
많은 취업 컨설팅에서 '성과 중심', '수치화 표현'을 강조한다. 이는 역량을 돋보이게 하고, 글의 가독성을 높이는 데 유용하다. 그러나 형식에 갇혀 버리면, 과정에서 얻은 중요한 교훈이나 성장의 포인트를 놓칠 수 있다. 자기소개서나 면접에서 중요한 것은 단순한 성과가 아니라, 그 과정에서 발휘한 역량과 성장 경험이다. 예를 들어 팀 프로젝트에서 예기치 못한 문제에 직면했을 때, 그 문제를 해결하기 위해 어떻게 접근했고, 어떤 방식으로 협력했는지를 중심으로 이야기하면, 결과에 상관없이 문제 해결 능력과 협업 능력을 드러낼 수 있다. 과정에서 얻은 교훈이나 성장한 부분을 강조하여 역량을 드러내는 방법도 있다.

셋째, 간접경험을 통해 연결고리를 찾아본다.

'인간은 망각의 동물'이라는 말이 있다. 소소한 자신의 일상은 놓치기도 한다. 반면 책이나 기사, 블로그, 인스타그램에서 다른 사람들이 겪은 일상 속 도전과 실패, 성과 등을 볼 수 있다. 그럴 때 다른 사람들의 경험을 통해 나의 경험을 되짚어 볼 수 있다. 내 일상 속 비슷한 상황이나 감정을 떠올리는 것이다. 예를 들어 누군가 해외여행을 가는데 공항까지 가는 길이 막혀 비행기를 놓쳤다는 글을 올렸다고 치자. 그의 경험을 통해 '시간 관리'와 관련된 나의 경험을 떠올릴 수 있다. 그때의 나의 선택이나 행동, 느꼈던 감정을 되짚어보며 그 경험을 새로운 시각으로 바라보는 것이다. 타인의 경험을 통해 나의 경험을 재조명하면, 평소에는 미처 인식하지 못했던 부분을 발견할 수 있게 된다. 단순히 남의 사례를 소비하는 데 그치지 않고, 그것을 내 경험과 연결 지어 보는 것이다. '나 까짓 게 무슨 특별한 경험이 있겠어'라고 생각하지 말고, '나니까' 할 수 있었던 고유의 스토리를 찾아내길 바란다.

우리의 경험은 그 자체로 충분한 가치가 있다. 다만 그걸 어떻게 꺼내어 풀어 내느냐가 중요하다. 단순한 과거의 기록이 아닌 가치와 역량을 구체적으로 드러낼 수 있는 강력한 도구로 만들어야 한다. 그러기 위해서는 스토리를 잘 표현하는 것도 중요하다. 대표적인 방법은 STAR 기법이다. Situation(상황), Task(과제), Action(행동), Result(결과)로 구성된 이 방식은 경험을 구조적으로 정리하는 데 효과적이다. 다만 많은 경우 Result(결과)를 단순한 성과로만 한정해 표현하기 때문에, 그 경험을 통해 얻은 교훈이나 개인의 가치, 입사 후 기여점까지 충분히 드러나지 않는다는 아쉬움이 있다. 그래서 마지막으로 앞으로 취업을 준비하는 지원자들에게 PEACE를 외치고 싶다.

- Problem (문제상황): 직면했던 문제나 상황
- Effort (노력): 문제를 해결하기 위해 기울인 노력이나 실행한 행동
- Achievement (성과): 문제 해결을 통해 얻은 성과 강조
- Connection (연결): 경험이 본인의 성장에 미친 영향
- Effectiveness (유효성): 경험이 직무에 적용되거나 기업의 기여점

PEACE로 취업의 문을 열고, PEACE(평화)의 길을 걸어가시길.

3. 면접관을 향한 시선

잘못된 질문이 만드는 채용 리스크

상상해 보자. 만약 여자친구가 기분이 안 좋다고 느끼는 상황에서 남자친구가 "왜 그렇게 기분이 안 좋아?"라고 물어본다면, 어떤 대답이 돌아올까? 이 질문은

너무 막연하고 추상적이라 여자친구는 정확히 무엇 때문에 기분이 안 좋은지 말하기 어렵다. 질문의 의도는 감정을 파악하려는 것이지만, 사실 그 말은 "네가 왜 그런지 모르겠다"라는 의미로 들리기 십상이다. 결국 여자친구는 "그냥 좀 그래"라고 대충 넘기고, 남자친구는 이 상황을 이해하지 못한 채 대화를 흐지부지 끝내게 된다. 만약 남자친구가 "오늘 회사에서 힘든 일이 있었어?" 또는 "혹시 누가 기분 상하게 했어?"처럼 구체적인 질문을 던진다면, 상대방은 대답하기 훨씬 쉬워진다. 질문이 추상적일 경우, 상대방은 구체적이고 정확한 답을 내놓기 어렵다.

면접에서도 마찬가지다. 면접관의 질문이 애매하고 모호하다면, 지원자는 자신의 진짜 역량이나 가능성을 제대로 드러내기 어렵다. 이는 단순한 실수가 아니다. 면접관의 잘못된 질문은 면접의 본질을 왜곡하고, 채용 과정에서 심각한 리스크를 초래한다. 지원자가 자신을 정확히 표현할 기회를 잃게 되고, 결국 기업은 중요한 인재를 놓치거나, 공정하지 못한 평가를 내릴 수 있다. 더 나아가 기업의 이미지에 치명타를 줄 수 있다.

잡코리아에서 신입직 지원자를 대상으로 '면접 시 불쾌했던 경험'에 대해 설문 조사한 결과 87.2%가 불쾌한 경험이 있다고 답하였다. 그에 대한 대처 행동으로 지인에게 해당 기업의 안 좋은 점 발설, 해당 기업 제품 불매 등의 응답자가 상당수였다. 면접관의 잘못된 질문 하나가 초래하는 부정적 결과는 결코 가볍게 넘길 수 없다.

전통적인 질문으로 면접을 보던 시대가 지나고, 현재는 역량 중심의 구조화된 면접을 진행한다. 그러나 여전히 구시대적인 질문을 던지는 면접관을 종종 볼 수 있다. 2023년에 실제로 겪었던 경험을 소개하려 한다. 4명의 내·외부 면접 위원이 다대일 면접을 보았다. 함께 면접을 보던 외부 면접관이 지원자에게 "노래방 가본 적 있어요?"라고 묻는 질문에, 나 역시 지원자만큼이나 당황했던 기억이 아직도 생생하다. 게다가 "노래방에서 마이크를 잡는 편인가요, 탬버린을 흔드는 편인가요?"라는 꼬리 질문까지 이어졌다. 순간 내 얼굴이 다 화끈거릴 정도였다. 지금도 잊히지 않는 장면이다. 불과 2년 전의 일이었다. 직무 역량과 무관한 질문으로 어떻게 공정한 평가를 할 수 있단 말인가.

잘못된 질문 하나로 면접관의 권위가 완전히 무너질 수 있다. 면접관의 권위는 단순히 직업적 배경이나 스펙에서 나오는 것이 아니다. 진정한 권위는 질문의 질과 공정하고 정확한 평가에서 비롯된다. 지원자 역시 자신을 평가하는 면접관에게 전문적이고 신뢰할 수 있는 평가자가 되길 기대한다. 이는 매우 당연한 마음이다.

면접관이 올바른 질문을 해야 지원자가 자신의 역량을 제대로 표현할 수 있으며, 엉뚱하거나 모호한 질문은 공정한 평가를 방해한다. 잘못된 질문은 면접관의 신뢰를 떨어뜨릴 뿐 아니라, 평가 과정 전체에 부정적인 영향을 끼친다.

따라서 면접관은 자신의 역할에 대한 책임감을 가지고, 질문을 하기 전 면접의 목적과 공정성을 항상 명확히 인식해야 한다. 면접관의 권위는 스펙 과시가 아니라, 평가의 전문성과 공정성에 기반해야 한다. 면접관은 자신의 질문이 진짜 평가 도구인지 스스로 점검해야 하며, 사전 준비 과정에서 공정하고 명확한 질문을 마련하는 것이 필수임을 인식해야 한다.

효과적인 질문으로 완성하는 공정한 평가

면접관이 해야 할 가장 중요한 역할은 정확한 평가다. 면접의 본질은 지원자의 역량을 정확히 판단하고, 그들이 해당 직무에 적합한지를 평가하는 데 있기 때문이다. 잘못된 질문으로 평가가 제대로 이뤄지지 않으면, 기업의 채용 과정에 심각한 리스크를 초래할 수 있다.

다양한 직무별로 그에 맞게 올바른 질문을 하는 것은 쉽지 않다. 그래서 사전에 질문지를 주는 기업도 등장하고 있다. 면접관의 주요 역할은 평가하는 것이기에 질문지가 주어지는 것은 긍정적인 효과를 가져올 수 있다. 다만 면접관이 주어진 질문지에만 의존하지 않고, 질문의 의도를 정확히 파악하고 상황에 맞게 분석할 수 있을 때 진정한 효과가 발생한다. 그저 사전 질문지에만 의존하게 되면, 형식적인 행위일 뿐 그로 인해 지원자에 역량을 파악하고 평가하기란 쉽지 않다.

예를 들어 보겠다.

병원에서 의사가 환자에게 건강 상태를 묻는다고 가정해 보자. 의사는 기본적으로 준비된 질문을 할 것이다.

의사: 어디가 불편하세요?

환자: 요즘 자주 피곤해요.

(환자의 상태를 정확히 진단하려면, 환자의 답변을 바탕으로 추가 질

문을 던져야 한다.)

의사: 수면은 충분히 취하고 계시나요?
최근에 식사는 잘 하셨나요?
스트레스를 많이 받으셨나요?

이처럼 의사는 환자의 답변을 바탕으로 꼬리 질문으로 발전시키며 환자 상태에 대한 구체적인 정보를 얻는다. 만약 의사가 준비된 기본 질문만 던지고 멈춘다면, 환자의 상태를 제대로 파악하기 어렵다.

마찬가지로 면접관이 사전 질문지에만 의존한다면, 지원자의 답변을 들은 후 적절한 평가를 내리기 어렵다. 질문의 의도를 제대로 파악하지 못하면 답변에 대한 확신을 갖기 어렵고, 명확한 평가 기준을 세우기도 어렵다. 이러한 문제는 주로 면접관의 경험 부족에서 비롯된다. 경험이 부족한 면접관일수록 지원자의 답변을 깊이 탐색하기보다는, 이력서나 자기소개서에 적힌 내용을 단순히 확인하는 수준에서 질문을 마무리하는 경우가 많다. 이 때문에 일부 기업에서는 20회, 30회 이상 면접을 진행한 경험이 있는 면접관을 우선 배정하거나 선발하기도 한다. 하지만 과연 이러한 '숫자'만으로 면접관의 역량을 판단할 수 있을까?

20년 넘게 같은 요리를 반복하여 장인이 된 요리사가 있다고 하자. 경력을 높이 평가할 수 있으나, 그 경험이 반드시 다양한 요리를 잘 만드는 능력으로 이어진다고 판단할 수는 없다. 요리를 처음 배울 때는 기본기를 먼저 익힌 뒤, 시간이 지나면서 창의적으로 변형하거나 새로운 방법을 시도하며 실력을 키운다. 그런데 20년 동안 같은 요리만 했다면, 경험이 많다고 해도 다양한 기술을 습득한 것은 아닐 수도 있다. 마찬가지로, 면접관이 면접 경험이 많다고 해서 모든 지원자에게 적합한 질문을 던지고 공정하게 평가할 수 있다는 보장은 없다. 따라서 면접관의 경험만으로 평가의 공정성과 정확성이 보장되지는 않는다.

면접관이 해야 할 중요한 역할은 지원자의 역량을 제대로 파악하는 것이다. 이를 위해서는 질문을 세밀하게 구성해 지원자가 자신의 강점을 충분히 드러낼 수 있도록 해야 한다. 사전 질문지가 주어진다고 해도, 그 질문의 의도와 기업이 원하는 인재상을 명확히 분석하는 것이 필수적이다. 또한 지원자의 답변에서 핵심 경험과 강조점을 파악해 평가할 수 있어야 한다. 면접에서 제대로 된 질문은 단순한 절차가 아닌 지원자의 역량을 정확히 판단하는 도구는 공정한 평가와 적합한 인재 선발에 큰 역할을 한다.

4. 면접관의 책임: 미래를 이끄는 채용준비

지원자들이 직업을 선택하며 '왜 이 일을 하고 싶은가'를 고민해야 하듯, 면접관도 자신의 역할에 대한 태도와 책임을 깊이 성찰할 필요가 있다. 단순히 생계를 위한 수단으로 생각하지 말고, 그 이상의 의미가 있음을 인지해야 한다. 면접관은 한 사람의 미래와 기업의 방향 모두에 중대한 영향을 미치는 결정을 내리는 자리다. 따라서 역할을 수행하기 위해 무엇보다 스스로 정의와 기준을 확고히 해야 한다. 그렇기에 면접관으로서의 자기 성찰은 기본 중의 기본이다. 지원자에게 올바른 마인드와 적합한 역량을 요구하듯, 면접관도 올바른 마인드와 면접관으로서의 역량을 갖춰야 한다. 그렇지 않은 면접관은 지원자의 진정성을 발견하고 평가하기는커녕 오히려 판단의 왜곡을 초래할 수 있다.

그렇다면 면접관이 가져야 할 핵심 태도는 무엇일까? **첫째, 공정성과 객관성을 유지해야 한다.** 선입견을 배제하고 지원자의 역량과 가능성을 열린 시각으로 바라보는 태도가 필수적이다. **둘째, 경청과 공감의 자세가 필요하다.** 지원자의 말속에서 가능성과 잠재력을 발견하려면, 면접관이 먼저 열린 마음으로 대화에 임해야 한다. **셋째, 강한 책임감을 가져야 한다.** 면접은 단순한 절차가 아니라 개인과 기업에 중요한 영향을 미치는 과정이므로, 책임을 깊이 자각하고 철저한 사전 준비를 해야 한다. 지원자들이 모의 면접으로 준비를 하듯 면접관들도 다양한 합격자소서를 연구하며 역량을 키워나가야 한다. 이러한 태도가 갖춰졌을 때, 비로소 면접관은 지원자의 역량을 발견하는 역할을 제대로 수행할 수 있다.

그러나 아무리 좋은 태도를 지녔다 해도, 면접관 스스로 자신의 태도와 평가 기준을 지속적으로 점검하는 과정이 필요하다. 이러한 자기 점검이 선행되어야 다음 글의 내용도 진정한 의미를 가질 수 있다고 믿는다.

지원자의 역량을 발견하는 방법

면접의 목적은 지원자의 역량을 정확하게 파악하는 것이다. 이 과정은 단순해 보이지만 실제로는 매우 복잡하고 섬세한 작업이다. 지원자는 면접 준비를 하면서 자신의 경험과 능력을 어떻게 잘 표현할 수 있을지 고민하지만, 면접관 역시 그들의 역량을 제대로 파악하는 데 깊은 고민이 필요하다.

이전에 '서류 면접은 인형에 눈알 붙이기'라는 말을 들은 적이 있다. 서류 면접이 눈알 붙이는 일처럼 쉬워 보이지만 끝나고 나면 온몸이 뻐근하다. 짧은 시간에 많은 서류를 살펴봐야 해서 눈도 피로하고, 여러 가지로 매우 힘들다는 뜻이었다. 그런데 생각해 보면 매우 정확한 표현이 아니었나 싶다. 인형의 눈을 부주의하게 붙이면 인형의 얼굴이 이상해지듯, 서류를 대충 평가하면 좋은 지원자를 놓칠 위험이 있다.

대면 면접 역시 마찬가지다. 지원자의 답변을 피상적으로 듣거나 표면적인 인상에만 의존한다면, 진정한 역량과 가능성을 발견하기 어렵다. 질문을 통해 지원자의 깊은 경험과 태도를 이끌어내야 하며, 이를 위해 세심한 관찰과 분석이 요구된다.

이제 서류와 대면 면접 모두에서 지원자의 역량을 효과적으로 평가하는 방법을 살펴보고자 한다.

[서류 면접]

서류 면접은 지원자의 경력과 경험을 초기 단계에서 확인하는 중요한 과정이다. 이때 면접관은 지원자가 제공한 정보를 바탕으로 역량을 평가하게 된다. 제한된 시간 안에 많은 지원자의 서류를 검토하고 평가해야 하므로, 그 과정에서 여러 가지 어려움이 따르기 마련이다. 효율적이고 공정하게 평가하기 하기 위해 면접관이 반드시 염두 해야 할 3가지를 살펴보겠다.

첫째, 구체적인 성과와 역량 파악

면접은 한정된 시간 안에 이루어지기 때문에 면접관은 짧은 시간 내에 지원자의 성과와 역량을 파악하는 능력을 길러야 한다. 여기서 중요한 것은 지원자가 이룬 성과를 통해 드러나는 핵심 역량을 발견하는 것이다. 그렇기 때문에 면접관은 핵심 역량에 대한 사전적 정의를 명확히 이해하고 있어야 한다. 예를 들어 우리가 흔히 사용하는 '리더십'이라는 역량을 생각해 보자. 리더십은 중요한 역량이라고 생각하지만, 막상 "리더십이란 무엇인가?"라는 질문에는 쉽게 답하지 못하는 경우가 많다. 리더십은 상황에 따라 다양한 모습으로 나타날 수 있다. 어떤 직무에서는 명확한 지시와 목표 설정을 통해 팀을 이끄는 능력이 핵심이 될 수 있고, 또 다른 직무에서는 동료 간의 협업을 유도하고 조율하는 능력이 리더십의 핵심이 될 수 있다. 따라서 면접관은 직무와 조직의 특성에 맞는 리더십의 정의를 사전에 명확히 하고, 이를 평가 기준으로 삼아야 한다. 핵심 역량의 정의를 직무와 연결하는 작업은 면접관이 지원자의 경험과 성과를 올바르게 해석하는 데 필수적이다.

둘째, 조직 적합성 판단

조직 적합성은 지원자가 해당 기업 문화에 잘 맞을지를 판단하는 중요한 요소다. 이를 위해 면접관은 기업의 비전과 가치가 무엇인지 사전에 충분히 숙지해야 한다. 기업을 제대로 이해해야 지원자를 공정하고 정확하게 평가할 수 있기 때문이다. 기업 홈페이지나 보도자료, 최근 채용 공고 등을 통해 그 기업이 어떤 인재상을 원하는지 파악하는 것이 기본이다. 특히 기업의 조직

문화와 직무별 요구사항을 파악하면, 면접 질문을 설계하고 세부적인 평가 기준을 세우는 데 큰 도움이 된다. 전문면접관으로 성장하고자 한다면, 위촉된 이후가 아니라 그 이전부터 꾸준히 기업과 직무 정보를 탐색하고 분석하는 습관을 들이는 것이 중요하다. 이러한 사전 준비는 다양한 기업의 면접을 자신감 있게 진행할 수 있는 기반이 되며, 지원자를 보다 공정하고 체계적으로 평가하는 데에도 큰 도움이 된다.

셋째, 구조화된 방식의 평가

효율적이고 공정한 평가를 위해서는 구조화된 점수 기준을 마련하는 것이 필수적이다. 면접관이 각자의 기준 없이 즉흥적으로 점수를 부여하면, 평가의 일관성이 무너지고 지원자의 역량이 정확히 반영되지 않을 수 있다. 평가 기준은 지원자의 역량을 체계적이고 일관되게 평가하기 위한 전략적 도구이다. 따라서 면접관은 각 항목별로 점수대의 기준을 정의해야 한다. 예를 들어 20점은 지원자가 제시한 해결 방안이 창의적이고 실질적이며 문제의 본질을 정확히 파악한 경우에 해당한다. 18점은 해결 방안은 제시되었으나 다소 일반적이거나 현실성에서 부족함을 느낄 때 주어지며, 16점은 문제의 본질을 잘못 이해했거나 해결 방안이 적절하지 않다고 판단될 때 부여한다. 이렇게 각 점수대의 기준을 세부적으로 정의하는 것은 면접관이 평가의 일관성을 유지하는 데 큰 도움이 된다. 각 점수대에 해당하는 역량 수준이나 판단 기준을 스스로 명확히 이해하고 있어야, 평가의 신뢰성과 객관성을 높일 수 있다는 의미다.

[대면 면접]

공정한 서류 평가를 위한 주의 사항을 살펴보았다면, 이제는 대면 면접에 대한 이해가 필요하다. 대면 면접은 지원자의 경험과 역량을 보다 깊이 있게 확인할 수 있는 과정으로, 신중한 접근이 요구된다. 특히 대면 면접은 퍼즐을 맞추는 과정과 비슷하다. 지원자의 각 답변은 하나의 퍼즐 조각과 같으며, 면접관은 이 조각들을 억지로 끼워 맞추거나 보이지 않는 부분을 추측해서는 안 된다. 지원자가 다양한 면모를 충분히 드러냈을 때에만, 그 조각들을 바탕으로 해당 직무와 조직에 적합한 인재인지 전체 그림을 그릴 수 있다.

이를 위해서는 단순히 조각을 모으는 것에 그쳐서는 안 된다. 각 조각이 어떤 맥락에서 나왔는지, 어떤 방식으로 이어지는지를 세심하게 살펴보아야 한다. 따라서 면접관은 열린 태도와 깊이 있는 질문으로, 지원자가 더 많은 조각을 꺼낼 수 있도록 이끌어야 한다. 그러기 위해 대면 면접을 준비하는 면접관이 알아둬야 할 3가지를 살펴보겠다.

첫째, 우월감에 빠진 질문 배제하기

면접관은 질문하고 평가하는 역할을 해야지, 무언가를 가르치려 해서는 안 된다. 면접의 핵심은 지원자가 과거의 경험을 어떻게 풀어내는지, 그 경험을 통해 어떤 역량을 발휘했는지를 파악하는 데 있다. 실제로 한 면접장에서 "이 질문에는 A를 말하고, 그다음 B, 마지막으로 C를 말하세요"라며 답변 구조를 강요하는 면접관을 본 적이 있다. 답변이 다소 정돈되지 않아 스피치 방법을 알려 주고 싶어서였다고 한다. 하지만 면접장은 교육의 장이 아니다. 그리고 그 이면에는 '이렇게 말해야 한다'는 자신만의 정답을 기준으로 삼는 태도가 숨어 있다. 이는 면접관 스스로가 더 우위에 있다는 인식에서 비롯된, 우월감에 빠진 질문 방식이다. 면접의 본질과는 거리가 있다. 지원자가 자신의 경험을 솔직하고 자연스럽게 이야기할 수 있도록 하는 것이 더 중요하다. 답변의 형식을 주입하기보다는, 지원자가 자신의 경험과 역량을 정확하게 꺼낼 수 있도록 질문을 명확히 구성해야 한다. 그 질문은 면접관이 해당 직무와 조직에 대해 충분히 이해하고, 필요한 역량과 평가 기준을 숙지했을 때 비로소 가능하다. 단순히 우월감에서 나오는 질문이 아니라, 지원자의 진정한 역량을 끌어낼 수 있는 질문을 하는 것이야말로, 전문면접관으로서의 진짜 실력이다.

둘째, 내부 면접관과의 소통

대개 면접 당일 평가 직무가 확정되는 경우가 많기 때문에, 여러 직무에 대한 기본적인 지식을 사전에 갖추는 것은 필수적이다. 또한 기업마다 직무의 세부 내용이나 요구 역량, 조직 문화에는 차이가 있기 때문에 현장 상황에 맞는 추가 정보 파악도 필요하다. 이러한 이유로 내부 면접관과의 소통이 중요하다. 같은 직무라도 기업의 비전과 조직 문화, 요구 역량에 따라 원하는 인재상은 달라지기 마련이다. 내부 면접관은 이러한 특성을 가장 잘 이해하고 있기 때문에, 전문면접관이라면 사전에 이들과 소통하여 직무와 조직에 대한 구체적인 정보를 파악해야 한다. 하지만 내부 면접관과의 소통에서 유의할 점이 있다. 협력과 독립성의 균형을 잘 맞추는 것이다. 내부 면접관의 평가를 참고하되, 그 의견에 과도하게 의존하거나 동일한 점수로 따라 해서는 안 된다. 이는 면접관으로서 자신의 전문성을 흐릴 수 있으며, 지원자의 역량을 객관적으로 평가하는 데 방해가 될 수 있다. 내부 면접관의 의견은 중요하게 참고할 수 있지만, 그것이 전부가 되어서는 안 된다. 면접관은 각자의 독립적인 평가 기준에 따라 지원자의 역량을 평가하고, 그에 따라 점수를 부여할 줄 알아야 한다. 이러한 균형 잡힌 판단력과 책임감 있는 평가야말로 전문면접관으로서의 자격을 보여 주는 중요한 요소다.

셋째, 평가 및 피드백

면접을 마친 뒤에는 자신의 질문과 평가 과정을 객관적으로 점검해 보는 시간이 필요하다. 어떤 점이 잘 작동했는지, 어떤 부분에서 아쉬움이 있었는지를 돌아보며, 스스로 피드백을 하는 과정은 면접관으로서의 역량을 강화하는 데 매우 중요하다.

면접 당일의 질문 내용과 평가 판단을 되짚어 보며, 질문이 명확했는지, 평가 기준이 일관됐는지를 살펴보자. 예를 들어 특정 질문에서 지원자의 답변이 기대와 달랐다면, 질문 자체가 모호했거나 지나치게 포괄적이지는 않았는지 검토해 볼 필요가 있다. 또한 다른 면접관들과 피드백을 나누는 것도 중요하다. 면접 후 서로의 의견을 공유하는 과정을 통해, 같은 지원자를 바라보는 다양한 관점을 접하고 자신의 평가를 더욱 객관적으로 돌아볼 수 있다. 이런 과정은 놓친 관점이나 질문의 방향, 평가 기준의 정합성을 점검하는 데 도움이 된다. 면접 중 겪은 어려움이나 애매한 상황에 대해서도 함께 논의하며 해법을 모색할 수 있다. 면접 이후의 점검과 피드백은 단순한 회고를 넘어, 다음 면접에서 더 나은 질문을 하고 보다 정밀한 평가를 할 수 있는 기반을 만들어 준다. 이는 전문면접관으로서의 지속적인 성장에 중요한 밑거름이 된다.

새로운 기준을 세우다

면접관으로서의 길은 단순한 역할 수행을 넘어, 끊임없는 성장과 책임감을 요구하는 여정이다. '전문면접관'이라는 타이틀은 자격증처럼 쉽게 얻는 것이 아니다. 외부 면접관으로 진입하는 문턱이 낮다고 해서 그 일이 누구나 할 수 있는 일이라는 착각에 빠져서는 안 된다. 그 의미와 무게를 명확히 인식해야 한다. 따라서 우리는 다음 3가지 기준을 명확히 세우고 지켜나가야 한다.

첫째, 진심으로 사람을 대하는 태도

전문면접관의 길은 단숨에 완성되지 않는다. 수많은 고민과 시행착오 속에서 질문을 다듬고, 평가의 기준을 점검하며 조금씩 쌓여가는 여정이다. 매 순간 지원에게 진심을 다해야 한다. 중요한 것은 멈추지 않고 성장하려는 마음이다. 피드백을 받아들이고 동료와 소통하며 끊임없이 배우는 자세가 필수다.

둘째, 평가의 전문성과 공정성

면접은 단순한 질문과 답변 이상의 과정이다. 기업의 미래를 함께 만들어 갈 인재를 선별하는 중대한 절차다. 따라서 평가 기준을 명확히 세우고, 공정하고 정확한 판단을 위해 끊임없이 기준을 점검하고 개선해야 한다. 어떤 일이든 반복적으로 하다 보면 '그저 하는 일'로 여겨지기 쉽다. 하지만 면접은 결코 그렇게 다뤄져서는 안 된다.

셋째, 조직과 지원자 모두에 대한 책임감

면접관의 질문 한마디, 평가 한 줄이 조직의 미래를 좌우할 수 있다. 지원자의 가치관, 문제 해결력, 팀워크, 태도, 성장 가능성 등을 포괄해 평가해야 한다. 그만큼 막중한 책임감이 따르며, 이 책임감이 바로 면접관 역할의 무게이자, 조직과 지원자 모두를 위한 새로운 기준을 세우는 출발점이다.

전문면접관은 사람의 가능성과 조직의 미래를 함께 바라보는 동반자다. 때로는 스스로 부족하게 느껴질지라도, 고민하고 성장하려는 태도야말로 그 역할에 가장 중요한 자질이다. 사람을 향한 존중, 공정한 평가에 대한 책임, 더 나은 기준을 세우려는 의지가 모여 면접이라는 과정을 더욱 의미 있게 만든다. 이제 각자의 자리에서 그 기준을 실천하며 나아가는 여정이 시작된다. 그 길 위에 진정성과 전문성이 함께하길 바란다.

06

면접 탐구생활

1. 전문면접관 교육의 교훈
2. 집단상담 프로그램에서
3. 면접관의 생각은?
4. 소통하는 면접

면접 탐구생활

박남현 면접튜터링전문가

저자소개
29년 방황의 마침표를 찍은 5년차 취업 컨설턴트다. 현재 (주)에스에이치피의 기업발굴팀장이자 전문 강사다. 집단상담 프로그램을 비롯해 대구 경북 지역에서 고교·대학 등 구직자를 위한 다양한 진로 및 취업특강과 컨설팅을 진행하고 있다.

주요 경력 및 직무
2025년 ~ 현재: (주)에스에이치피 기업지원팀장
2023년 ~ 2024년: (주)에스에이치피 국민취업지원제도 운영팀장
2022년 ~ 2023년: (주)에스에이치피 국민취업지원제도 상담사
　　　　　　　　(주)에스에이치피 취업특강 전문강사 역임
　　　　　　　　(주)에스에이치피 집단상담 프로그램 진행자 역임
2019년 ~ 2022년: 대경대학교 대학일자리플러스센터 선임 컨설턴트
2019년 ~ 2020년: 칠곡여성인력개발센터 경력 단절 여성 집단상담 프로그램 전담자

연락처 및 SNS
consultantpark1990@naver.com

들어가며

구직자 U의 사례

나에게 취업 상담을 의뢰한 구직자 U는, 대기업 안전관리자로 취업하는 것이 목표였다. 토익성적, 자격증, 교내 활동사항, 학점에 이르기까지 빠짐없이 잘 준비했기에 가능성이 있다고 판단했다. 그러나 상담이 진행되고 6개월이 넘도록 대기업 지원에 번번이 불합격했다. 그가 P 기업을 비롯한 여덟 곳의 회사에 계속해서 떨어졌던 이유는 무엇일까?

그의 취업과정을 돌이켜 봤다. 지원한 여덟 곳의 회사 중 세 곳은 면접 이전의 서류 전형에서 불합격 통보를 받았다. 또한 그 시점도 상담 초반에 해당하여 서류 컨설팅이 진행되기 전이었으므로 서류전형 준비가 부족했던 까닭임이 분명하다. 그렇다면 나머지 다섯 번은 면접이 문제였다는 의미다. 그는 결국 목표로 했던 대기업에 최종 합격하지 못했다.

현재는 대기업은 아니지만 대기업의 1차 협력사인 중소기업에 취업하여 만족하면서 근무하고 있다. 문제는 서류 컨설팅을 해준 내 마음에 있었다. 충분하다고 생각했던 나의 컨설팅이 조금 부족했던 것은 아닐까? 나는 문득, 혹시 내가 면접을 제대로 이해하지 못하고 있었던 건 아니었을까 하는 생각이 들었다.

그로부터 시간이 흘러 2024년, 나는 사내 교육과정을 통해 알게 된 전문 면접관 교육에 참여하게 되었다. 교육을 받으며 나 역시 면접관에 대해 오해하고 있었다는 사실을 깨달았다. 이후 다시 취업 컨설팅 현장으로 돌아와 구직자들에게 면접을 교육할 때, 이 과정에서 얻은 교훈이 큰 도움이 되었다. 지원자도 면접관이 준비하는 것들을 같이 준비한다면 어떨까? 하는 생각을 해보았다. 면접관이 면접을 어떻게 준비하는지를 안다면 지원자들이 무엇을 어떻게 준비해야 하는지도 답이 나온다. 이제 이 글을 읽는 구직자들에게도 그 교훈을 나누고자 한다. 내 글이 취업 준비에 조금이나마 도움이 되기를 바란다.

면접 탐구생활

1. 전문면접관 교육의 교훈

면접장에 앉아 있는 면접관을 보면서 지원자인 당신은 어떤 기분이 드는가? 내가 지금까지 만나본 지원자들 대부분은 한결같이 이렇게 말했다.

"압박감이 듭니다."

여기에는 지원자들이 면접관에 대한 가장 큰 오해가 있다. 사실 면접관은 지원자가 압박감을 느끼기를 바라지 않는다. 그렇다면 면접관이 면접에서 지원자를 보면서 갖는 마음은 무엇일까? 이제 면접관이 바라보는 면접에 관하여 심도 있게 살펴보려고 한다. 더불어 면접자의 입장에서 지원자에게 주는 팁도 함께 제시한다.

면접의 목적

블라인드 면접을 알고 있는가? 지금까지 만나본 청년 구직자에게 물어보면 대부분 이렇게 답변했다.

"아, 그거 출신학교 작성하면 안 되는 면접 말씀이죠? 그거 공기업 준비하는 사람들한테 중요한 거 잖아요?"

만약 당신도 이렇게 답변을 한다면 블라인드 면접의 목적을 단단히 오해하고 있다.

블라인드 면접은 2010년도에 들어서면서 확산된 공정채용의 기조로 탄생했다. 당시 지원자들은 학점, 자격증, 어학, 대외활동 등 취업을 위해 다양한 준비사항을 요구 받았다. 전문면접관 교육에서 나는 2013년도 NCS개발 국가사업의 책임자로 있었던 연구소 혜인의 김기호 대표를 만났다. NCS(National Competency Standards, 국가직무능력표준)는 산업현장에서 직무를 수행하는데 필요한 지식·기술·태도 등을 국가가 체계적으로 정리한 기준이다. 김기호 대표에 따르면, NCS는 채용과정에서 불필요한 준비요소를 줄이고 보다 공정한 채용환경 조성을 위하여 개발되었다고 한다. 즉 NCS와 블라인드 면접은 모두 채용과정의 공정성을 확보하기 위해 도입된 제도이다.

블라인드 면접의 목적은 다음 세 가지로 요약된다.
① 직무와 무관한 지원자 정보 배제
② 지원자의 역량 중심 평가
③ 기업과 기관의 편견이 아닌 공정성 중심 채용

이러한 목적이 제대로 실현되기 위해서는 면접관의 역할이 중요하다.

우선 면접관은 해당 직무에 대해 이해하고 있어야 한다. 여기서 '직무를 안다'는 것은 그 분야에 대한 깊은 전문지식을 갖추라는 의미는 아니다. 중요한 것은 회사가 이번 채용을 통해 무엇을 기대하는지, 즉 채용의 목적과 그에 따른 직무의 역할과 범위를 정확히 이해하고 있는 것이다.

> 〈지원자에게 주는 팁〉
> 면접을 준비 중이라면, 회사가 자신에게 어떤 역할을 기대하는지 정확히 파악해야 한다. 회사의 기대와 직무에 대한 이해는 모든 면접 답변의 출발점이기 때문이다.

둘째, 면접관은 평가에 대해 이해하고 있어야 한다. 면접은 회사에 근무할 직원을 평가하는 활동이다. 공정채용이 중요한 요즘, 면접은 직무와 관련된 내용을 바탕으로 공평하게 평가되어야 한다.

> 〈지원자에게 주는 팁〉
> 면접을 준비하는 당신은, 면접관의 모든 질문이 분명한 평가 항목과 기준에 따라 진행된다는 사실을 기억해야 한다.
> 질문 하나하나에는 평가 의도가 담겨 있으며, 직무와의 관련성을 바탕으로 판단이 이뤄진다는 점을 염두에 두고 답변을 준비해야 한다.

마지막으로 면접관은 편견을 배제해야 한다. 면접관도 사람이기에 완전히 객관적인 태도를 유지하는 것은 쉽지 않다. 이러한 이유로 면접관 교육에서는 면접관이 빠지기 쉬운 인지적 오류에 대한 이해를 특히 강조한다. 예를 들어 오전에 면접을 진행한 면접관이 오후가 되면 평가 기준이 달라지는 경우가 있다. 다시 말해 오전 지원자에 대한 판단이 무의식적으로 오후 지원자 평가에 영향을 미치는 것이다.

〈지원자에게 주는 팁〉
만약 당신의 면접이 오후로 잡혀 있다면, 면접관의 컨디션이나 오전 지원자와의 비교가 영향을 줄 수 있다는 점을 염두에 두자. 그러니 조금 더 철저하게, 전략적으로 준비하자.

구조화 면접 이해하기

지금까지 면접의 목적을 살펴보았다. 이제 면접관들이 목적을 달성하기 위하여 어떻게 면접을 준비하는지를 살펴보도록 하자. 그러려면 먼저 '구조화 면접'에 대해 알아야 한다. 면접을 구조화 한다는 표현이 다소 낯설게 느껴질 수 있다.

구조화 면접을 이해하기 위해서는 아래의 세 가지 요소를 기억해 두자.
① 평가 항목 및 척도
② 평가에 활용된 질문

③ 평가에 소요된 시간

면접은 지원자를 뽑거나 떨어뜨려야 할 이유를 객관적으로 평가하는 것이다. 그러나 100% 객관적인 평가를 수행할 수 있는 면접관은 없다. 따라서 면접관은 반드시 면접의 형태를 구조화해야 한다. 그 중 가장 먼저 선행 되는 것이 평가 항목 및 척도를 정하는 것이다.

어린 왕자에서는 보아뱀 이야기가 나온다. 코끼리를 삼킨 보아뱀 그림을 보고 사람들은 모자라고 생각한다. 그림의 형태가 구체적이지 않았기 때문이다. 회사는 보아뱀을 그렸으나 면접관은 모자를 생각한다면 적합한 지원자를 선발하는데 실패한 것이다. 나는 이와 비슷한 사례의 이야기를 들은 적이 있다.

지방 소재의 K 기업에서 우리 회사에 면접 시행을 의뢰한 적이 있다. 그 회사의 대표는 분을 가라앉히는 목소리로 나에게 말했다.

"사람 채용하는 게 쉽지 않은 터라 기준 없이 급하게 채용한 게 실수였습니다. 그 한 명의 직원 때문에 잘 다니던 다른 직원들이 다 관뒀어요."

K 기업의 대표가 채용에 실패를 겪은 이유는 회사가 찾는 직원을 명확하게 명시하지 않았기 때문이다. 좋은 면접관은 평가의 항목 및 척도를 구체적으로 파악하기 위하여 노력해야 한다. 채용공고에 적힌 내용이나 회사의 인재상, 심지어 최근 회사 안에 있었던 직원들의 이슈까지 파악하기도 한다.

〈지원자에게 주는 팁〉

면접관이 성공적인 채용을 위하여 이렇게 노력하고 있다는 것을 지원자들은 사실 잘 모른다. 모두는 아니겠지만 지금껏 만나온 다수의 지원자들은 생각보다 깊이 있게 회사를 조사하지 않는다. 커뮤니티에서 파악한 합격자들의 정보와 전년도에 나온 질문들에 대해서 정리해 오는 것이 전부이다. 취업 후 내가 어떤 직무를 수행해야 하는지 자세히 모르는 경우도 허다하다.

그동안의 컨설팅 경험을 비추어 면접 준비를 위하여 다음의 순서로 자료조사를 반드시 선행할 것을 추천한다.
① 채용공고 속 지원 요건 재검토하기
② 직무에서 요구되는 *KSA를 수준에 따라 정리하기
③ 직전 2년 간 채용공고도 동일하게 조사하기
④ 회사 인재상의 주요 설명을 토대로 평가 기준 유추하기
⑤ 직전 2년간 합격자가 받은 질문을 바탕으로 평가 기준 유추하기

* KSA: Knowledge(지식), Skill(기술), Attitude(태도)

이제 면접관은 명확한 평가기준을 바탕으로 날카로운 질문을 던질 차례이다. 여기서 주의할 점은 A 지원자와 B 지원자에게 다른 질문을 부여한다면 객관성이 무너진다는 점이다. 따라서 주질문은 모든 지원자에게 동일하게 제시해야 한다. 이후 지원자의 초기 답변을 중심으로 각각 다른 부질문(꼬리 질문)을 물으면서 평가 기준에 적합한지 평가해야 한다.

지원자들은 면접관의 질문에 어떠한 의도가 있었음을 알지 못한다. 나는 모의 면접 컨설팅을 진행하면서 질문의 의도를 파악

하지 않고 답변하는 지원자를 많이 만났다. 면접관은 직무역량에 대하여 질문하였는데 지원자는 어째서인지 계속 지원 이유를 답변하고 있다. 본인이 지원 이유를 말하고 있는지도 몰랐다고 하는 경우도 상당하다.

〈지원자에게 주는 팁〉

이런 실수를 하지 않기 위하여 다음과 같이 모의 훈련을 진행해 보자.
① 자료조사 내용을 중심으로 평가기준 수립해 보기
② 평가기준을 포괄적으로 이해할 수 있는 질문 정해 보기
③ 동영상 녹화를 하면서 자문자답 형태로 면접 진행하기
④ 녹화된 내용을 재생하며 답변 내용을 Script하기
⑤ Script 내용을 읽으면서 불필요한 말, 평가기준에서 벗어난 내용 등 삭제하기

면접관이 집중하는 부분

면접관의 마음을 어느 정도 이해하였다면 다음 질문에 답변할 수 있을 것이다.

"당신이 생각하기에 면접관이 평가를 진행할 때 무엇을 가장 우려할 것 같은가?"

지금껏 만났던 다수의 지원자들은 '면접관은 우려할 사항이 없다'라고 답했다. 그러나 전문면접관 교육에서 확인한 결과 면접관이 가장 우려하는 것은 '내가 혹시 제대로 검증하지 못 할까 봐'였다.

설경구가 주연을 맡았던 2005년 작 『공공의 적』에는 이런 장면이 나온다. 한 노부부가 강도에게 살해되었고 그 아들은 참고

인 조사를 받으러 경찰서에 온다. 그러나 얼굴은 눈물을 흘리는데 다리는 떨고 있다. 이 장면을 보면서 주인공은 지금 이 아들이 거짓말을 하고 있음을 파악하게 된다.

그렇다! 지원자의 답변을 모두 진실로 받아서는 안 된다. 지원자의 대부분은 합격하기를 바라기에 답변에서 자연스럽게 과장과 포장을 하게 된다. 면접은 서류에서 작성된 내용이 사실인지 검증하는 자리이기도 하다. 그렇다면 면접관은 지원자가 거짓말을 하는지 어떻게 알 수 있는가? 면접장에서도 면접관은 지원자의 답변과 행동을 통해 진실을 확인하려고 한다. 그러므로 답변 속 행동도 답변 밖의 행동도 모두 평가되는 것이다. 답변에서는 시간 잘 지킨다고 했으나 30분 전 도착하라고 안내한 면접장에 20분 전에 도착했다면 신뢰하기 힘든 답변이 될 것이다. 지원자들은 면접관이 지원자의 답변에만 집중하고 있다고 생각한다. 그러나 면접관은 지원자의 행동에도 집중한다. 그래야 지원자의 답변 속에서 드러난 오류를 확인하고 과장과 포장을 하고 있음을 파악하고 평가에 반영할 수 있기 때문이다.

나도 동일한 사례를 마주했던 경험이 있다. 사내 직원을 선발하는 면접에서 극단적인 두 명의 지원자가 있었다. 한 명은 경력이 화려하고 실적도 뛰어났다. 반면 다른 한 명은 경력도 없으며 지금껏 다른 일을 수행했다. 당신의 생각은 어떤가? 누가 합격했을 것 같은가?
면접에 참여한 면접관들은 화려한 경력의 지원자의 서류를 보면서 '정말 이 실적이 본인의 것이 맞을까?' 하는 동일한 의문을 가졌다. 면접을 시작하면서 다음과 같은 질문들을 쏟아냈다.

"지금 서류상에는 상당히 뛰어난 실적 역량을 보여주셨습니다. 당시 본인의 역할은 무엇이었을까요?"

"해당 역할을 잘 수행하여 다음과 같은 실적을 내기 위해서 구체적으로 어떤 노하우를 축적하였나요?"

"말씀하신 내용은 모두 팀 단위 실적이군요?"

"지원자분이 단독으로 달성한 실적은 어느 부분일까요?"

지원자는 서류상의 실적만큼 당당하게 답변하지 못했다. 오히려 얼굴이 붉게 상기되고 당황한 표정으로 안절부절못하였다. 심지어는 우리 회사와 면접 일정을 변경하였던 이유가 다른 회사에 지원한 까닭이었음도 밝혀졌다. 결국 그는 불합격의 쓴 잔을 마셔야 했다.

경력이 없는 지원자에게도 검증해야할 것이 있었다. 자격증을 취득하고 5년 동안 다른 일을 수행하였던 점이다.

"5년 전에 직업상담사를 취득하셨고 지금까지 다른 일을 하셨네요?"

"지금에서야 다시 직업상담사를 준비하는 이유는 무엇인가요?"

매섭게 질문하였으나 그는 오히려 차분하게 답변하였다.

"5년 동안 단 한 번도 합격하지를 못했습니다. 경제적 어려움이 있었기에 이전에 일했던 학원에서 계속 근무하게 되었습니다. 그럼에도 직업상담사로 일하고 싶다는 꿈을 단 한 번도 잊지 않았습니다."

두 지원자의 가장 큰 차이점은 검증을 위한 질문에서 드러난 행동 양식이다. 경력이 뛰어났던 지원자는 당당하게 답변하지 못하고 안절부절못하였다. 결국 자신이 거짓말을 하고 있다는 것이 들통났다. 반면 5년간 취업을 못한 지원자는 부담스러운 질문이었음에도 차분하게 답변을 이어나갔다. 현재 그는 우리 회사에서 근무하고 있으며 신입 직원임에도 우수사원 포상까지 받았다.

> 〈지원자에게 주는 팁〉
>
> 지원자들은 잊지 말자! 내가 아닌 나로 합격을 한다면 아무 의미가 없다. 면접장에서 당당할 수 없는 내용이라면 과장과 포장하여 작성하거나 답변하지 않기를 바란다. 오히려 면접관은 솔직하게 인정하고 진정성 있게 답변하는 것을 더 긍정적으로 평가한다. 면접관이 집중하는 것은 당신의 진정성이다. 포장된 내가 아닌 진짜 나를 전달하도록 하자

2. 집단상담 프로그램에서

우리 회사는 구직자들의 취업역량 강화를 위하여 청년층 취업역량 강화 프로그램(CAP@ 집단상담 프로그램)을 운영하고 있다. 대부분의 참여자는 상담사의 권유에 마지못해 출석한다. 그런 이유로 첫날에는 꼭 아프다고 말하는 참여자가 1명씩 등장한다. 그러나 4일차가 되면 우리 회사에 예수 그리스도가 등장하기라도 한 듯, 갑자기 그들의 아픈 몸이 말끔히 낫는다.

그 이유는 이러하다 2일차에 직무, 산업 등에 대한 탐색을 실

습하는데, 이때 조별로 직접 회사를 설립하는 활동을 수행한다. 처음에는 쭈뼛거리던 참여자들도 어느새 몰입하게 되고 마치 Start-Up의 대표가 된 것 마냥 활동에 집중한다. 2일차 마지막 날 수행한 과제를 중심으로 4일차에 면접이 진행됨을 안내한다. 그리고 각 조별로 면접관과 면접자가 모두 되어볼 것임을 명시한다. 그러면 참여자들은 4일차의 활동에 대한 기대감으로 가득차서 눈빛을 반짝이게 된다. 그리고 4일차의 모든 활동을 마친 참여자들의 소감은? 아래의 내용은 그 활동을 통해 직접 면접관이 되어 본 참여자들의 사례를 중심으로 취업 준비의 과정을 서술하려고 한다.

내가 오해한 면접관

"선생님 면접관 도저히 못하겠어요!"

4일차 모의 면접 실습에서 빠지지 않고 등장하는 말이다. 심지어 지원자가 되고 싶다고 말하는 참여자도 많았다. 면접관은 압박감도 없고 편안할 줄 알았는데 생각보다 압박감이 든다고 했다. 그들의 공통적인 내용은 바로 이것이다.

"도대체 어떤 질문을 해야 하는 걸까요?"

먼저 집단상담의 진행과정을 조금 설명하고자 한다. 집단상담은 총 4일간 진행된다. 1일차에는 나를 알아가는 시간, 2일차에는 직업세계 이해하기, 3일차에는 구직기술 향상하기, 4일차에는 모의 면접을 진행한다. 여기서 2일차와 4일차는 세계관이 공유된다. 2일차에 참여자들은 직무 탐색 활동을 수행하면서 채용

공고를 작성하고, 산업 탐색 활동을 수행하면서 회사를 수립하게 된다. 마지막으로 인재상까지 정하면서 마무리 된다.

그리고 4일차! 2일차에 작성한 채용공고와 회사정보, 인재상을 중심으로 직접 평가지를 준비해야 한다. 평가항목과 기준을 정하는 것부터 주질문까지 조별로 머리를 맞대고 어떻게 전략적으로 평가를 할지 실습하게 된다. 하지만 실전에 들어가서 면접이 진행되면 모두 머리가 하얗게 질린다고 한다. 주질문을 물었는데 부가질문을 무엇을 해야 할지 모르겠다는 답변이 가장 먼저 나온다. 그러다 보니 자연히 엉뚱한 질문이 줄을 잇는다. 면접시간은 20분이 부여되었는데 정작 5분 만에 모든 질문이 끝나서 진행자의 눈치를 보는 경우는 대부분이었다. 면접이 끝나고 나면 더 큰 충격에 빠지게 된다. 분명 질문을 했고 답변도 들었는데 누구를 뽑을지, 왜 뽑아야 하는지 도무지 분명한 게 아무것도 없다.

그러면서 그들은 지금껏 압박질문으로만 느꼈던 꼬리 질문의 의미를 알게 되었다고 설명하였다. 지원자에게는 꼬리 질문이 압박감을 느끼게 하는 질문이지만, 면접관이 되어 보니 꼬리 질문을 많이 하지 않으니 평가의 근거가 도무지 만들어지지 않는다는 것을 깨닫게 된 것이다. 몇몇 참여자는 생각보다 꼬리 질문에서의 답변이 평가에 중요한 결과를 만든다고 말하기도 했다.

〈지원자에게 주는 팁〉
면접관들에게 꼬리 질문은 지원자를 압박하기 위한 목적만 있는 것은 아니다. 주질문에서 다 파악되지 않는 정보들을 세세하게 확인하려면 피치 못하게 물어야만 하는 내용들이 거기 담겨져 있는 것이

> 다. 그렇다면 면접관은 꼬리 질문을 통해 무엇을 확인하려고 하는 것일까? 면접관에게 꼬리 질문을 받는다면 질문의 내용을 중심으로 위 세 가지 사항 중 어디에 해당하는지 잘 판단해 보도록 하자.
> ① 주질문에서 식별되지 않은 [1]*STAR 정보
> ② 지원자의 과장과 포장을 식별할 수 있는 정보
> ③ 아직 적합하다고 판단되지 않은 평가기준에 관한 정보

만약 ①, ② 항목에 대하여 면접관의 질문이 있었다면 당신의 답변을 핵심을 중심으로 간략하게 전하는 것이 좋다. 평가에 긍정적이지는 않은데 시간은 낭비될 수 있기 때문이다. 반면 ③ 항목에 대하여 면접관의 질문이 있다면 천천히 신중하게 답변하기 위하여 힘쓸 필요가 있다. 부정적인 영향이 될 요소에 대하여는 모든 검증을 마쳤고 가능성에 대하여 평가하는 국면에 접어들었다는 의미이기 때문이다. 시간 내에 면접관이 평가하는 모든 항목에 긍정적인 결론이 도출되기를 바란다.

평가를 준비해 보면서!

"지금까지 면접 준비를 정말 잘 못했다는 것을 깨달았습니다."

4일차 모의 면접 진행에서 많이 등장하는 또 다른 소감이다. 참여자 중 면접을 한 번도 해보지 않은 청년 구직자도 있지만, 면접을 겪어 본 청년 구직자들도

---

1) STAR이란 Situation(상황), Task(과업), Action(행동), Result(결과)를 의미하며 경험 속에서 반드시 파악해야하는 4가지 요소를 의미한다.

많이 참여한다. 이 소감은 대게 면접을 기존에 겪어본 자들이 많이 하는 말이다.

그들의 면접 준비 과정은 3가지 공통적인 유형들이 있다.

첫 번째 유형은 1분 스피치 준비 중심 유형이다.

나의 뛰어난 역량을 강조하기 위하여 모든 감언이설을 동원한다. 면접 준비 과정에서 오랜 시간을 여기에 할애한다는 구직자가 상당히 많았다. 그러나 막상 면접관 역할을 수행해 보니 1분 스피치는 사실 큰 의미를 갖지 않는다는 것을 깨닫게 된다. 오히려 경험에 관한 질문이나 역량을 평가하는 질문에 대한 답변을 준비하는데 시간을 더 할애할 필요가 있다는 의견이 많았다.

두 번째 유형은 예상 질문과 답변을 열심히 작성하는 유형이다.

면접관이 물어볼 질문을 자신의 생각대로 적거나 혹은 커뮤니티에 나오는 출제 항목을 발췌하는 방식이 많다. 더 큰 문제는 답변을 작성하는 것에 있다. 글로 잔뜩 적어둔 답변은 막상 질문을 했을 때 술술 나오지 않는다. 오히려 면접장에서 나를 더 긴장하게 만드는 작용을 하여 횡설수설하게 만들 뿐 실질적인 도움이 되지 않는다. 그러므로 평가기준에 기초하지 않은 예상 질문과 답변은 전혀 유익하지 않다. 따라서 기출 문제 혹은 채용공고나 회사 홈페이지, 직무기술서 등 직무 및 회사와 관련된 채용정보를 중심으로 평가기준을 유추해 보는 것이 훨씬 더 유익하다.

세 번째 유형은 자료 조사가 불분명한 유형이다.

1분 스피치를 준비하고 예상 질문과 답변을 적고 주변 지인에게 물어봐 달라고 하며 모의 면접도 진행한다. 그러나 회사에 대한 정보가 불명확하면 초점을 맞추지 않은 망원경과 같다. 참여자 대부분은 모의 면접 전 2일차에 수행한 직무탐색, 산업정보탐색, 회사정보탐색한 과정이 실제 취업 준비 과정에서도 반드시 선행되어야 함을 느꼈다고 말했다. 이와 같은 회사정보가 있어야만 평가 기준을 이해할 수 있으며 명확한 근거가 있을 때 취업 준비를 더 잘할 수 있다고 하였다.

진짜 면접 준비는 이렇게!

지원자들은 구조화 면접이 요구되는 면접을 준비할 때는 다음과 같은 준비 순서를 따라가도록 하자.

가장 먼저 지원 회사와 지원 직무에 대하여 파악해야한다. 단순히 인재상을 스크랩하고 뉴스기사를 발췌하는 정도를 말하는 것이 아니다. 채용공고 속에 직무에 관한 정보를 파악하고 과업을 나누어 보며 직무에서 요구되는 성과가 무엇인지 면밀히 검토해야 한다. 아래 이야기를 읽어 보자

> A 방송국의 박 PD는 20%의 시청률을 달성했다. 그러나 그는 시말서를 작성해야 했다. 반면 강 PD는 5%의 시청률이었음에도 급여의 300% 성과급을 지급 받았다. 왜 박 PD는 시말서를 적고 강PD는 성과급을 받았을까?

정답은 A방송국이 홈쇼핑을 진행하기 때문이다. 같은 방송국 PD하고 해도 드라마 방송국 PD는 시청률이 중요하지만 홈쇼핑 방송국 PD는 판매량이 중요하다. 따라서 박 PD는 높은 시청률

을 달성했음에도 제품의 판매량이 저조하였으므로 시말서를 적고 강 PD는 시청률이 낮아도 판매량이 높아 성과금을 받은 것이다.

　채용공고 속 직무를 파악할 때 대분류만 놓고 이해해서는 안 된다. 과업 단위까지 분해하여 회사가 정말 찾고 있는 수행 역할이 무엇인지 정확히 볼 수 있어야 한다. 이는 인재상에서도 마찬가지다. 현대의 정주영 회장은 '시련은 있어도 실패는 없다'는 신념 아래에 수많은 어려움과 난관을 이겨내고 현대를 굴지의 대기업으로 키워냈다. 이런 경영주라면 함께 일할 직원을 구할 때 어떤 직원을 원하겠는가? 난관이 있어도 거뜬히 이겨 내는 자일 것이다. 그러므로 현대의 인재상인 도전은 어려움과 난관을 극복하는 자를 의미한다. 아쉽게도 대부분의 지원자는 인재상을 파악할 때 도전이라는 단어에 집중한다. 그 단어가 가지고 있는 조작적 정의는 사람마다 다르게 해석하는데 말이다. 회사가 생각하는 인재상이 무엇인지 분명히 이해하려면 단어가 아닌 설명에 집중해야 한다. 설명에 적힌 내용이 진짜 회사가 찾는 인재이기 때문이다.

　두 번째로 식별한 직무와 회사에 대한 정보를 바탕으로 평가 항목과 기준을 수립해 보는 것이다. 인재상을 중심으로 연습을 해보는 것이 보다 쉬울 것이다. 아래에 예시를 남겨둘 테니 먼저 직접 평가항목과 기준을 수립해 보기를 바란다.

〈창의〉
우리는 남들과 다른 생각을 가지고 먼저 시장에 뛰어들 수 있어야 합니다. 때로는 시장을 개척하고 무에서 유를 창조하며 더 발전된 미래를 향해 나아가야 합니다.

평가 항목
평가 기준
(1)
(2)
(3)
(4)

작성해 보았는가? 생각보다 쉽지 않았을 것이다. 혹시 적는 데 어려움을 겪었다면 아래에 있는 예시를 참고해 보도록 하자.

⟨창의⟩

우리는 남들과 다른 생각을 가지고 먼저 시장에 뛰어들 수 있어야 합니다. 때로는 시장을 개척하고 무에서 유를 창조하며 더 발전된 미래를 향해 나아가야 합니다.

평가 항목: 창의
평가 기준
(1) 남들과 다른 생각을 가지고 있는가?
(2) 남들보다 먼저 주체적으로 업무에 매진하는가?
(3) 선행된 경험이 없어도 끊임없이 개척해 나가는가?
(4) 개척한 행동을 통하여 어떠한 결과물이 도출되었는가?

이와 같은 활동을 많이 연습할수록 평가기준에 대한 이해가 높아지게 된다.

이제 정해진 평가기준을 포괄하는 주질문을 정해 볼 것이다. 주질문을 정할 때는 경험이나 상황을 중심으로 묻는 것이 바람직하다. 아래에 주질문에 대한 예시를 나열해 두었다. 혹시나 아직 주질문을 정하지 못했다면 참고하기 바란다.

> 주질문(경험): 모두가 힘들다고 한 프로젝트를 성취한 경험이 있나요?
> 주질문(상황): 회사를 위해 전에 없던 활로를 개척해야 한다면 어떻게 하실 것인가요?

주질문이 나왔다면 이제 핸드폰 카메라를 켜서 답변을 녹화하면 된다. 이때 주의할 점은 답변을 미리 적지 않는 것이다. 작성된 답변을 읽거나 암기하는 방식은 준비 과정에서 도움이 되지 않으며 시간 낭비만 초래한다. 머릿속으로 간단히 시뮬레이션이 되었다면 바로 녹화를 하는 것이 좋다. 촬영을 마쳤다면 이제 재생해서 들어보자. 귀로만 듣는 게 아니라 내용을 글로 작성해 보아야 한다. 글로 기록한 답변을 다시 읽어 보면 내가 불필요한 말을 얼마나 많이 했는지 알 수 있다. 기록한 글을 읽으며 불필요한 문장은 삭제하고 필요한 문장을 포함해서 면접관이 궁금해 할 내용을 꼬리 질문으로 기록하자

마지막으로 정리된 내용을 중심으로 다시 한번 더 녹화한다. 기록한 글을 그대로 읽어도 관계없다. 그러나 반드시 수행할 것은 꼬리 질문을 묻고 답변해 보는 것과 질문과 답변의 시간이 꼬리 질문을 포함하여 5분을 넘지 않도록 하는 것이다. 실제 면접에서는 지원자 1명에게 질문을 그렇게 오랜 시간 부여하지 못하기 때문이다.

이와 같은 방식으로 면접을 준비한다면 면접장에서 어떤 질문

이 나오더라도 대응이 가능하다. 계속 연습한다면 오히려 면접관이 전전긍긍하게 만들 수도 있다. 실제로 이 방식으로 컨설팅한 결과 한국제지, 한국가스공사, 공무원 연금공단을 준비하는 지원자가 모두 합격했다.

길을 알려 주는 것은 누구나 할 수 있지만 길을 성취하는 자는 적다는 말이 있다. 바라건대 이 글을 읽은 당신은 꼭! 올바른 면접 준비를 수행하여서 합격의 기쁨을 볼 수 있기를 바란다.

3. 면접관의 생각은?

공감채용이라고 들어봤는가? 면접에 참여한 지원자도 면접을 진행한 면접관도 모두 공감할 수 있는 채용을 의미한다. 즉 채용에 관한 공감대를 형성하여 불합격의 사유를 피드백하고 응시 지원자가 만족할 수 있는 면접이 진행되는 것을 말한다.

과거 공정채용을 통해 투명하고 공명정대한 채용문화가 적용되었다면, 이제는 채용의 과정에서 기업의 이미지와 신뢰도가 중요하게 평가된다. 면접장에서 이제는 면접관도 평가를 받는 시대가 가까워 오고 있다는 것이다. 전문면접관 교육에서 강사로 참여한 신길자 대표는 외부 면접관으로 참관했던 사례를 회상하면서 지원자의 오해가 회사 전체 면접의 신뢰도를 하락 시킬 수도 있다고 말했다.

점심시간을 앞두고 오전면접이 종료되었는데, 공교롭게도 출입문이 면접관 석에서 더 가까웠다고 한다. 그래서 면접관이 점심을 먹기 위해 지원자와 함께 일어나게 되었는데 문을 먼저 열었던 면접관이 혼자 먼저 나가기가 애매해서 문을 잡고 지원자가 나가는 것을 기다려 주었다. 그리고 그 날 오픈 채팅방에 "면접관이 퇴장할 때 문을 잡아 주었는데 이거 합격 시그널인가요?"라고 물었다고 한다.

면접관이 면접장에서 하는 행동 하나에 일희일비 할 필요는 없다. 그러나 여전히 많은 구직자들이 면접이 끝나고 나면 면접관의 행동에 의미를 부여하며 들뜨기도 하고 침울해지기도 한다. 면접관이 나에게 하는 행동에 의미를 부여하기보다 내가 면접장에서 보인 태도에 의미를 부여하기 바란다.

면접관이 좋아하는 답변

면접은 긴 시간 진행 될 수 없다. 한 사람에게만 오랜 시간을 배정 할 수가 없다. 특히 구조화 면접은 각 지원자에게 동일한 질문시간을 부여해야 하기에 지원자별 시간부여는 상당히 엄중한 사안이다. 평균적으로 1명의 지원자에게 1명의 면접관이 5~10분의 질문을 실시한다고 한다. 이런 이유로 면접관들은 길고 장황한 답변보다 간단하고 요약적인 답변을 선호한다.

간단하고 요약적인 답변은 무엇인가? 그냥 짧게만 답하면 되는 것인가? 그렇지 않다. 이해를 돕기 위하여 상황을 가정해 보려고 한다. 200명이 있는 방과 5명이 있는 방에서 홍길동 씨를 찾아야 한다면 당연히 5명이 있는 방에서 찾는 것이 더욱 쉽다. 요약적 답변이란 정보를 간추려서 필요한 부분만 전달하는 것을 의미한다.

주질문에서는 경험에 대하여 묻는 경우가 많은데 대부분의 면접관은 경험에 관한 질문에서 STAR을 식별하기 위하여 노력한다. STAR이란 상황, 과업, 행동, 결과를 의미한다. 상황이란 경험 속에서 지원자가 처한 상황을 뜻하고, 과업이란 상황 속에서 지원자의 목표나 역할을 의미한다. 행동은 과업의 성취를 위해 선택한 방법이며 결과란 성과나 교훈을 뜻한다. 물론 답변의 요약을 돕는 PEACE, PAR, TAR 등 다양한 기법이 있으므로 다른 방법을 써도 무방하다. 핵심은 답변을 요약하여 제시하는 것에 있다. 그러므로 주질문에 관해 미리 요약적 답변을 준비해 두는 것이 좋다. 아래에 STAR기법을 활용하여 답변을 준비하는 연습지를 준비하였다. 앞으로 면접의 답변을 준비할 때 활용하기를 바란다.

> OO시점에 ~을 하고 있던 상황이었습니다.(상황)
> 당시 저는 ~을 담당하고 있었는데 ~한 어려움이 있었습니다.(과업)
> 그래서 이를 극복하기 위하여 첫째, ~ 둘째~, 셋째 ~를 수행하였습니다.(행동)
> 그 결과 ~와 같은 성과를 달성하였습니다. 그 결과 ~한 교훈을 얻었습니다.(결과)

면접관이 싫어하는 답변

과거 내가 모의 면접을 진행할 때 있었던 사례다.

"지원자 분이 옆에 있는 지원자보다 뛰어난 점은 무엇인가요?"를 물었을 때 생각보다 많은 구직자는 다음과 같이 답변하였다.

"네, 저는 옆에 있는 지원자보다 더 성실합니다. 그리고 더 빠르기도 합니다. 그러면서 또 저는 친화력이 높습니다. 항상 다른 사람들에게 저의 밝은 에너지를 전달하고 상사 분들께는 깍듯하고 아랫사람들에게는 허물이 없는 성격입니다."

이 답변의 문제점은 아무런 근거가 없다는 것이다.

면접관이 싫어하는 답변 그 첫 번째는 바로 근거가 없는 답변이다. 면접관은 지원자의 답변 속에서 행동을 찾는다. 행동이란 동작을 의미하는 것이 아니다. 그의 답변의 근거를 말한다. 즉 다른 지원자보다 빠르게 행동한다는 답변보다 실제로 더 빠르게 움직였던 경험을 전달하는 게 더욱 효과적이라는 의미이다. 따라서 위 사례에서 지원자의 뛰어난 점은 0개이다. 그는 옆에 있는 지원자보다 성실하다고 답변했으나 자신의 성실함을 무엇으로도 증명하지 못했다. 또 옆에 있는 지원자보다 빠르다고 했으나 이를 증명할 행동은 전혀 확인되지 않았다. 나머지 친화력, 밝은 에너지, 깍듯함, 허물이 없는 성격 등도 마찬가지다. 면접관은 여러 가지 많은 답변보다 명확한 한 가지 답변을 듣기를 희망한다. 그래야 평가하기가 용이하고 평가의 판단기준이 분명하게 도출되게 된다.

면접관이 싫어하는 답변 두 번째는 질문의 의도대로 나오지 않는 답변이다. 면접관은 평가기준을 중심으로 주질문을 정한다. 그리고 그 질문을 물을 때, 어떤 답변이 나오기를 기대하는 마음이 자연스럽게 정해진다. 그러나 지원자의 답변이 면접관이 의도하지 않은 내용일 때 면접관도 당황하게 된다.

'내가 던진 질문이 평가기준을 모두 포괄하지 못하는 것일까?'

그러므로 면접관에게 질문을 받는다면 절대 성급하게 답변하지 말자. 5초 정도 생각을 정리하는 시간을 가진 후 답변을 진행하는 것이 좋다. 또한 성급하게 답변을 진행하면 면접관이 볼 때 이미 준비된 답변이 아닐까, 하는 우려로 검증을 위한 많은 질문을 받을 수 있으므로 주의하기를 바란다.

면접관이 싫어하는 답변 세 번째는 묵묵부답형이다. 잘 모르는 질문을 받았을 때 당황한 구직자들이 많이 실수한다. 잘 모르는 질문을 받았을 때 당황해서 몸이 굳기보다 솔직하게 모르는 부분임을 인정하자. 대신 유사한 사항을 알고 있음을 전달하여 자연스럽게 답변이 이어 질 수 있도록 하는 편이 낫다.

4. 소통하는 면접

소통하는 면접이란 서로를 오해하지 않는 면접이다. 많은 지원자들이 면접을 '합격자를 뽑는 자리'라고 생각하지만, 실제로 면접은 채용해서는 안 될 사람을 걸러 내는 과정에 가깝다. 즉 조직에 어울리지 않는 사람을 선별하는 데 초점이 맞춰져 있다. 하지만 짧은 면접 시간 안에 지원자의 진짜 모습을 파악하기란 쉽지 않다. 겉으로 드러난 태도나 말솜씨에만 의존하다 보면, 중요한 본질을 놓치기 쉽다, 그래서 면접은 구조화된 질문과 명확한 평가 기준을 바탕으로 이루어져야 한다. 질문은 일관되고 공정해야 하며, 판단은 객관적인 기준에 근거해야 한다. 그래야 면접관은 편견 없이 지원자를 바라볼 수 있고, 지원자는 자신이 누구인지 진정성 있게 보여줄 수 있다. 소통하는 면접은, 기업과 지원자가 서로를 오해하지 않고 정확히 이해할 수 있도록 돕는 자리여야 한다. 그럴 때 기업은 필요한 사람을 제대로 찾을 수 있고, 지원자도 자신에게 맞는 일자리를 공정하게 만날 수 있다.

PART **4**

면접관의 두 가지 무기
전문성과 브랜딩

07

전문면접관은 무엇에 집중하는가

1. 인재에 집중하라
2. 채용에 집중하라
3. 면접에 집중하라

전문면접관은 무엇에 집중하는가

김진혁 HR마에스트로(Maestro)

저자 소개

'성장'이라는 키워드로 인생을 살아가는 23년차 인사(HR)전문가다. 성균관대학교에서 건축공학을 전공하고 삼성그룹 신입공채로 입사했다. 엔지니어로 사회생활을 시작했으나 삼성의 핵심가치인 '인재제일(人材第一)'에 깊은 감명을 받아 인사 업무로 커리어를 전환했다.

2012년부터 2015년까지 미국 북미전략인사팀 IRO(International Recruiting Office) 주재원으로 삼성의 북미지역 핵심인력 채용을 담당했다. 2025년 인탑스㈜ 인사총괄 임원으로 자리를 옮겨 인재 중심의 조직문화 구축에 집중하고 있다.

고려대 기술경영전문대학원에서 리더십 관련 연구로 석사학위를 받았고 (사)한국코치협회 전문코치(KPC), 美 GALLUP 강점코치, 채용전문면접관 1급 자격을 보유하고 있다. 현재 한국면접관협회 전문면접관 Master 과정을 수료하고 전문면접위원으로 활동 중이며, 글과 강연 그리고 코칭을 통해 인재와 채용의 중요성을 알리고 있다.

주요 경력 및 직무

2025년 ~ 현재: 인탑스㈜ 본사 인사그룹장 상무
2016년 ~ 2024년: 삼성E&A HR 그룹장
2012년 ~ 2015년: 삼성그룹 북미전략인사팀(美주재원)
1997년 ~ 2011년: 삼성E&A HR 차장

학력 및 전공

고려대학교(서울) 기술경영전문대학원 석사(연구분야: 리더십)
성균관대학교 건축공학 학사

전문 자격 및 인증

전문면접관 마스터 과정 수료(한국면접관협회)
채용전문면접관 1급(한국바른채용인증원)
美 Gallup CliftonStrengths Certified Coach (강점코치)
(사)한국코치협회 인증 전문코치(KPC)

전문 활동

기업 및 공공기관 면접관, 서류심사관
한국면접관협회 MASTER과정, 마스터포럼 강사
(前) 삼성그룹 신입/경력채용 면접위원
(前) 한국공학교육학회 이사

연락처 및 SNS

blackcoach@naver.com
https://blog.naver.com/blackcoach
https://www.instagram.com/blackcoach_kim
https://brunch.co.kr/@blackcoach

들어가며

면접관이 전문가로서 갖춰야 할 두 가지

2021년 『강철부대』라는 밀리터리 서바이벌 예능프로그램이 인기를 누린 적이 있다. 대한민국 최정예 군 특수부대 출신 예비역들이 4인 1조의 팀을 이룬다. 이들은 각자 부대의 명예를 걸고 대결을 펼치며, 끝까지 살아남는 부대가 우승의 영광을 차지하는 컨셉이다. 강철부대에 출연한 부대마다 자신들의 기백(氣魄)를 상징하는 문구가 있다. '누구나 해병이 될 수 있다면 나는 결코 해병대를 선택하지 않았을 것이다', 해병대 슬로건이다. 대한민국 국민이라면 누구나 지원할 수 있지만 육체적, 정신적 자질이 충분하지 못한 사람은 선발되지 못한다는 뜻이다.

이와 마찬가지로 누구나 할 수 있어도 아무나 잘 할 수 없는 직업이 있다. 바로 전문면접관이다. 다시 말해 진입장벽이 높지 않다는 뜻이다. 심리학 박사, 기업 인사 담당자, 엔지니어, 마케팅 전문가, 헤드헌터, 배경도 다양하다. 하지만 '전문'이라는 단어가 붙는 직업이다. 전문가(專門家)란 '어떤 분야를 연구하거나 그 일에 종사하여 그 분야에 상당한 지식과 경험을 가진 사람'을 지칭한다. 따라서 전문면접관은 '인재를 선발하는 분야를 연구하거나 그 일에 종사하여 그 분야에 상당한 지식과 경험을 가진 사람'이라고 표현할 수 있다.

전문가라면 두 가지를 가져야 한다. 상당한 지식과 경험. 이것을 위해서 우리는 끊임없이 공부하고 훈련해야 한다. 그렇다면 무엇을 공부하고 어떤 것을 훈련해야 할까? 단순히 면접이라는 상황만을 두고 생각해서는 안 된다. 생각의 폭을 확장해야 한다.

근본적인 질문부터 시작해 보자. 면접은 왜 하는 것일까? '적합한 인재를 선발하기 위해서'다. 하지만 한 단계 더 들어가야 한다. 적합한 인재는 왜 중요할까? 조직이 성장하기 위해 가장 중요한 요인이 바로 인재(人材)이기 때문이다.

나는 이 글에서 전문면접관이 반드시 알아야 할 중요한 것들을 짚고 넘어가려 한다. 23년간 인사 전문가로서 나의 철학과 경험이 면접관이라는 직업에 처음 입문하는 사람에게는 길잡이가 되고 이미 면접관 경험이 있는 사람에게는 자신을 뒤돌아 볼 수 있는 계기를 만들어 주기 바란다. 「전문면접관은 무엇에 집중하는가」를 통해 전문면접관이 어떤 마인드를 가져야 하고 어떤 역량을 준비해야 하는지 생각해 볼 수 있는 단초가 되었으면 한다. 누구나 할 수 있어도 아무나 잘 할 수는 없는 면접관의 세계, 그 속에서 전문면접관으로 성장한 자신을 상상해 보자. 상상은 곧 현실이 될 것이다.

전문면접관은 무엇에 집중하는가

1. 인재에 집중하라

당신은 인재(人材)입니까?

중학교 시절, 일요일 아침이면 어김없이 TV를 켰다. 그럴 때마다 여지없이 어머니의 잔소리가 귀에 꽂혔다. 그런데 유일하게 허락된 프로그램이 있었다. 바로 MBC에서 방영했던 장학퀴즈다. 이 프로그램은 학교에서 공부깨나 한다는 학생들이 출연한다. 그 중에서 퀴즈왕을 뽑는 컨셉이었으니 요즘 유행하는 강철부대나 흑백요리사처럼 서바이벌 경쟁프로그램의 원조가 아닐까 싶다. 엄마가 허락한 이유는 따로 있다. 그 프로그램에는 우등생들이 나오기 때문이다. 그들에게 따라붙는 단어는 바로 '수재(秀才)'다. 학교에 수재(秀才)가 있다면 회사에는 인재(人材)가 있다. 인재(人材)란 어떤 일을 할 수 있는 학식이나 능력을 갖춘 사람이란 뜻으로 풀이된다. 쉽게 말하자면 공부도 잘하고, 지식도 출중하고, 소위 말해 밥값을 할 수 있는 사람을 말한다. 하지만 때로는 자신의 밥값뿐만 아니라 몇백

명, 몇천 명을 먹여 살릴 수 있는 역량을 가진 사람을 지칭하기도 한다. 기업이 원하는 인재상은 시대의 흐름에 따라 조금씩 변한다. 조직의 성장 목표도 변하고 지원자의 특성도 변하기 때문이다.

대한상공회의소에서는 5년마다 100대 기업의 인재상 변화를 분석한다. 2023년 보고서에 따르면 기업이 요구하는 3대 인재상은 '책임의식', '도전정신', '소통·협력'이었다. 2018년에 5위였던 책임의식이 1위로, 4위였던 도전정신이 2위로 그리고 1위였던 소통·협력이 3위로 자리를 바꾸었다. 개인과 조직을 분리하여 생각하는 MZ세대의 특성을 감안한 결과라고 볼 수 있다. 업종별로도 다소 차이를 보인다. 건설업은 프로젝트 공기단축 및 안전관리 등이 중요해짐에 따라 소통·협력을 강조한다. 이와 달리 제조업에서는 디지털 전환, 신기술 개발에 중점을 두기 때문에 도전정신을 1순위로 둔다. 금융·보험업의 경우 금융사고 발생으로 기업의 이미지가 훼손되는 것을 막기 위해 원칙·신뢰를 인재상의 가장 우위에 두고 있다.

전문면접관은 이점을 간과해서는 안 된다. 올바른 기준이 있어야 정확한 판단을 할 수 있기 때문이다. 면접관으로 선정되면 해당 기업의 경영철학, 인재상을 가장 먼저 확인해야 한다. 또한 관련 산업분야의 최근 지원자 규모와 트렌드 등을 꼼꼼히 살펴봐야 한다. 그렇지 않으면 제조업의 지원자를 건설업의 눈높이로 선택하는 오류를 범할 수 있다.

인재(人材)는 역량과 가능성이 있어야 한다. 역량은 현실이고 가능성은 미래다. 기업은 지원자의 역량을 보고 채용하고 가능성에 투자한다. 변화의 주기가 짧아지는 불확실성의 시대에서 조직의 요구에 맞는 책임감과 도전정신 그리고 협업 능력을 갖춘 지원자를 찾아내야 한다.

인재를 선발하는 인재가 바로 전문면접관이다. 중요한 사람을 뽑는 중요한 사람이다. 면접의 이론과 경험으로 무장한 전문가다. 지금 스스로에게 질문해 보자.

"당신은 우수한 지원자를 선발할 수 있는 학식과 능력을 갖춘 인재(人材)입니까?"

삼성의 경영철학 '인재제일(人材第一)'

"인최(인체)가 변화(변하)는 건 정상이지"

신입사원 연수에서 선배가 알려 주는 삼성그룹 핵심가치를 외우는 방법이다. 역시 한국 사람의 잔꾀는 대단하다. 인재제일(People First), 최고지향(Pursuing Excellence), 변화선도(Leading Change), 정도경영(Upholding Integrity), 상생추구(Ensuring Co-prosperity), 이렇게 다섯 가지 핵심가치의 앞 글자를 따서 만들었다. 그 중에서 가장 먼저 언급되는 것이 바로 인재제일(人材第一)이다.

삼성그룹의 창업자 이병철 회장은 '기업은 사람이다'라는 인재제일 경영철학을 바탕으로 인재를 소중히 여기고 마음껏 능력을 발휘할 수 있는 기업을 만들기 위해 노력했다. 삼성전자를 비롯한 많은 기업을 일으켜 경제 발전에 크게 이바지한 것도 사업보국(事業報國), 인재제일(人材第一), 합리추구(合理追求)라는 경영철학이 있었기에 가능했다. 뒤를 이어 이건희 회장은 삼성 신(新)경영에서 "1년 앞도 내다보기 힘들 정도로 빠르게 변하는 현실에서 5~10년 후를 예측하는 것은 불가능한 일이다. 결국 해답은 이 같은 변화에 능동적으로 대처할 수 있는 인재를 구하고 키우는 것이다"라고 이야기한다. 역시 기업 성공 요인에서 가장 중요한 것은 '인재'임을 강조하고 있다.

삼성의 인재제일이라는 경영철학은 채용과 양성 두 가지 축으로 이루어진다. 채용은 미래 투자 측면의 신입채용과 단기성과에 필요한 경력채용 그리고 조직의 미래를 책임질 핵심인재 영입으로 구분된다. 또한 인재 양성은 영입한 인재의 유지 전략과 교육 그리고 차세대 리더 양성으로 나누어진다. 인재(人材)가 어떤 일을 할 수 있는 학식이나 능력을 갖춘 사람이라면, 핵심인재는 기업의 미션과 목적 달성을 위한 가치를 제공하는 사람이다. 삼성 이건희 회장의 말처럼 1명의 핵심인재가 천 명, 만 명을 먹여 살리는 역할을 한다. 전문성은 말할 것도 없고 도덕성과 인성 그리고 통찰력과 추진력까지 갖춰야 한다. 물론 이런 핵심인재는 사장보다 더 높은 연봉을 주고 모셔온다.

핵심인재는 신입사원과는 상황이 다르다. 어찌 보면 입장이 바뀐다. "네, 알겠습니다. 결혼합시다"가 아니라 "제발 결혼해 주세요"라고 말해야 한다. 그래서 전략도 다르다. 채용의 가장 앞 단계인 '찾기(Talent Sourcing)'와 '관리(Relation Management)'에 집중해야 한다.

삼성그룹에는 IRO(International Recruiting Office)라는 해외 주재원 포지션이 있다. 핵심인재가 있는 곳이라면 어디든지 찾아가는 그룹 공식 전문 리크루터다. IRO 들은 마치 정원사처럼 수목원의 현재 상황을 분석하고 미래 모습을 그려본다. 고목(古木)을 대신할 후계목(後繼木)을 선정하고 신(新)사업 진출에 필요한 신종 묘목을 찾아낸다. 앞마당이 정원이 되고 그 정원이 수목원으로 성장하는 데 필요한 조경학적 지식과 원예, 건축 등 예술적 감각이 있어야 한다. 그리고 무엇보다 끈기와 정성이 필요하다.

시대가 변하면 산업은 변한다. 건설업이 대세일 때가 있었고 제조업이 대세일 때가 있었다. 이제 반도체를 지나 AI가 대세인 세상이 온다. 인재상 또한 산업의 흐름에 따라 변한다. 근면, 성실, 책임이 강조될 때가 있었고 창의, 도전, 열정이 우선시 될 때도 있었다. 하지만 조직의 성패를 좌우하는 가장 중요한 요인이 '인재'라는 것은 변하지 않는다. 호랑이는 가죽을 남기고 사람은 이름을 남긴다. 기업은 '인재(人材)'를 남겨야 한다.

21세기
삼고초려(三顧草廬)

미국 IRO(International Recruiting Office) 주재원 생활을 할 때다. 30분이 넘게 기다렸다. 더 이상 커피 잔에서 김이 올라오지 않는다. 어릴 적 첫 사랑을 기다릴 때를 빼고 이렇게 초조해 보긴 처음이다. 채용은 정성이고 연애와 비슷하다는 말을 실감한다. 카페의 문만 계속 바라보고 있다. 주말 아침 이른 시간이라 개미 한 마리 얼씬거리지 않는다. 미국 텍사스주 휴스턴은 비교적 안전한 지역이지만 낯설고 덩치 큰 사람들 때문에 손에서 땀이 난다. 그와는 세 번째 약속이다. 그는 B 社에 Project Manager로 근무하는 사람이었다. 여긴 중국이 아니고 내가 유비도 아니다. 그가 제갈량도 아니지만 삼국지 속에 나오는 천오백 년도 지난 유비의 마음을 알 것 같은 건 나만의 착각일까. 내가 삼고초려(三顧草廬)의 상황을 경험하다니 웃음이 나온다.

드디어 그가 왔다. 그의 집 근처 카페라 매우 편안한 복장이다. '그래도 만난 것이 어디냐'라는 심정으로 명함을 건넸다. 간단히 회사 소개를 하고 리크루팅하는 포지션에 대해서도 설명한다. 하지만 그는 좀처럼 관심이 없어 보인다. 북극에 살고 있는 에스키모에게 냉장고를 파는 느낌이다. 나중에 연락하겠다는 말을 남기고 그는 떠났다. 하지만 미국 주재 생활이 끝날 때까지 그에게서 연락은 없었다. 그는 그냥 내 인맥관리 엑셀 파일에 존재하는 인물로 남았다.

몇 년이 지나 나는 한국 본사로 복귀했다. 어느 날 퇴근을 하는데 우연히 회사 로비에서 낯익은 얼굴이 보였다. 그 옆에 잘 아는 후배가 있기에 반갑게 인사를 하고 몇 걸음 지나왔는데 갑자기 그 옆에 서 있던 사람이 누구였는지 기억이 난다. 수 년 전 미국에서 만났던 그였다. 그가 맞다. 나에게는 헤어진, 정확히는 나를 차버린 연인과도 같은데 왜 반가운 감정이 생기는지 모르겠다.

삼고초려(三顧草廬)는 삼국지에 나오는 고사성어다. 한(漢)나라의 유비가 관우, 장비와 함께 제갈량을 자신의 편으로 맞이하기 위해 그가 살던 초가집으로 세 번이나 찾아가 결국 함께할 수 있었다는 이야기다. 제갈량은 유비에게 꼭 필요한 핵심인재였다. 핵심인재의 영입은 성공보다는 실패가 많다. 시간도 많이 걸린다. 끈기와 노력이 필요하다. 천재급 인재로 올라갈수록 더하다. 그래서 IRO들이 귀국할 때는 후임에게 본인의 관리 대상 리스트를 인수인계하는 것이 매우 중요하다. 마치 이름표가 붙어 있는 묘목들을 잘 부탁한다는 심정이다.

뛰어난 인재를 얻으려면 거짓이 없고 참된 마음이 있어야 한다. 그리고 인내심을 가져야 한다. 아무리 훌륭한 인재도 이직의 유혹에 마음이 흔들릴 때가 있기 때문이다. 승승장구하던 사람도 주춤할 때가 있다. 편찮으신 부모님을 돌봐야 한다든가, 자녀의 교육을 위해 근무지를 옮겨야만 하는 일이 생기기도 한다. 바로 이직을 고려해야 할 순간이다. 그 때 그가 내 명함을 꺼내 든다면 나는 성공한 것이다. 삼고초려(三顧草廬)를 했지만 결국 영입을 못해도 괜찮다. 모든 일이 그렇듯 실패는 없다. 성공과 성공으로 가는 과정만 있을 뿐이다.

글로벌
인재전쟁

축구 경기에서 손흥민과 같은 스타플레이어의 존재감은 상상을 초월한다. 그래서 각 나라의 축구 리그 구단들은 최고의 선수를 보유하려고 갖은 애를 쓴다. 스포츠 인재전쟁이라고 해도 과언이 아니다. 좋은 경기 성적을 내기 위한 필수 요건이기도 하지만 그 선수로 인한 마케팅으로 벌어들이는 수익 또한 무시하지 못하기 때문이다.

기업의 생존을 위한 인재 영입은 이보다 더 심각하다. 특히 AI 분야는 글자 그대로 전쟁이다. 전기자동차 제조사이자 에너지 기업인 테슬라는 AI 핵심인재의 이직을 막기 위해 그들의 연봉을 대폭 인상하겠다고 밝혔다. 메타의 경영진은 경쟁사 연구원들을 개별 접촉하여 상당한 보상(Benefit) 패키지를 제안했다는 보도가 나오기도 한다.

구글은 스타트업 '캐릭터 AI'에 약 27억 달러(약 3조 6000억 원)을 지불했다. 이 계약의 이면에는 캐릭터 AI의 창업자 노엄 샤지어가 구글에서 일하는 조건이 있었다. 샤지어는 한 때 구글에서 근무했었다. 자신이 개발한 챗봇을 구글이 배포하지 않기로 결정하자 이에 반발하여 2021년 퇴직한 케이스다. 결론적으로 구글은 회사와 결별한 AI전문가를 다시 영입하는 데 조 단위의 금액을 쓴 셈이다.

애플도 만만치 않다. 구글 임원 출신 존 지아난드레이, 새미 벤지오 등의 걸출한 인재를 영입했다. 그들은 6년간 최소 36명의 구글 출신 AI전문가를 채용한 것으로 알려졌다. 또한 가상현실 전문기업 페이스시프트(FaceShift)와 이미지 인식 회사 패쉬웰(Fashwell)등 AI스타트업 2개를 인수했다. 그리고 스위스 취히리에 '비전 랩'이라는 연구소를 설립하면서 차기 생성형 AI 모델 개발에 박차를 가하고 있다.

기업은 이익을 위해 인재를 영입하지만 국가는 안보라는 개념이 더해진다. 정보력과 국방력에 AI가 미치는 영향이 점차 증대하고 있기 때문이다. 美 스탠퍼드대 '인간중심 AI연구소'가 발간한 「AI 인덱스 2024」에 따르면 2023년 민간투자 규모는 미국이 약 672억 달러(약 92조 6700억 원)이고, 중국이 77억 6000만 달러 그리고 한국은 13억 9000만 달러로 미국이 압도적 1위를 차지하고 있다. 미국이 투자로 주도권을 잡으려 한다면 중국은 인재를 양성하며 미래를 준비한다. 美 시카고대 폴슨연구소 산하 싱크탱크인 매크로폴로가 발간한 '세계 AI 인재 동향'에 따르면, 2022년 전 세계에서 우수한 AI인력(학부 기준 상위 20%) 가운데 47%를 중국에서 배출했다. 미국이 18%, 유럽이 12%를 차지하고 있으니 AI 인재 2명 중 1명은 중국 대학에서 학부를 다녔다는 의미로 해석된다.

세상은 넓고 할 일은 많다. 한국의 한 기업인이 한 말로 유명하다. 거기에 하나를 덧붙이고 싶다. 세상은 넓고 할 일은 많지만 인재는 부족하다. 수요와 공급의 법칙에 의해 결국 인재 확보가 더욱 중요해 진다. 이제 채용에 집중할 시간이다. '채용이 전부'인 시대다.

2. 채용에 집중하라

채용이 전부다

'기업은 사람이다.' 삼성그룹 창업자 이병철 회장의 지론(持論)이다. '경영자는 자기 시간의 80%를 좋은 인재를 모으고 양성하는데 써야 한다.' 그의 신념(信念)이다. '경영진이 인재를 모으는데 게을리한다면 그 책임을 묻겠다.' 그의 소신(所信)이다. 삼성이 인재를 영입하는데 최선을 다하는 이유가 여기에 있다.

채용(採用)이란 '사람을 골라 쓴다'라는 사전적 의미를 가진다. 기업에서는 특정 직무에 적합한 인재를 찾고 선발하는 일련의 과정을 말한다. 인력계획을 통해 회사에 필요한 인원 규모를 산정하고 신입채용, 경력채용, 계약직 채용 등으로 세분화하여 진행한다. 구체적인 직무와 자격요건, 필요 역량 등을 포함한 채용 공고를 게시하고 지원자를 모집한다. 지원서에 포함된 자기소개서, 경력기술서 등을 바탕으로 서류전형을 한다. 그리고 실무면접, 임원면접을 거쳐 최종 합격자를 선정하고 근로 계약을 체결한다. 물론 업계와 직무 특성에 따라 추가로 요구되는 자격이 있을 수 있고 면접 방식이 변경될 수 있다. 이러한 일련의 과정은 조직 운영에 필요한 인재 수요를 충족시키고 우수한 인재를 확보함으로써 기업의 성과 창출에 중요한 역할을 한다. 기업 성과 창출의 첫 단추가 채용이다. 단추를 잘 못 끼우면 옷이 제대로 기능을 할 수가 없다. 사람을 잘 뽑아야 그 다음에 교육도 되고 관리도 된다. 채용을 잘해야 조직이 성장한다.

몇 해 전 신입공채를 진행할 때의 일이다. 최종 합격자들이 일정 기간의 사내 입문교육을 마치고 사령장 수여식에 참석했다. 사령장에는 본인이 앞으로 근무하게 될 부서가 적혀 있었다. 물론 사전 면담을 통해 배치 부서를 결정했다. 그런데 갑자기 한 신입사원이 나에게 다가온다. 잠깐 면담을 하자고 한다. 기분이 싸늘하다. 그는 자신이 배치된 A 팀을 B 팀으로 바꿔 달라고 한다. 경영진 결재까지 끝나서 그렇게 할 수 없다고 했지만 막무가내다. 자신은 B 팀에서 일하기 위해서 우리 회사에 지원했으니 꼭 그 팀에 가야 한다고 우기는 것이다. 우여곡절 끝에 본인이 원하는 B 팀으로 소속을 변경했다. 하지만 문제는 거기서 끝나지 않는다. B 팀 직원들 사이에서 불만이 나왔다. 그 신입사원에게 업무를 부여하면, 그는 "나는 이런 일을 하려고 이 회사에 온 게 아니다"라는 말을 되풀이 한다는 것이다. 또 기분이 싸늘하다. 90년대 인기 그룹 이오공감의 「한 사람을 위한 마음」이라는 노래 가사가 떠오른다. '왜 슬픈 예감은 틀린 적이 없나….'

채용이 실패할 경우 경제적, 정서적 손실은 이루 말할 수 없다. 조지타운 대학교의 크리스틴 포래스 교수는 잘못 들어온 직원(Toxic employee) 한 사람 때문에 연간 12,000달러가 소모되며, 이는 우수한 직원이 연간 벌어들이는 돈의 두 배 이상이라고 말한다. 여기에 다른 직원의 사기 저하, 퇴사 등을 고려하면 그 피해 금액은 눈덩이처럼 불어날 것이다. 하지만 채용의 어두운 면 때문에 우수인력 채용을 주저해서는 안 된다. 기업은 유기체와 같아서 지속 성장을 하기위해 항상 새로운 분야로 진출을 시도한다. 조직의 미래를 준비하는데 채용은 반드시 필요하다. 2023년 기준 우리나라의 GDP는 3만 5천 달러를 넘어섰다. 적당한 사람보다 우수한 사람을 뽑아야 하는 시기다. 중장기적 인재 양성이 목적인 신입채용과 단기 성과와 조직의 지속성장을 고려한 경력채용 그리고 기술이나 사업의 한 축을 선도할 핵심인재 채용이 함께 진행되어야 한다.

채용이 전부다. 그런 채용 프로세스 안에서 인재를 선발하는 면접관은 얼마나 중요하겠는가?

이제 더 나은 전문가를 찾아봐

하반기 워크숍이다. 올해 실적을 보고하는 자리기도 하다. 고요함이 주위를 감싼다. 차츰차츰 내 차례가 다가온다. 실적은 나쁘지 않다.

"상반기 목표 대비 실적부터 말씀드리겠습니다."

드디어 시작이다. 어느덧 발표의 후반부로 접어든다.

"잠깐, 이번에 입사한 S급 핵심인력이 누구였지?"

갑자기 팀장님이 질문을 한다.

"네, 이번 신규 사업 본부장으로 내정된 A 社 출신 23년 경력의 B전무입니다."

얼마간의 시간이 흘렀다. 팀장님은 B 전무의 이력서, 자기소개서와 면담 기록을 꼼꼼히 살펴보시더니 이윽고 말씀 하신다.

"수고 했어. 내년에는 그 포지션에 더 나은 전문가를 찾아봐."

숨이 막힌다. B 전무 채용 결과 보고 드릴 때 "B 전무는 이 분야 최고의 전문가로서 이 분 이상의 전문가는 없습니다"라고 말씀 드렸는데…, 그새 잊어버리신 걸까.

세상은 넓고 할 일은 많고 인재는 부족하지만 더 나은 인재는 반드시 존재한다. 핵심인력 채용을 경험하면서 내가 얻은 결론이다. 글로벌 TOP 회사가 지속 성장하는 비결이다. 인재에 대한 목마름이 강할수록 조직의 현재는 단단해지고 미래는 밝아진다.

더 나은 인재를 발굴하는 방법은 무엇일까? 우선 입사한 핵심인재와 좋은 관계를 지속해야 한다. 새로운 조직에 적응하려면 도움이 필요하다. 불편한 점, 어려운 점이 있을 때 성심성의껏 도움을 준다. 가족이 정착할 때도, 업무를 파악할 때도, 내부 인맥을 구축할 때도 적극적으로 지원한다. 나를 가족이라고 생각할 정도로 진정성이 있어야 한다.

그런 후에 그의 인적 네트워크를 활용하자. 유유상종(類類相從)이다. 핵심인재는 핵심인재끼리 모이기 때문에 그를 통해 더 나은 인재를 찾을 수 있다. 이렇듯 채용은 사람과의 관계에서부터 시작한다. 바로 TRM이 중요한 이유다. TRM은 Talent Relationship Management의 약자로 인재 관계 관리라고 표현할 수 있다. 이는 고객 관계 관리인 CRM, Customer Relationship Management에서 변형된 개념이다. 인재를 고객과 같은 개념으로 본다.

TRM은 채용에 대한 관점의 전환이다. 채용을 기업의 일방적인 '선발' 과정이 아닌 지원자와 관계의 결실로 본다. 기업의 한 축을 맡을 핵심인재의 중요성이 그 어느 때보다 강해졌기 때문이다. 채용(採用)이 '영입(迎入)'으로 바뀌는 순간이다. TRM은 내부 인재와 외부 인재 모두에게 해당된다. 내부는 리텐션을 위해, 외부는 언제 우리 회사 사람이 될지 모르니 좋은 관계를 유지해야 한다.

내가 아는 세계가 이 세상의 전부가 아니듯 내가 아는 사람이 이 세상의 전부가 아니다. 농구계의 전설 마이클 조던이 최고의 선수이긴 하지만 그를 뛰어 넘는 선수는 언젠간 나타난다. 기록은 깨지기 위해 존재한다. 지금 가지고 있는 보석보다 더 빛나는 보석을 찾아보자. 결국엔 내가 보석을 감정하는 또 다른 보석이 되어 있을 것이다.

**핵심인재는
어떤 사람들인가**

어릴 적 초등학교 앞에는 문방구가 있었다. 그 앞에 조그만 오락기계는 늘 내 발걸음을 멈추게 했다. 해가 질 때쯤 집에 들어간다. 어머니의 불같은 목소리가 귀에 박힌다.

"공부 안하고 오락만 하면 누가 밥 먹여 주냐!"

오락이 밥 먹여 주는 세상이 왔다. 오락은 e스포츠라는 그럴듯한 이름으로 불린다. e스포츠에서 세계적으로 가장 인기 있는 게임 중에 하나가 LoL(League of Legends)이다. LoL에서 우리나라는 최고의 성적을 거두고 있다. 페이커라는 닉네임으로 활동하는 프로 게이머 이상혁이 있기 때문이다. 그가 이끄는 팀은 e스포츠 역사상 최초로 전 세계 최고의 게이머들이 참가하는 롤드컵 통산 5회 우승이라는 대기록을 썼다. 어느 분야이든 최고의 인재가 있다. 우리는 이 사람을 핵심인재라 부른다. '페이커 이상혁'처럼 핵심인재는 대체 불가한 사람이다. 예전에는 다른 사람으로 대체 불가한 사람이면 되었는데 지금은 AI로도 대체 불가해야 한다.

그럼 기업에서의 핵심인재는 어떤 사람일까? 어떤 특징을 가지고 있을까? 그리고 전문면접관은 그들을 어떻게 알아볼 수 있을까?

첫째, 그들은 스스로 목표를 만든다.
부모님, 선생님, 직장상사. 이들의 공통점은 숙제를 주는 사람이다. 우리는 수십 년간 숙제를 받고 정답을 찾아서 제시간에 제출하는 삶을 살았다. 하지만 숙제의 중독은 자발적 성장을 멈추게 한다. 핵심인재는 다르다. 자기의 목표를 스스로 정한다. 그리고 어떻게 달성해야 하는지 계획을 세우고 실행한 뒤 성취감을 얻는다. 한층 더 높은 목표를 세운다. 그리고 이 사이클을 반복한다. 결국 개인의 성장과 더불어 조직의 성장도 함께 이룬다. 이들은 관리가 필요 없다. 명확한 비전과 월등한 보상만 있으면 된다.

둘째, 그들은 문제의 핵심을 정확히 파악한다.
넷플릭스에서 인기를 누린 『흑백요리사』라는 요리 서바이벌 프로그램이 있었다. 방송이 계속되면서 시청자에게 주목받은 출연자는 경연에 참가한 요리사들이 아니라 심사위원 안성재 셰프였다. 그가 합격과 불합격을 판단하는 이유는 늘 명쾌하다. 요리한 사람의 의도가 맛에 제대로 반영이 되었는가를 관찰한다. 그는 요리의 핵심을 안다.

기업에서는 어떨까. 일반 직원은 맡은 일을 한 가지 방법으로 열심히 한다. 일 잘하는 직원은 문제를 해결하는 방법을 한두 가지 더 안다. 좀 더 가치 있는 결과를 만들어 낸다. 핵심인력은 일의 핵심을 안다. 본질을 이해한다. 그러니 방법이 무한하다. 창조적이다. 문제가 생겨도 막힘이 없다. 원인을 알기 때문이다. 목표 그 이상의 결과를 낼 수밖에 없다.

셋째, 그들은 조직의 성공을 원한다.
LoL의 핵심인재 페이커는 4명의 동료와 함께 팀을 이룬다. 자신이 최정상의 실력을 가졌음에도 팀원들과 소통을 중시하고 팀 전체가 더 나은 성과를 낼 수 있도록 지원한다. 서로 신뢰가 생기면 1+1이 2가 아닌 3, 4 그 이상이 될 수 있다는 것을 잘 알고 있다. '전체는 부분의 합보다 크다'라는 아리스토텔레스의 말을 진심으로 믿는다. 성공한 리더로 불리기보다 조직을 성공시킨 리더로 인정받기를 원한다.

직원들은 핵심인력을 보고 배우려 한다. 그런 행동이 습관이 되고 문화가 된다. 그 조직문화가 입소문이 나면 더 좋은 인재들이 지원하고 인재의 선순환이 이루어진다. 최고의 인재와 일하는 것이 직원들에게 가장 확실한 복지다. 이것이 바로 우리가 핵심인력을 확보해야 하는 이유다.

채용은 정성이다

채용의 마무리는 진정성 있는 온보딩이다. 온보딩이란 새로운 사람이나 사용자가 조직이나 서비스에 잘 적응할 수 있도록 돕는 과정을 말한다. 인사 관점에서는 신규 직원이 새로운 환경에 적응하고 업무를 원활하게 할 수 있도록 인적 네트워크를 소개하고 지원하는 과정이다. 우수한 인재를 발굴하고 인터뷰를 통해 적합한 인물임이 확인되면 그 다음은 사람 사는 세상의 기본에 충실해야 한다. 정성을 들여야 한다. 수능 합격 기원 백일기도처럼 그 사람의 진정한 커리어 코치가 되어 미래를 함께 만들어 간다.

면접관도 그 정성에 한 축을 담당한다. 그저 합격, 불합격을 판단하는 기능만 한다면 훗날 AI면접관에게 밀려날 가능성이 크다. '대체 불가한' 면접관이 되어야 한다. 기업의 채용담당자에게도 면접에 참석한 지원자에게도 감동을 줘야 한다.

그렇다면 전문면접관은 어떤 정성을 보여야 할까?

첫째, 기업에 대한 정성이다.

조직에 관심을 가진다. 어떤 업을 메인으로 하는지, 제조업이면 어떤 제품을 생산하는지, 최근 매출과 이익은 변동이 심했는지 마치 주주의 심정으로 살펴본다. 가장 중요한 것은 기업의 경영철학과 핵심가치 그리고 인재상이다. 어떤 인재를 선발해야 이 기업의 성장에 도움이 되는지를 알아야 한다. 여자친구 생일에 내 마음에 드는 선물을 해봤자 받는 사람 마음에 들지 않으면 돈 들이고 시간 들이고 정성을 들이고도 욕먹기 십상이다. 실연을 당할 수도 있다.

둘째, 내부 면접관에 대한 정성이다.

휴식 시간에 내부 면접관이 "면접위원님, 요즘 채용 트렌드가 어떻습니까?"라고 질문한다면 어떻게 답변해야 할까? 면접관은 전문가로 파견된 사람이다. 적어도 채용 트렌드 키워드 정도는 알고 있어야 한다. 채용 트렌드에 민감해야 하는 이유다. 소개팅 나가는데 최소한 최신 유머 정도는 장착하는 것이 상대방과 주선자에 대한 예의다.

셋째, 지원자에 대한 정성이다.

지원자의 긴장을 풀어줄 따뜻한 말 한마디와 정확한 질문이 필요하다. 어쩌면 자신의 인생이 걸린 상황인데 얼마나 긴장되겠는가. 또한 면접관의 말과 태도는 지원자의 합격, 불합격을 떠나서 그 회사의 이미지에 한 몫을 하게 된다. 그리고 지원자 입에서 "죄송한데 다시 한번 말씀해 주시겠습니까?"라는 말이 나온다면 누구의 잘못일까? 면접관의 질문이 핵심이 없을 가능성이 높다. 사설이 길었거나 두세 개를 동시에 물어봤을 수도 있다. 최악의 상황은 질문한 사람도 뭘 질문했는지 다시 이야기 못해 줄 때다.

채용은 정성이다. 금맥을 찾는 심정으로 후보자를 발굴하고, 반려자를 만나는 심정으로 면접을 준비하며, 부모님을 모시는 마음으로 온보딩에 신경을 써야 한다. 결국 처음부터 끝까지 정성을 다해야 한다.

공채의 시대는 끝났다?

대학생들의 인생 목표가 대기업 입사였던 시절이 있었다. 사법고시, 행정고시처럼 삼성고시라는 표현을 썼으니 얼마나 사회적 이슈가 되었는지는 짐작할 만하다. 특히 필기시험인 삼성직무적성검사는 코로나19 이후인 2020년부터 온라인 방식으로 바뀌었지만, 그 전에는 전국적으로 수십 개의 고사장에서 동시에 진행했다. 대학입학 수학능력평가를 방불케 했다고 해도 과언이 아니다. 우리나라에서 그룹 공채를 처음 도입한 곳은 삼성그룹이다. 1957년 처음 시행한 삼성 공채에 1,000명이 지원했다. 그중 27명이 최종 합격의 영광을 얻어

삼성물산, 제일모직 등에 배치되었다. 그 이후로 현대, SK, LG 등 다수의 기업들이 신입사원 공채를 진행했다.

공채는 학점, 어학 등 객관적인 지표로 지원자를 평가해 채용하는 제도다. 필기시험도 같은 날 동시에 실시하기 때문에 불공정 시비를 최대한 줄일 수 있다. 공정성과 형평성을 중요시하는 시대적 요구가 있었기에 공채는 일반 기업과 공기업의 보편적인 채용방식으로 자리 잡았다. 그런데 2019년에 현대자동차 그룹이 신입공채 폐지를 선언했다. 각종 매체에서는 찬반 의견이 쏟아져 나왔다. 구직자들의 의견도 엇갈렸다. 당시 취업정보 사이트인 인크루트가 구직자 1144명을 대상으로 신입공채 폐지 발표에 따른 찬반 설문을 조사했다. 그 결과 찬성과 반대가 정확히 반으로 나뉘었다. 찬성한 사람들이 가장 큰 이유는 공채 일정에 신경 쓰지 않고 구직준비를 할 수 있을 것(36%)이었으며, 반대 인원들은 '기업들이 채용규모 자체를 줄이겠다는 것(41%)'이라는 이유를 들었다. 곧이어 2020년에 LG그룹이, 2022년에는 SK그룹이 신입공채를 폐지하고 수시채용으로 돌아섰다. 지금은 주요 대기업에서 삼성만이 유일하게 공채를 유지하고 있다. 한국노동연구원의 『공채의 종말과 노동시장의 변화』라는 연구보고서에 따르면 2023년 기업의 전체 채용공고 중에서 35.8%가 공채이며 수시채용은 48.3%, 상시채용은 15.9%를 차지했다.

그렇다면 이러한 채용 제도의 변화 속에서 면접관은 어떤 것에 집중해야 할까?

첫째, 수시, 상시 채용은 직무가 세분화되기 때문에 입사 후에 해야 할 일이 비교적 공채보다는 명확하다. 따라서 지원자가 어떤 역량을 지속적으로 쌓아 왔는지 반드시 확인해야 한다. 자격증도 대학 생활하면서 많은 사람이 취득하는 일반적인 자격증이 아닌 해당 분야의 전문성을 나타낼 수 있는 특수한 자격증이어야 한다.

둘째, 지원자가 경험한 인턴십, 체험 프로그램, 교환학생 등이 직무와 어떻게 연결되는지 스토리를 파악해야 한다. 인턴십은 어떤 회사, 어떤 부서에서 무슨 과제를 수행했는지 그 과제를 통해 어떤 역량을 쌓을 수 있었는지 그리고 그 역량을 지원한 직무에서 어떻게 활용할 것인지까지 세밀하게 체크해야 한다. 체험 프로그램, 교환학생 참여 경험은 지원 동기와 성과까지도 확인하는 것이 좋다. 시간은 소비하는 것이 아니라 투자하는 것이라는 생각을 가져야 한다.

셋째, 실무 능력을 검증해야 한다. 해당 직무를 맡고 있는 직원들이 실제 고민하는 문제와 유사한 상황을 제시하고 어떤 해결책을 만들어 내는지 확인하는 것이 좋다. 그리고 그 해결책은 지원자의 어떤 경험에서 나왔는지 유심히 살펴볼 필요가 있다. 회사는 입사 후 성과를 내기까지 많이 기다려 주지 않기 때문이다.

기업은 성과를 내는 우수한 인재를 원한다. 정기 공채이든 수시채용이든 기업의 인재 선발 목적은 달라지지 않는다. 면접관은 그 목적을 달성하는데 핵심적인 역할을 해야 한다.

3. 면접에 집중하라

**인재 선발은
전문면접관에게**

2000년 7월 1일 '진료는 의사에게, 약은 약사에게'라는 슬로건 아래 진료와 처방은 의사가 처방에 따른 의약품 제조는 약사가 맡는 '의약분업'이 시행되었다. 병원 진료비가 적정한 수준인지에 대한 논란과 진료·처방·조제를 위해 병원과 약국 두 곳을 방문해야 하는 소비자의 번거로움 등 불편한 점도 많았다. 하지만 의약분업 시행으로 의약품 오·남용이 예방되어 더 건강한 의약서비스를 받을 수 있게 되었다는 긍정적인 반응도 있었다.

사회적 이슈가 컸었던 만큼 여러 가지 패러디가 나온다. '진료는 의사에게 수학은 OOO쌤에게 (A 학원)', '약은 약사에게 이삿짐은 OOO에게 (B 이사업체)', '진료는 의사에게 결혼은 OO에게 (C 결혼정보회사)'. 광고의 감초인 유머를 활용한 것이지만 모두 해당 분야에서는 본인이 전문가라는 것을 내세운다. 원하는 것을 얻으려면 나에게 오라는 손짓이다.

기업은 인재를 원한다. 많은 지원자중에서 옥석을 가리고 싶어 한다. '진료는 의사에게 약은 약사에게 인재 선발은 전문면접관에게'라는 슬로건이 나올 시기다. 슬로건은 내가 만드는 것이지만 고객의 인정을 받아야 한다. 그래야 입소문이 나고 자연스럽게 전문가를 찾는다.

기업이 인재 선발을 위해 전문면접관을 찾게 하려면 어떻게 해야 할까?

첫째, 전문가 교육을 받아야 한다. 전문가는 지식과 경험이 필수 조건이다. 경험은 시간과 비례하므로 지식이 우선이다. 면접관은 의사처럼 사람의 물리적 생명을 다루지는 않지만 기업에게는 미래에 대한 투자, 지원자에게는 인생의 한 획을 긋는 중요한 순간을 담당한다. 일반인을 뛰어넘는 지식이 필요하다. 검증된 교육을 통해 전문가로 거듭나야 한다.

둘째, 교육을 받았으면 인증을 받아야 한다. 물론 인증은 검증이라는 단계를 거쳐야 한다. 지식에 대한 검증뿐만 아니라 실제 면접 상황을 통해 지원자의 역량과 태도, 인성 등의 레벨을 측정하는 테스트도 받을 필요가 있다. 다시 말하자면 이론과 실기를 모두 통과해야 된다. 더 나아가서는 정부 기관에서 인증하는 국가전문자격으로 인정받아야 한다.

셋째, 전문적인 교육을 제공하고 전문가로서 자격을 부여하는 단체가 있어야 한다. 현재 채용관련 여러 단체가 면접 이론과 실무 교육을 통해 전문면접관을 양성하고 민간자격증을 부여하고 있다. 하지만 더 많은 면접관이 함께 모여 지식과 경험을 공유하고 기업이 더 성장하기 위해 기여할 수 있는 기회를 만들어야 한다.

의사, 판사, 검사, 변호사 등 소위 말해 '사'라는 전문직업을 가진 이들은 해당 분야의 최고의 지식을 갖추고 있다. 그 지식들을 검증받고 활용하며 경험을 쌓아간다. 경험 속에서 자신의 부족함을 인정하고 지식을 더 주입한다. 이런 선순환을 통해 고객으로부터 전문가로 인정받는다. 그들은 사람의 인생을 좌지우지하는 역할을 한다. 전문면접관도 기업의 생존을 위해 기여해야 한다. 지원자의 인생에 있어 후회 없는 시간이 되도록 노력해야 한다. 전문가다운 모습을 가져야 하는 이유다.

"OOO 면접관님은 존경스럽습니다. 식견도 높으시고 질문도 날카로우셨어요"라는 말을 들을 수도 있고 "OOO 면접관은 전문가 같지 않더라고, 추천한 사람이 누구시죠?"라는 말을 들을 수도 있다. 당신은 어떤 말을 들어왔는가? 그리고 앞으로 당신은 어떤 말을 듣고 싶은가?

창과 방패(矛盾)

20여 년 전 붉은악마들의 주무대였던 서울 월드컵 경기장에 레전드 축구 스타들이 다시 모였다. 넥슨이 주최한 '2024 넥슨 아이콘 매치'다. 이 행사의 컨셉은 창(Spear)과 방패(Shield)다. 지금은 은퇴했지만 세계 최고의 월드클래스 공격수 11명과 그에 못지않은 월드클래스 수비수 11명이 각각 팀을 이룬다. 팀 이름도 'FC 스피어(공격수 팀)'와 '실드 유나이티드(수비수 팀)'다.

스포츠에서 뿐만 아니라 우리는 인생에서 종종 창과 방패의 경험을 한다. 창이 될 때도 있고 방패가 될 때도 있다. 창이 될 때는 최선을 다해 뚫어야 하고 방패가 될 때는 수단과 방법을 가리지 않고 뚫리지 않아야 한다. 기업에서 인재를 선발할 때도 역시 창과 방패의 대결이다. 기업은 면접에서 어떻게 해서든지 지원자의 방패를 뚫고 그의 실제 역량을 알아내야 한다. 하지만 지원자 역시 준비가 대단하다. 만만치 않다. 창을 만든 경험이 있는 사람으로부터 컨설팅도 받고 최신 재료를 전달받아 아주 튼튼한 방패를 만든다. 뚫기가 쉽지 않다. 어설픈 창으로는 뚫기는커녕 부러지기 십상이다. 최고의 전문면접관이 필요한 이유가 여기에 있다.

전문면접관의 창은 세 가지 특징을 가져야 한다.

첫째, 날카로워야 한다.

날카로움은 훌륭한 질문에서 나온다. 훌륭한 질문은 참신함에서 비롯된다. 미리 준비해야 한다. 많이 사용한 질문은 방패 컨설팅 전문가에게 이미 노출되어 있다. 막을 가능성이 높다. 본질을 흐리지 않으면서 새롭게 변형된 질문이 필요하다. 새로움은 지원자의 방패를 흔들 수 있다. 질문은 지원자가 답변을 못하게 하는 용도가 아니다. 꾸밈없이 솔직하게 말하게 하는 것이 목적이다. 만약 당신이 "아까 봤지? 내 질문에 답변 못하는 거? 역시 나는 대단해"라고 자랑스럽게 이야기하는 면접관이라면 스스로 고민을 해봐야 한다. 지원자가 내 창을 무섭게 생각한 것인지 우습게 생각한 것인지 말이다.

둘째, 튼튼해야 한다.

튼튼함은 여러 개의 창에서 나온다. 창 안에 새로운 창이 있어야 한다. 러시아 전통 목각인형인 '마트료시카'와 비슷하다. 이 인형은 팔다리가 없이 둥근 원통형으로 몸체가 상하로 분리된다. 인형 안에 더 작은 인형이 3개에서 6개 정도 반복되어 들어 있는 구조다. 방패를 뚫으려면 새로운 창으로 여러 번 두들겨야 한다. 새로운 창이 바로 꼬리 질문이다. 큰 틀의 질문을 던지고 구체적인 세부 사항으로 들어간다. 아무리 튼튼한 방패를 가진 지원자라도 구체적인 사례를 3~4개 꾸며 내기란 쉽지 않다. 실제 경험한 사례가 아니면 질문의 의도와는 다른 답변을 하게 된다. 마트료시카 인형처럼 꼬리 질문도 미리 생각해 두어야 한다.

셋째, 빈틈을 노려야 한다.
마치 바둑과 같다. 바둑처럼 두세 수를 내다보고, 결국 결정적인 한 수로 상대방을 제압해야 한다. 우리는 이렇게 수가 높은 사람을 고수(高手)라 부른다. 고수가 되기 위해서는 끊임없는 연습을 통해 다양한 전략을 습득해야 한다. 그리고 좋은 질문과 매끄러웠던 상황, 마음에 들지 않았던 질문과 어설펐던 상황에 대해 꼼꼼히 적어 두고 복기(復碁)해 보는 것도 좋은 방법이다.

전문면접관으로서 내가 가진 창을 꺼내 보자. 끝이 무디어졌거든 어서 연삭기를 준비하고 창이 하나뿐이면 여러 개를 만들어 놓자. 하루아침에 고수가 될 수는 없다. 하지만 시작하지 않으면 영원히 고수가 될 수 없다. 시작하고 준비하면 어느새 고수가 되어 있는 나를 발견할 것이다.

블라인드 채용에서 면접의 중요성

경찰서 안에서 소동이 벌어진다. 수갑을 찬 사람의 고함 소리가 복도까지 들린다.

"야, 임마! 느그 서장 어디 있어? 어! 니, 내 누군지 아나? 느그 서장 남천동 살제? 어! 내가 임마, 느그 서장이랑 어저께도 같이 밥 묵고 어! 사우나도 같이 가고 어! 마! 다했어!"

2012년 개봉한 영화 『범죄와의 전쟁』에서 영화배우 최민식 씨가 열연한 장면이다. 이 영화에는 1980년대와 1990년대 한국 사회의 애환과 부조리에 대한 내용이 고스란히 담겨 있다. 그래서 보는 이로 하여금 "맞아. 그땐 그랬지"라는 혼잣말을 하게 한다.

그때는 그랬다. 누구를 아는지, 누구와 밥을 먹는 사이인지가 그 사람의 능력을 평가하는 기준이었다. 사실 인맥이라고 표현하는 이 능력은 좋게만 쓰면 그 어떤 것보다 강력하다. 하지만 사람을 채용할 때 불법적으로 활용하면 채용비리가 생긴다. 인재를 채용함에 있어 공정한 과정을 통해 누구나 당당하게 실력으로 평등하게 경쟁할 기회를 보장받아야 한다. 하지만 인맥을 실력보다 우선시하는 시대에는 공정성에 대한 불신이 끊임없이 야기되었다. 대기업, 은행권 그리고 공공기관에서 채용비리라는 이름으로 재판을 받는 임직원이 등장하는 것을 우리는 심심치 않게 볼 수 있었다.

우리에게는 직무능력과 관련 없는 항목들을 걸어내고 실제 지원자가 가진 실력을 평가하여 채용하는 방식이 필요했다. 2000년대에는 입사지원서 항목에서 업무에 필요 없는 부분이 점차 줄어드는 기조(基調)를 보였고 2010년대에 NCS기반 직무능력 중심의 채용이 확산되었다. 결국 2017년 정부에서 '평등한 기회·공정한 과정을 위한 블라인드 채용 추진방안'을 발표하면서 공공기관 블라인드 채용이 전면 도입되었다.

블라인드 채용이란 채용과정에서 불합리한 차별을 야기할 수 있는 출신지, 가족관계, 학력, 외모 등의 편견 요인을 제외하고 직무능력을 평가하여 인재를 채용하는 방식이다. 서류전형에서 얻을 수 있는 정보는 지원자의 경험과 생각 두 가지 뿐이다. 남은 채용 프로세스로 적합한 인재인지를 판단해야 한다. 면접이 중요해진 이유다. 하지만 생각은 포장이 가능하다. "퇴근시간이 되었는데 보고서가 완성되지 않았다면 어떻게 하시겠습니까?"에 대한 대답은 정해져 있다. 그렇기 때문에 면접관은 BEI(Behavior Events Interview), 행동사례중심면접을 기반으로 지원자의 경험과 행동에 대한 질문을 해야 한다.

BEI는 구체적인 과거 경험을 탐구하여 미래의 직무 수행성과를 예측하는 것에 중점을 두는 면접 기법이다. "팀원과의 갈등이 있다면 어떻게 해결 하시겠습니까?"라는 질문보다 "최근 1년 동안 팀원과의 의견 차이로 갈등이 발생했을 때 해결한 경험에 대해 이야기 해 주시겠습니까?"라는 질문이 효과적이다. 물론 지원자의 답변 후에 어떤 상황(Situation)이었는지, 과제(Task)는 무엇인지, 어떤 행동(Action)을 취하였는지, 그로 인한 결과(Result)는 어떠했는지 등의 꼬리 질문을 통해 행동사례를 순차적으로 확인하고 평가한다면 면접의 실효성은 더욱 높아질 것이다.

면접은 중요하다. 아니, 면접만이 직무 적합성을 판단할 수 있는 유일한 수단이라고 말해도 과언이 아니다. 그러니 면접관은 다음의 세 가지 단계별로 꼼꼼하게 준비하고 실행해야 한다.

첫째, 면접 준비 단계에서는 면접위원 각자의 역할을 배분하며 자기소개서를 살펴보고 기본 질문과 추가 질문을 준비한다.

둘째, 면접 실시 단계에서는 지원자와의 간단한 라포 형성을 통해 긴장감을 완화시키는 과정을 거친다. 그리고 준비한 질문을 통해 언어적 답변과 비언어적 행동을 관찰하고 꼼꼼히 기록한다. 마지막으로 지원자에게 감사한 마음을 전하며 면접을 종료한다.

셋째, 기록한 내용을 분류하고 척도에 맞게 평가 점수를 확정한다. 그리고 마지막으로 전체 합격자 규모와 비율에 맞게 조정한다.

이 모든 일련의 과정을 전문가답게 소화해 내야 한다. 부담감과 두려움이 생기는가? 걱정하지 않아도 된다. 두려움은 경험의 부재가 만들어 내는 환상이다. 경험이 쌓이면 결국 우리는 훌륭한 전문면접관이 될 것이다.

관상(觀相)을 보는 사람이 있었다고?

서슬이 퍼런 긴 칼을 어깨에 올린 사람이 있다. 옷자락을 날리며 군중 속 한 인물에게 다가간다. 웃는 얼굴이지만 금방이라도 칼로 내리칠 것 같다. 긴장감이 흐른다. 말문을 연다.

"어서 말해 보게, 내가 왕이 될 상인가?"

침묵이 흐른다.

2013년 9월 개봉한 영화『관상』의 한 장면이다. 900만 관객의 호응을 얻은 이 영화는 계유정난(癸酉靖難)을 시대적 배경으로 하고 있다. 칼을 든 자는 수양대군을 연기한 이정재 배우이고 침묵으로 답을 대신한 자는 김내경이라는 극중 인물을 맡은 송강호 배우다. 사람의 얼굴을 보면 그 사람의 됨됨이와 탐욕스러움까지도 알아낸다는 '관상(觀相)'을 키워드로 영화 스토리는 전개된다.

시간이 흘러 500년도 더 지난 대한민국. 회사에서 본인이 관상쟁이라고 자랑하는 사람이 있었다. 마케팅 본부 이 상무다.

"김 부장, 내가 우리 회사에서 25년이나 근무한 거 알지? 지원자들 딱 보면 우리 회사에 맞는 사람인지 아닌지 30초 내에 알 수 있다니까. 나만 믿어."

자신감이 넘친다. 하지만 전혀 근거는 없다. 사람 보는 눈보다는 윗사람 심기를 바로 알아채는 촉만 좋은 사람이다. 느낌이 싸늘하다.

면접 진행요원에게 연락이 온다.

"부장님, 면접위원 중에 한 분이 계속 전화를 받으러 나오십니다."

자칭 관상쟁이 이 상무다. 쪽지에 경고 메시지를 적어 면접장 안에 있는 이 상무에게 전달한다. '이 상무님, 면접에 집중해주시면 감사하겠습니다.'

면접이 모두 끝나고 이 상무를 찾아간다.

"상무님, 면접 도중에 자리를 뜨시면 안 됩니다. 지원자들 인생이 걸린 문제인데 가볍게 보시면 안 돼요. 그리고 외부에 알려져서 시끄러워지기라도 하면 어쩌시려고 그러세요."

이 상무가 귀찮은 표정으로 답한다.

"김 부장, 나는 30초면 합격, 불합격 감이 온다니까, 걱정하지 마."

면접은 지원자가 해당 직무에 대한 지식을 가졌는지, 경험을 했는지 그리고 문제에 부딪혔을 때 해결해 나갈 수 있는 아이디어와 능력을 가졌는지 확인해 보는 시간이다. 확인할 수 있는 방법은 두 가지다. 첫 번째는 질문을 하고 답을 듣는 것이며, 두 번째는 지원자의 비언어적 요소를 관찰하는 것이다. 그런데 듣고 관찰하면 끝일까? 아니다. 기록해야 한다. 그래야 면접에서 확인한 사항을 설명할 수 있다.

'어떤 것에 대해 설명할 수 없으면, 그것을 안다고 할 수 없다'라는 말이 있다. 유태인의 교육 철학이다. 유태인은 2인 1조로 서로 토론하며 공부한다. 이러한 방식을 '하브루타'라고 하는데 지식수준이 비슷한 친구와 짝을 이루어 서로 아는 것을 설명하고 토론하는 방법이다. 거창하게 '하브루타'에 비유하지 않더라도 전문가라면 자신의 의견을 논리적으로 증명해야 한다. 그러기 위해서는 들은 것과 관찰한 것을 꼼꼼히 기록하는 것이 좋다. 그렇지 않으면 면접을 마친 후 "왼쪽에서 두 번째 앉았던 지원자 말이야. 그 친구 느낌이 좋더라고. 왠지 매우 열정적으로 일할 것 같았어. 바로 A+ 줬지. 내 촉이 틀림없을 거야"라는 말을 하는 프로 느낌러가 되고 만다. 예전에 대학원 연구생일 때, 동기 한 명이 지도교수에게 논문 프로포잘 검토를 받는 자리에서 경험과 느낌이 전부인 열 페이지 가량의 초고를 보여드렸다. 지도 교수는 한숨을 내쉬며 이렇게 말했다.

"근거 없는 느낌을 쓰려거든 일기를 쓰세요."

나는 마케팅 본부 관상쟁이 이 상무에게 이렇게 말해 주고 싶다.

"느낌으로 뽑으려거든 복권을 사세요."

올해 나는 실패할 예정입니다

"여기 와인 잔 세팅해 주세요."

사람들이 분주하게 테이블 사이를 오간다. 올해는 회사 실적도 나쁘지 않기에 기분 좋게 송년회를 할 수 있을 것 같다. 사무실이 아니라서 좀 더 자유로운 분위기다. 신규 입사한 임원에게 건배사 잘못하면 잘린다는 장난기 섞인 경고(?)도 오간다. 골프 이야기가 한창 무르익을 때 일 중독인 A 상무가 업무 이야기를 꺼냈다. 그러자 입사한 지 얼마 안 되는 B 상무가 농담처럼 한마디 한다.

"A 상무님, 식사자리에서 왜 일 얘기를 꺼내세요. 잘 나가다 삼천포로 빠지시네."

갑자기 침묵이 흐른다. 사장님께서 화장실에 가시는지 자리를 뜨신다. A 상무가 조용히 이야기한다.

"B 상무님, 사장님 고향이 삼천포이십니다."

'큰일이다. 입사한 지 몇 달 되지도 않았는데….'

삼천포는 지금의 경상남도 사천시의 옛 이름이다. 정확히는 1995년 삼천포시와 사천군이 통합되면서 삼천포라는 이름 대신 사천시로 바뀌게 되었다. '삼천포로 빠지다'라는 말은 '이야기가 곁길로 흘러가거나 엉뚱하게 그르치다'라는 뜻이다. 예전에 부산을 출발하여 진주로 가는 기차가 개양역에 도착하면 진주행과 삼천포행으로 객차를 분리하여 운행했다고 한다. 그 시절 진주가 목적지였던 사람들이 잠깐 한 눈을 파는 사이에 기차가 삼천포로 빠지게 되는 경우가 있었는데 그 때 생긴 말이라는 설이 있다.

그런데 사실은 삼천포로 빠지는 것보다 더 주의해야 할 것이 '망미합포'다. 망미합포라는 말은 망설이고 미루고 합리화하고 포기한다는 뜻이다. 망미합포하면 결국 목적지에 가지 못한다. 그럼 사람들이 망미합포하는 이유가 무엇일까? 실패가 두려워서다. 남녀노소를 막론하고 사람은 실패를 두려워한다. 주위에서 수군대는 것이 두렵고, 연락 오는 것도 두렵고 자존감이 떨어지는 것도 두렵다. 그래서 적당히 목표를 잡고 적당히 시도하다가 적당히 만족한다. '적당히'라는 단어는 꽤 유혹적이다. 핑계 댈 구석이 많다. 하지만 새로운 일에는 적합하지 않다. 한 분야의 전문가는 새로운 영역에 가면 초보자가 된다. 당황한 모습을 보이기도 하고 남에게 물어봐야 하는 일도 생긴다. 누구나 실패할 수 있다. 잘 모르니 실패할 확률이 높다. 하지만 괜찮다. 거기서부터 시작하면 된다. 처음부터 미국 보스턴 마라톤 대회 참가를 목표로 달리기를 계획하면 망미합포로 가는 지름길이다. 아마 나중에는 보스턴에 갈 비행기 표 값이 너무 비싸서 달리기를 못하겠다는 핑계까지 댈지 모른다.

전문면접관은 새로운 세상이다. 기업에서 인사 업무를 하면서 내부 면접관으로서 많은 경험이 있지만 그게 더 독이 될 수도 있다. 아는 척하는 사람이 더 실수를 많이 하는 법이다. 그래서 결심했다. 올해 나는 실패할 예정이다. 실패를 경험으로 만들 것이고 그 경험이 나를 전문가로 만들어 줄 것이다. 그 순환 레시피에 배움과 노력이라는 라면 스프 같은 마법의 약이 들어간다. 라면 스프라니, 맛은 안 먹어봐도 상상이 가지 않는가?

출발하자. 망설이고 미루고 합리화하고 결국 포기하는 망미합포로 가지 말고, 결정하고 시도하고 실패하고 다시 도전하는 결시실도로 가자! 밤하늘의 보이지 않는 점들을 이어서 멋진 별자리가 되듯, 보이지 않는 실패의 경험을 연결하면 성공이란 단어가 만들어 질 것이다. 실패는 내가 능력이 없다는 증거가 아니다. 내가 시도했다는 증거다.

08

전문면접관의 자기 인증 ABC

1. 면접의 요건
2. 왜 전문면접관인가?
3. 전문면접관의 목표(Goal) 설정과 자기 인증
4. 그리고 지원자에게

전문면접관의 자기 인증 ABC

최보인 HR코칭전문가

저자소개

인사 조직을 전공한 경영학 박사이다. 씨티은행에서 인사 책임자 및 커뮤니케이션 팀장 등을 역임하며 인재 경영과 리더십의 중요성에 더욱 집중하게 되었다. 그 외 여성위원회 분과위원장으로서 다양성 활동과 지역사회 공헌 활동 등을 기획하고 수행했다. Vice President로 오랜 은행 생활을 접고 현재는 국내 글로벌 대기업에 재직 중이다.

일하는 80대 옥토제너리언(Octogenarian)이 가능한 시대인 만큼 다양한 일터에서 수십 년간 쌓아온 분들의 지식과 경험이 공유될 수 있도록 직업상담사 자격증도 취득하고 중년(50+)들의 일자리 상담을 통해 사회에 조그만 보탬이 되는 것이 목표이다.

달라진 것은 세대가 아니고 시대라는 문구처럼 세대의 구분을 넘어 서로 어울리고 협업할 때라고 생각한다. 개인적으로는 학부 시절, 모교인 고려대학교에서 활동했던 오케스트라 연주회를 현재까지도 다양한 세대와 이어가고 있다.

주요 경력 및 직무

2023년 ~ 현재: 국내 대기업 재직 중
1992년 ~ 2022년: ㈜한국씨티은행

학력 및 전공

동국대학교 경영학 박사
고려대학교 경영학 석사
고려대학교 수학교육과 학사

전문 자격 및 인증

직업상담사, 중등 정교사 자격증

전문 활동

전문면접위원 / 평가위원장
한국형인사조직 협회 부회장
한국AI교육협회 교육 운영
고려대학교 관현악단 교우회 회장
(사)금융과 행복 네트워크 이사
한국열린사이버대학교 디지털융합경영학과 특임교수

들어가는 글

전문면접관의 역할과 책임

면접은 단순한 질문과 답변의 연속이 아니다. 한정된 시간 안에 지원자의 역량과 성장 가능성 등을 파악해야 하는 치밀한 과정이다.

홍콩에서 열린 인사 담당자 워크숍에 참석한 적이 있다. 구조화 면접과 평가 기법을 주제로 한 자리였는데 나는 1:1 면접을 진행하고 있었고, 옆 회의실에서 컨설턴트와 각국의 인사 책임자들이 내 면접을 실시간으로 모니터링하고 있었다.

그때 내 귀에 꽂힌 이어폰에서 들려온 한마디.

"Stop the interviewee's answering and move on to the next question."

("답변 끊고 다음 질문으로 넘어가세요.")

순간 당황했다. 내 앞에 앉은 지원자는 홍콩에서 근무 중인 회사원으로, 이 워크숍에 피면접자로 참여하였다. 그는 열심히 질문에 답변하고 있었고, 나는 그의 말에 집중하고 있었는데, 갑자기 그 흐름을 끊으려니 쉽지 않았다.

면접이 끝난 뒤, 여러 참가자로부터 개선점이 담긴 피드백이 이어졌고, 다음 날 그 의견을 반영해 다시 면접을 진행하는 과정이 반복됐다. 도대체 면접이 뭐길래, 이렇게까지 부담스러운 훈련이 필요했던 걸까?

그 이유는 분명하다. 'Hire Hard, Manage Easy'라는 말처럼, 뛰어난 인재를 제대로 선발해 놓으면 이후의 조직 운영이 훨씬 수월해지기 때문이다. 그래서 우리는 면접이라는 과정에 더욱 공을 들여야 한다. 면접관은 단순히 질문을 던지는 사람이 아니다. 면접의 목표를 설정하고, 지원자의 역량과 가능성을 정확하게 평가하며, 조직이 필요로 하는 인재를 가려내는 책임을 지닌 사람이다. AI 면접관이 확산되고 있지만, 오히려 이런 시대일수록 공정한 절차를 통해 사람을 깊이 있게 들여다보고 판단할 수 있는 진정한 전문면접관의 역할이 더욱 중요하다고 생각한다.

「전문면접관의 자기 인증 ABC」 장은, 면접관의 길을 가고 있거나 가고자 하는 분들과 전문면접관의 역할과 책임을 함께 생각해 보고자 펜을 들었다.

전문면접관의 자기 인증 ABC

1. 면접의 요건

면접의 쌍방향성

면접은 단순히 조직이 지원자를 평가하는 자리가 아니다. 지원자 또한 면접을 통해 조직이 자신의 가치관과 목표에 부합하는지, 성장할 기회를 제공할 수 있는 곳인지 판단한다. 즉 면접은 조직과 지원자가 서로를 탐색하는 쌍방향 과정이다.

어느 날, 나는 외부 면접관과 함께 면접에 참여한 적이 있다. 면접이 끝난 뒤, 그는 내게 이렇게 말했다.

"1번 지원자는 정말 착한 사람 같고 영어 발음도 좋더라고요. 글로벌 시대에 언어 능력도 좋고, 인성도 좋은 만큼 우리 둘 다 만점을 주면 어떨까요?"

나는 그 의견에 쉽게 동의할 수 없었다. 기본적인 인성과 언어 능력이 뛰어나더라도, 그 지원자가 원하는 업무는 직무 특성과 큰 차이가 있었기 때문이다.

조직은 면접을 통해 단순히 '좋은 사람(good person)'을 찾는 것이 아니다. 지원자의 태도와 행동, 역량, 가치관, 직무 적합성, 조직 문화와의 적합성, 그리고 미래 성장 가능성 등을 종합적으로 본다. 이는 '적격자(right person)'를 찾기 위해 조직이 시간과 비용을 투자하는 이유이기도 하다.

지원자 역시 마찬가지다. 면접이라는 공식적인 대화를 통해 조직과 직무가 자신의 방향성과 맞는지 판단한다. 만약 조직의 가치관과 맞지 않는다면, 합격하더라도 입사를 포기하거나 입사 후에도 불만족과 부담감을 느낄 수 있다. 이는 결국 지원자와 조직 모두에게 도움이 되지 않는다. 따라서 면접은 일방적인 평가가 아니다. 조직과 지원자가 서로를 이해하고, 함께 성장할 수 있는 가능성을 확인하는 중요한 과정이다. 따라서 면접은 쌍방향으로 이루어져야 한다.

인재, Right Person

인재에 대한 정의는 단순하거나 보편적으로 규정할 수 없다. 조직마다 인재를 바라보는 관점이 다르고, 맡게 될 직무의 성격에 따라 요구되는 조건도 달라지기 때문이다[1]. 다시 말해 조직과 직무에 따라 '필요한 인재'의 요건은 달라질 수밖에 없다. 앞서 언급한 '적격자(right person)'란 단순히 유능한 사람을 의미하지 않는다. 아무리 뛰어난 역량을 갖췄다 하더

---

1) Tansley, C. (2011), "What do we mean by the term "talent" in talent management?", Industrial and Commercial Training, Vol. 43 No. 5, pp. 266-274.

라도, 조직의 목표와 문화에 잘 맞지 않으면 성과를 내기 어렵다.

과거, 한 기업에서 경력이 풍부한 고위직 지원자를 채용한 사례가 있었다. 그는 평판조사에서 인품과 업무 능력 모두 뛰어나다는 평가를 받았고, 면접에서도 좋은 결과를 얻었다. 하지만 입사 후 기대했던 성과를 내지 못했다. 분석 결과, 새로운 조직 문화에 제대로 적응하지 못한 것이 주요 원인이었다.

반면, 반대되는 사례도 있다. 처음 1년 동안은 단순한 업무를 맡게 되지만, 이후에는 중요한 해외 시장을 담당할 수 있는 가능성이 있는 채용 건이었다. 초기의 업무는 단순해 보일 수 있지만, 실수가 잦거나 고객과 문제가 생겨서는 안 되는 중요한 일이었다. 또한 1년 후 맡게 될 업무는 상황에 따라 달라질 수 있었기 때문에, 지원자에게 미리 구체적으로 안내하거나 약속할 수도 없었다. 이러한 이유로 면접에서는 초기 1년간 수행하게 될 업무에 대해서만 설명한 채 평가가 이루어졌다.

면접 후 나를 포함한 면접관들은 한 지원자에게 높은 호감을 가졌다. 다만 그의 경력과 역량을 고려했을 때, 처음 1년간 맡게 될 단순한 직무에는 과하게 높은 수준이었다. 그래서 면접관들 사이에서는 '입사 제의를 해도 거절할 가능성이 높다'며, 나중에 더 적절한 포지션이 생기면 다시 연락하자는 의견이 많았다. 하지만 우리는 고민 끝에 채용 제안을 하기로 결정했다. 다소 뜻밖이었지만 그는 흔쾌히 제의를 수락했다. 입사 후 그는 처음 1년간의 단순한 업무도 책임감 있게 수행했고, 향후 조직의 유능한 임원으로 성장했다. 이 사례는 '지금 당장의 역할'만이 아니라, 지원자의 성장 가능성과 책임감에 주목한 덕분에 좋은 인재를 영입할 수 있었던 결과이다. 아무리 능력이 뛰어난 사람이라도 조직의 목표와 가치, 그리고 문화와 맞지 않으면 성과를 내기 어렵다. 그래서 조직은 단순히 현재의 능력이나 경력이 좋은 사람보다, 변화에 잘 적응하고 조직과 함께 성장할 수 있는 인재를 원한다.

2025년 ZDNet Korea에서 발표한 설문조사에 따르면, 기업들은 과거보다 '인재상'을 더 중요하게 평가하는 경향을 보이고 있다. 실제로 스펙이 부족하더라도 인재상에 부합하면 합격시키고, 반대로 스펙이 뛰어나더라도 인재상에 맞지 않으면 탈락시키는 사례도 있었다.

빠르게 변화하는 시대에는 조직의 목표를 이해하고, 변화에 유연하게 대응하며, 협업을 통해 함께 성장할 수 있는 사람이 바로 조직이 필요로 하는 핵심인재이자 right person이다. 조직의 위기 상황이 언급될 때마다, 그 해법으로 가장 많이 언급되는 것이 바로 '인적 쇄신'이다. 왜일까? 그만큼 인재, 즉 인적 자본은 조직의 주요 수익원이자, 조직이 보유한 유일하고 지속 가능한 경쟁력이기 때문이다.[2] 무엇보다 이런 인재를 발굴하는 첫걸음은 바로 면접을 통한 효과적인 채용에서 시작된다.

---

2) Falcone, Paul. 96 Great Interview Questions to Ask Before You Hire, Third Edition, Amacom

포텐셜

진정한 인재는 단순히 현재의 능력이나 경력이 아니라 앞으로의 발전 가능성에 중점을 둔다. 포텐셜(Potential)은 지금까지의 업적이나 경력보다, 앞으로 조직의 성장에 얼마나 기여할 수 있는지에 대한 잠재력이다. 즉 포텐셜은 아직 발휘되지 않았지만, 변화하는 환경 속에서 적응을 넘어 변화를 주도할 수 있는 힘이라 할 수 있다.

함께 일하던 아시아 지역 상사는 항상 '포텐셜'을 강조했다. 눈앞의 업무 성과만이 아니라, 그 사람이 얼마나 변화를 넘어 성장할 수 있는지를 보라는 의미였다. 처음엔 이 말이 크게 와닿지 않았지만, 어느 면접 과정에서 그 의미를 체감한 일이 있었다. 해당 부서는 하루라도 빨리 인력을 뽑아달라고 재촉하고 있었고, 분위기도 다소 예민했다. 나는 지원자의 직무 역량뿐 아니라, 커뮤니케이션 능력, 대인관계, 변화 적응력, 그리고 본인이 선호하지 않는 업무에도 책임감을 가지고 임할 수 있는지 등을 종합적으로 고려했다.

면접 당일, 한 사내 면접관은 이렇게 말했다.

"사람은 5초만 보면 판단할 수 있으니까요. 굳이 회의실에서 공식 면접까지는 안 해도 될 것 같아요."

나는 면접 기준과 절차의 중요성을 설명했고, 예정된 회의실에서 면접을 진행했다. 그 면접관은 5분도 되지 않아 회의실에서 나왔다. 그러고는 "이 사람 뽑읍시다"라며 만점에 가까운 평가서를 제출했다. 채용에 대한 이유나 소견도 따로 없었다.

그렇다면 5분간의 면접이 너무 짧았던 걸까? 물론 내가 1인당 1시간 정도 면접했던 점을 고려하면 5분은 짧다. 하지만 짧은 시간에 내린 판단이 반드시 틀렸다고 단정할 수는 없다. 다만 어떤 기준으로 무엇을 평가했는지, 그 기준이 과연 포텐셜을 충분히 반영했는지는 되돌아볼 필요가 있다.

세계적인 조직심리학자 애덤 그랜트는 그의 저서 『히든 포텐셜(Hidden Potential)』에서 잠재력을 평가할 때 눈앞에 보이는 능력만을 기준 삼는 것은 위험한 오류라고 지적한다. 경영학에서 말하는 기업의 궁극적인 목표는 영속성이다. 또한 한 사람을 채용하면, 입사부터 정년퇴직까지 수십 년간 함께할 수도 있다는 점을 고려할 때, 포텐셜을 간과하기는 어렵다. 따라서 면접관은 지원자의 현재 능력뿐 아니라, 앞으로의 성장 가능성에 집중해야 한다. 그래야 입사 후 조직 안에서 일하며, 인적자원개발(HRD)과정 등을 통해 지속적으로 성장할 수 있다.

2. 왜 전문면접관인가?

전문가와 아마추어

전문가와 아마추어는 겉보기에 비슷해 보이지만, 그 사이에는 분명한 차이가 있다. 가장 큰 차이는 바로 '경제적 보상'이다. 전문가가 수행하는 일에는 보상이 따르지만 아마추어는 시간과 비용을 스스로 감수해야 한다. 예를 들어 축구를 좋아하는 사람은 반드시 프로 팀에 소속되지 않아도 축구를 즐길 수 있다. 오케스트라 활동도 마찬가지다. 음악을 사랑하는 사람이면 전문 연주자가 아니더라도 무대에 설 수 있다. 미술, 강연, 취미 활동 등 대부분의 분야에서 비슷한 현상을 볼 수 있다.

하지만 전문가로 활동하는 사람은 자신의 활동에 대해 급여나 성과급 등 경제적 보상을 받는다. 반면 아마추어는 장비나 장소 대여 등에 오히려 비용을 지불하게 되며, 별도의 보상은 없다. 이처럼 '보상 여부'는 전문가와 아마추어를 구분하는 핵심 기준이며, 전문가가 수행하는 일은 결국 '직업'이 된다.

전문면접관도 마찬가지다. 공공기관 채용에 외부 면접관으로 참여하면 사례비를 받는다. 그렇다면 전문면접관도 직업윤리를 따라야 하며, 아마추어보다 훨씬 더 큰 직업정신과 전문성이 요구된다. 다시 말해, 면접을 직업으로 한다면 그에 맞는 지식과 전문성을 갖추고, 자신이 맡은 역할에 책임을 다해 성실히 수행해야 한다. 외부 면접관으로 참여할 경우, 대부분 비밀유지 서약서에 서명한다. 내용은 지원자에 대한 정보는 물론, 면접 전형과 제반 사항 등을 외부에 누설하지 않겠다는 것이다. 그러나 집중하지 않으면 이를 위반하는 경우도 발생할 수 있다.

전문면접관은 단순히 한두 마디 질문을 던지는 사람이 아니다. 필요한 교육과 지식을 넓히며, 전문가로서, 전문가답게 역할을 수행해야 한다.

전문면접관의 필요성

공공기관의 블라인드 채용제도 도입과 AI 면접관 활용이 늘어나면서 전문면접관의 필요성은 더욱 커지고 있다. 블라인드 채용제도는 학력, 지역 등 차별 요소를 배제하고 직무 역량 중심으로 채용하기 위해 2017년 전면 도입됐다. 당시 332개 공공기관과 149개 지방공기업에서 의무적으로 시행했다. 이후 제도의 실효성에 대한 논란이 제기되면서 2023년에는 가이드라인에서 '의무화' 문구를 삭제했다(서울경제, 2023.04.11).

위반 사례도 나타났다. 특정 직원이 추천한 사람만으로 면접위원회를 구성하거나, 이미 위원을 정한 후 특정 인물에게 면접 참석을 요청한 경우다(머니S, 2024.08.21). 중앙선거관리위원회는 블라인드 채용으로 아빠찬스를 차단하겠다고 밝혔지만(한겨레, 2024.01.18), 결국 특혜 채용 문제가 발생해 경찰 수사로 이어졌다(조선일보, 2025.03.08). 이러한 위반 사례는 진정 공정한 채용 제도의 취지를 무색하게 한다.

공공기관 채용정책 연구에서는 외부 면접관을 절반 이상 참여시키는 것이 적합한 인재를 선발하는데 얼마나 도움이 되는 지 생각해 볼 문제라고 시사하였다[3]. 다시 말해, 외부 면접관의 참여가 실제로 채용의 공정성과 조직 적합성 향상에 기여하는지 검토할 필요가 있다는 것이다. 한편 2022 고용패널 조사 학술대회에서는 학벌에 초점을 맞춰 분석한 결과, 블라인드 채용 제도의 효과가 의미있게 나타났던 초기와 달리 성과가 약해졌다고 했다.

이러한 시사점들을 바탕으로 블라인드 채용 제도의 한계를 보완할 방법으로, 전문성을 갖춘 외부 면접관의 역할이 더욱 중요해지고 있음을 보여 준다. 최근에는 면접관을 위한 다양한 교육

---

[3] 민경률, 손호성(2020), 공공기관 채용정책에 대한 연구: 블라인드 채용제도의 도입효과 분석을 중심으로, 세종: 한국조세재정연구원

프로그램들이 제공되고 있으니 면접관의 전문성을 기르기 위해 교육 참여를 고려해 볼 수 있겠다.

끝으로 인공지능(AI) 면접관의 도입과 그 한계 역시 전문면접관의 필요성을 설명한다. AI는 사람이 의도적으로 저지를 수 있는 차별적 요소를 회피할 수 있고, 공정성과 효율성, 비용 절감 측면에서도 장점이 있을 것으로 보인다. 이러한 이유로 해외는 물론, 일부 국내 사기업과 공공기관에서도 AI 면접 시스템을 도입해 활용하고 있다. 실제로 취업하고 싶은 1순위인 미국의 대표 빅테크 기업들인 팡(FAANG: Facebook, Amazon, Apple, Netflix, Google) 역시 AI채용 프로그램과 무관하지 않다. 그러나 실제 운영 과정에서는 오히려 AI 면접관이 차별과 편견을 재생산하는 문제가 지속적으로 발생하고 있다. 예를 들어 아마존은 여성을 불리하게 평가하는 AI 채용 시스템을 도입했다가 성차별 문제가 제기되어 시스템을 폐기했다. 또 다른 기업은 고령자를 AI로 탈락시켜 소송이 발생했고, 결국 합의금까지 지급했다. 미국은 이 같은 문제를 방지하기 위해 AI 채용 프로그램을 활용하는 기업에 편향성 평가와 연례 보고를 의무화했다(AI타임즈, 2023.08.11).

이 외에도 구글이 개발한 챗봇 제미니(Gemini)는 고령화 문제에 대해 "인간은 불필요한 존재"라고 답변하거나, 챗GPT가 흑인 영어 사용자를 부정적으로 인식하는 사례도 있었다. AI가 생성한 콘텐츠는 때때로 인간 존엄성을 침해하거나 사회적 편견을 강화할 수 있다는 우려를 낳고 있다. 딥페이크(Deepfake) 기술처럼 AI를 이용해 얼굴이나 음성을 조작하는 사례도 확산하고 있다. 가짜 인물의 영상과 목소리가 실제 기업 대표처럼 등장하는 면접 사례는 신뢰를 떨어뜨리고, 면접의 쌍방향성을 무너뜨린다. 한 AI 면접 솔루션 기업은 실제 채용 면접 영상 400만 건 이상을 학습 데이터로 보유하고 있다. 이는 사람이 경험하기 어려운 규모로, 효율성과 속도 면에서 AI의 강점을 보여주지만 동시에 오남용에 대한 경계가 필요하다.

채용 실무자들은 연간 수백 명의 인재를 검토하고, 이력서 확인부터 면접, 평가 및 기록 관리까지 방대한 업무를 반복 수행한다. 이러한 관점에서 AI는 분명 담당자의 업무 부담을 줄여 주는 유용한 도구다. 그러나 기술이 발전할수록 그에 따른 차별과 윤리 문제도 더욱 정교해지고 있다. 이러한 변화 속에서 면접관은 기술을 보완할 수 있는 전문가로 준비돼 있어야 한다. 설령 새로운 제도나 기술이 도입되고 AI 면접관이 더욱 확산되더라도, 사람의 가치관과 판단력은 완전히 대체될 수 없다. 조직의 특성과 직무의 본질을 이해하고, 변화에 맞는 기준을 세워 인재를 선별할 수 있는 존재가 바로 전문면접관이다. 왜냐하면 AI 채용 시스템 역시 사람이 설계하고 판단 기준을 제공해야 완성되기 때문이다. 오류를 답습하지 않도록 전문면접관은 올바른 데이터를 기반으로 제도의 방향성을 바로잡을 기준을 제시할 수 있어야 한다.

AI와 기술이 채용 현장에 빠르게 확산되는 지금, 사람을 이해하고 조직에 맞는 인재를 선별할 수 있는 전문면접관의 역할이 그 어느 때보다 중요해졌다. 기술과 가치가 함께 요구되는 이 변화의 시대에 전문면접관은 무엇을 준비해야 할까? 이제 본격적으로 전문면접관이 갖춰야 할 목표와 자기인증 방법을 살펴보자.

3. 전문면접관의 목표(Goal) 설정과 자기인증

전문면접관에게 가장 먼저 필요한 것은 현실에 맞는 명확한 목표를 세우는 일이다. 목표가 없다면 무엇을 위해 행동해야 하는지도, 무엇을 이루었는지도 판단하기 어렵다. 『퓨처 셀프』의 저자 벤저민 하디는 음악가이자 기업가인 데릭 시버스의 말을 인용해 "그 사람의 목표(목적)를 모르면, 그 사람이 성공했는지 그렇지 않은지 알 수 없다"고 강조한다. 책에서 제시하는 '미래의 내가 되는 7단계' 역시 1단계가 바로 '목표 설정'이다. 이후 단계로는 덜 중요한 목표 제거, 피드백 수용, 자기 연민, 미리 감사하기, 완수하기, 행동하기가 이어진다. 하디는 완벽한 목표가 아니더라도 끝까지 실행하는 것이 중요하다고 말한다.

    일반적인 조직에서는 목표를 상사나 동료와 함께 설정하고, 상사 평가뿐 아니라 다면 평가 등도 함께 이루어진다. 그러나 전문면접관은 대부분 특정 조직 소속이 아니기에 스스로 목표를 세우고 실천하며, 목표를 기준으로 자신의 성과를 스스로 평가해야 한다. 이 과정을 '자기인증'이라고 할 수 있다. 이에 전문면접관으로서의 목표 설정 기준을 ABC 프레임으로 구성해 제안하고자 한다.

A.sk:
질문하다

    전문면접관에게 중요한 첫걸음은 올바른 질문을 찾는 것이다. 질문은 단순한 호기심이 아니라, 지원자의 역량과 가능성을 선별하는 핵심 도구다. 대부분의 채용 실패는 전략적인 면접 질문을 구축하지 않은 데서 비롯된다는 주장도 있다. 이는 질문의 중요성을 강조하는 대목이다. 『똑똑한 사람은 어떻게 생각하고 질문하는가』에 소개된 아인슈타인의 말이 특히 기억에 남는다. 그는 올바른 질문을 찾고 나면 정답을 찾는 데 5분도 걸리지 않는다며, 정성스러운 질문이 정성스러운 답을 이끈다고 했다. 그래서일까, 학부 시절 수학을 전공한 내게 영화 『이상한 나라의 수학자』도 깊은 인상을 남겼다. 그중 틀린 질문에서는 옳은 답이 나올 수 없다. 답을 찾는 것보다 질문이 무엇인지 아는 것이 더 중요하다는 대사는 특히 공감이 되었다.

질문은 채용 면접에서 매우 중요한 선발 도구다. 잘못된 질문은 지원자의 직무 역량은 물론 성장 가능성까지도 제대로 파악하지 못하게 만든다. 그렇다면 어떻게 좋은 질문을 만들 수 있을까? 요즘은 AI에게 채용 관련 예상 질문지를 요청하면 몇 분 안에 질문이 생성된다. 하지만 단순히 질문을 나열하는 것만으로는 충분하지 않다. 그 질문이 해당 조직과 직무에 적합한지 판단하고 검토해야 한다. 이를 위해 일반적으로 사용하는 STAR 기법(Situation, Task, Action, Result)도 고려해야 한다. 지원자가 특정 상황(S)에서 어떤 과제(T)를 맡고, 어떤 행동(A)을 했으며, 그 결과(R)가 어떠했는지를 살펴보는 방식이다. 좋은 질문을 개발하려면, 스스로 그 질문을 던지고 STAR 기준에 따라 답변을 평가해 보는 과정을 거쳐야 한다. 필요하다면 수차례 수정하고 검증해야 한다.

이러한 과정을 통해 조직과 직무에 적합한 질문을 만들 수 있을 뿐 아니라, 지원자 역시 질문의 요지를 정확히 파악해 자신의 역량을 더 잘 표현할 수 있다. 눈앞에 놓인 한두 개의 질문만 던진다고 전문면접관이 될 수는 없다. 전략적인 질문 개발을 통해 채용의 오류를 줄이고, 지원자의 가치를 정확히 볼 수 있어야 한다.

B.ehave:
행동하다

전문면접관의 행동은 질문을 개발하고, 지원자를 평가하는 훈련으로 이어진다. 이 과정은 책임감 있는 반복을 통해 쌓여야 하며, 결국 그것이 전문가를 만든다. 어떤 면에서는 '100번의 법칙'이 존재하는 듯하다. 가수 권인하는 한 방송에서 "새로운 노래를 부르기 전, 최소 100번 이상 연습한다"고 말했다. 『퓨처 셀프』에서도 "100번만 반복하면 그것이 당신의 무기가 된다"는 표현이 나온다.

나도 대학 시절에 비슷한 경험이 있었다. 비올라 연주자로 오케스트라 활동을 했는데, 연주회에서는 박선호 선배가 비올라 협연자로 무대에 올랐다. 그 선배는 연주가 어렵거나 잘 되지 않는 부분은 "100번만 연습하면 된다"고 말하곤 했다. 선배는 20대에 악기를 처음 접한 아마추어였지만, 100번을 연습한다는 마음을 갖고 부단한 노력으로 결국 훌륭한 오케스트라와 훌륭한 협연으로 큰 박수를 받았다. 반복의 힘이 다른 사람과의 뚜렷한 차이를 만들어 낸 것이다.

아마추어 연주자와 달리 전문 연주자는 몇 시간만 연습해도 무대에 오를 수 있다고 한다. 하지만 그 뒤에는 이미 오랫동안의 집중과 훈련이 쌓여 있다. 면접관도 마찬가지다. 조직을 이해하고, 질문을 개발하며, 지원자를 평가하기 위해선 반복과 책임이 동반돼야 한다.

전문면접관이 마주하는 현실은 단순하지 않다. 기관마다 평가 항목이 다르고, 같은 항목이라도 배점 기준이 제각각이다. 어떤 경우에는 평가 의견을 직접 작성해야 하기도 한다. 하루 수십 명의 지원자를 며칠간 면접하면서도, 각 지원자의 강점과 차이를 정확히 구분해내야 한다. 이를 위해서는 사전에 조직을 충분히 이해하고, 그에 맞는 질문을 준비하며, 반복적인 연습으로 평가 기준을 다져야 한다. 질문하고 평가하는 과정 하나하나에 책임을 담아야 진짜 전문가가 될 수 있다.

C.onnect: 연결하다

전문면접관은 조직의 미래를 이끌 인재를 채용하는 역할을 맡고 있다. 이는 단지 신입 또는 경력 여부에 국한되지 않는다. 다양한 세대가 함께 일하는 오늘날, 면접관은 동시대를 잇는 연결자이자 미래 세대를 조직과 이어 주는 다리 역할을 한다. 나와 다른 생각을 가진 세대라고 해도, 이해하고 연결해야 한다. 연결의 과정이야말로 조직의 지속 가능성을 높이는 중요한 관문이기 때문이다.

그렇다면 최근 주목할 만한 MZ세대의 특징을 살펴보자.

첫째, AI로 취업을 준비하는 사례가 급증하고 있다. 한 대학생 설문조사에 따르면, 10명 중 6명이 AI를 활용해 취업을 준비하며,

그 중 77%가 AI로 자기소개서를 작성하는데 도움을 받는다고 응답했다(파이낸셜뉴스, 2024.11.05). AI 판사, AI 은행 지점, AI 교과서가 현실화되는 시대다. 서울시 등 일부 지자체는 VR 가상면접 체험장을 운영하며, 결과는 2~3일 내로 제공된다고 한다. 가상면접관이 내놓는 평가 결과에 대한 지원자들의 관심도 크다.

둘째, 디지털 환경에 익숙한 세대임에도 종이책을 찾는 경향도 뚜렷하다. 이를 '텍스트힙(text + hip)'이라고 부르며, 출판·문구 업계는 이를 겨냥한 마케팅을 활발히 펼치고 있다. 술을 마시며 책을 읽는 공간까지 등장할 정도다. 디지털 세대에게 책은 여전히 자기표현과 성장의 도구로 작용하고 있다는 점에서, 면접관이 주목해야 할 트렌드다(제일메거진, 2024.11.24).

셋째, MZ세대에서는 조기 퇴사 현상이 뚜렷하게 나타난다. 실제로 한 조직에서는 공채 인원의 30% 이상을 예비 합격자로 선정해 합격자의 조기 퇴사를 대비한 적도 있다. 설문조사 결과, 입사 후 3개월 이내 퇴사율이 56.4%에 달했는데, 주된 이유는 업무가 생각과 달라서(45.7%), 업무가 적성에 안 맞아서(41.4%), 기업문화가 안 맞아서(22.9%)였다(한국경제, 2024.04.08.). 흥미로운 점은 아이러니하게도 면접에서 가장 중점적으로 평가하는 것이 바로 직무 적합성과 조직 문화 적응력이라는 사실이다. 그런데 정작 이 기준을 통과한 이들이 빠르게 조직을 떠나고 있는 셈이다. 조기 퇴사로 인해 발생하는 비용은 1인당 평균 2,000만 원에 이른다(MBN, 2024.03.24). 여기에 팀 사기 저하, 업무 공백 등 보이지 않는 비용까지 고려하면, 면접에서 right person을 찾는 일의 중요성은 더욱 커진다.

경력자 면접에서는 이전 조직에서의 퇴사 사유를 묻는 경우가 많다. 이를 통해 조직 적응 가능성과 성과 지속 여부를 가늠해 보기 위해서다. 이런 질문은 퇴사 가능성을 낮추고, 조직과 함께 성장할 사람을 선별하는 데 도움을 준다. X세대 이후 M세대, MZ세대, 그리고 앞으로는 Z세대, 알파세대, 잘파세대까지 다양한 세대가 등장할 것이다. '조용한 사직'과 '조용한 해고'라는 말이 회자되는 시대에, 세대 이해는 선택이 아닌 필수다. 따라서 전문면접관은 세대의 변화와 흐름을 읽고, 각 세대의 특성을 이해하며, 포텐셜을 이끌어낼 질문을 개발할 수 있어야 한다. 그래야만 지금의 인재를 미래의 조직과 자연스럽게 연결할 수 있다.

전문면접관의 기본 SMART Goal 5가지

전문면접관으로서의 책임감과 사명감을 실천하기 위해서는 구체적인 실행 계획이 필요하다. 그중 하나로 1년 단위의 SMART Goal 설정을 추천한다. SMART는 Specific(구체적), Measurable(측정 가능), Achievable(달성 가능), Relevant(관련성), Time-bound(기한 설정)의 약자다. 아래에 제시한 기본 목표는 첫해뿐 아니라 매년 반복해도 좋다. 여기에 개인의 전문성 향상을 위한 항목을 추가해 지속적으로 보완해 나갈 수 있다.

기본 Goal 1: 책 10권 읽기

변화하는 세대와 세상을 이해하기 위해 분기별 최소 2권 이상, 연간 10권 이상의 책 읽기를 권장한다. 책을 선정할 때는 다음과 같은 주제와 영역으로 나누어 접근하면 도움이 된다.

① 공공기관 채용 제도와 방침 이해하기

고용노동부의 『공공기관 블라인드 채용 가이드북』은 기본이다. 국민권익위원회의 『2025년도 공정채용 전문교육』 역시 추천한다. 이 책들은 제도의 취지와 배경은 물론 채용 비리 사례 등을 다뤄 면접관의 기본 소양을 높이는 데 유용하다.

② 지원자 관점에서 준비서 읽기

『공기업 NCS 면접』과 같은 책들은 공공기관 취업 준비생들이 주로 접하는 질문과 500개 이상의 모범 답변, 공식들을 담고 있다. 면접관으로서 지원자들이 자주 사용하는 표현과 전략을 이해하고, 질문을 분석하고 개발하는 데 유용하다. 조직에 따라 지원자의 자기소개서 표절 여부를 판단하기 위해 시스템으로 걸러내기도 하지만, 면접관은 지원자의 관점에서 질문과 답변의 패턴과 맥락을 이해하는 데 도움이 된다.

③ 전문면접관의 노하우와 경험 배우기

전문면접관의 실제 경험담과 노하우가 담긴 책을 통해 현장을 간접적으로 경험하며 면접에서의 성공과 실패 사례를 배울 수 있다. 이런 경험은 실무 능력을 향상시키는 데 도움을 준다.

④ 세대의 이해와 AI 시대 준비하기

MZ세대의 리더십과 일상을 다룬 책을 통해 이들의 가치관을 접하는 것이 필요하다. 특히 AI 기술과 함께 살아갈 미래를 대비해 AI 관련 서적을 읽는 것도 추천한다.

한 강연에서 고동진 전 삼성전자 대표에게 "일하는 80대, 옥토제너리언이 되려면 무엇을 준비해야 할까요?"라고 질문한 적이 있다. 그는 "건강을 챙기고 책을 많이 읽으라"고 답했다. 특별한 비법을 기대했지만, 오히려 많은 이들이 이 평범한 답에 깊이 공감했다. 책을 통해 제도와 트렌드를 익히고, 다양한 세대와 가치관을 경험하며, 생각의 폭을 넓힐 수 있다. 면접관 역시 책을 통해 지원자의 포텐셜을 정확히 파악하여 평가하는 가치 있는 질문과 평가 방법을 찾는 데 큰 도움이 될 것이다.

기본 Goal 2: 채용할 조직 이해하기

조직마다 그리고 직무마다 요구하는 인재가 다르다. 따라서 적격자(right person)를 선발하기 위해서는 채용할 조직과 직무에 대한 깊은 이해가 필수적이다. 특히 외부 면접관은 내부 면접관과 달리 조직 문화와 내부 사정을 파악하기 어렵기 때문에 더욱 철저한 준비가 필요하다.

외부 면접관은 조직의 홈페이지나 언론 기사 등을 통해 해당 조직의 가치관, 기업 철학, 주요 사업, 최근 이슈 등을 미리 파악해야 한다. 이를 소홀히 하면 면접에서 조직이 원하는 평가 기준에 맞는 질문을 하지 못하거나, 지원자의 답변을 정확히 평가하기 어렵다. 실제로 면접관 중에는 채용할 조직의 기본적인 정보조차 숙지하지 않은 경우가 종종 있다. 이는 전문가로서 갖추어야 할 최소한의 준비가 부족한 것이다.

이처럼 최소한 조직의 홈페이지를 통해 조직의 목표, 인재상, 경영 철학, 조직도 등을 확인하고, 언론 기사와 자료 검색을 통해 사전 정보를 수집해야 한다. 또한 내부 면접관과 인사담당자의 의견을 적극적으로 듣고 질문 설계나 답변 평가에 반영하는 것도 필요하다. 이러한 사전 정보 조사는 진정성 있는 면접을 가능하게 하고, 지원자에게 신뢰감을 주는 쌍방향 면접을 만드는 데 큰 도움이 된다.

기본 Goal 3: 지원자에 대한 면접 평가 내용 기재

면접관은 지원자마다 최소한 한두 단어 또는 한 줄 이상의 서술 평가를 기록하는 것이 필수적이다. 이러한 서술 평가는 지원자 합격 여부를 결정하는 데 도움을 줄 뿐 아니라, 면접관 스스로의 판단을 객관화하고 공정성을 유지하는 데 중요하기 때문이다.

① 면접 평가표의 구성

면접관은 지원자 평가를 위해 평가표를 작성한다. 평가표의 항목이나 척도는 각 조직의 가치관과 철학을 반영하여 다르게 구성될 수 있지만, 보통 3~5개 항목으로 나뉘며 경우에 따라 항목별로 세부 평가 기준이 수십 개에 이르기도 한다. 때로는 서술형 평가가 추가되기도 한다.

② 서술 평가 기록의 필요성

면접을 진행하다 보면 지원자 간의 평가 점수가 비슷해 판단이 어려운 경우가 생긴다. 또한 지원자 수가 많고 면접 기간이 길어질수록 면접관 본인이 설정한 판단 기준이 흐려질 수 있다. 이때 별도의 메모장에 지원자의 답변 내용과 주요 특징을 간략히 서술해 두는 것이 유용하다. 일부 조직에서는 탈락자에게 피드백을 제공하기 위해 서술형 평가를 요청하기도 하는데, 이는 매우 바람직한 흐름이다.

하지만 요청이 없더라도, 지원자의 답변을 바탕으로 서술 평가를 작성하는 습관은 면접관의 판단을 공정하고 객관적으로 만드는 데 도움이 된다. 이는 점수 차이를 합리적으로 구분할 수 있는 기준이 되기 때문이다.

③ 서술 평가 작성 방법

서술 평가를 작성할 때는 장문의 글이나 기술이 필요하지는 않다. 간단히 핵심적인 특징만 기록해도 충분하다. 예를 들어, '팀원과 의견 충돌 시 적극적으로 조율하나 개인 업무를 우선 처리함', '리더십은 뛰어나지만, 숫자 업무에 흥미 부족' 등과 같이 간결한 서술이면 충분하다.

④ 평가 기록의 효과와 중요성

지원자 개개인에 대한 서술 평가는 면접의 표준화와 객관화에 기여한다. 평가 점수만으로는 지원자 간의 차이를 구별하기 어렵고, 주요 답변을 기억하기도 쉽지 않다. 따라서 간략한 서술 평가를 통해 지원자의 특징을 명확히 구분할 수 있어야 한다. 평가서 작성은 면접 과정에서 지원자의 전반적인 역량을 평가하는 중요한 작업이다. 면접관은 각 평가 기준을 명확히 정의하고, 구체적인 사례를 통해 지원자의 강점과 개선점을 객관적으로 기록해야 한다. 이렇게 작성된 평가서는 조직이 원하는 적격자(right person)를 선발하는 중요한 기준이 된다.

기본 Goal 4: 면접 후기 작성

면접 후기는 면접 일정이 끝난 직후, 늦어도 1주일 이내에 작성하는 것이 좋다. 단순히 질문과 답변을 기록하기보다, 운영 방식과 평가 절차의 장단점을 돌아보는 데 목적이 있다. 이렇게 쌓인 후기는 자신만의 전문성을 보여 주는 고유한 스토리가 된다. 작성 방법은 사람마다 다르겠지만, 나의 경우는 특정 양식을 정하지 않고 향후 해당 조직에 대한 선입견이나 편견이 생기지 않도록 기관명도 적지 않는다.

예시는 다음과 같다.

O월, 신입 70명 공채 면접. 다대다 면접 방식 진행. 면접관 간

소통 원활했고 대행사의 진행도 매끄러웠음. 단 특정 면접관이 압박 질문을 연달아 하여 지원자가 당황했고, 이후 면접이 원활하지 않았음. 잠깐의 휴식 시간에 면접관들과의 논의를 통해 방안을 마련함. 다만 의도적인지 의심되며 향후 운영진과 공유 필요. 총평 시간에 사내 면접관이 특정 지원자를 강하게 추천했고, 일부 외부 면접관은 내부 의견에 따르자고 했음. 평가는 각 면접관이 주체적으로 했으나 공정성 논란 우려됨.

이처럼 면접 후기를 기록하는 일은 전문성을 쌓는 데 있어 중요한 자산이다. 향후 사내 면접관 교육이나 공정성 개선안을 제안할 근거로도 활용될 수 있다.

기본 Goal 5: 전문면접관으로서 퍼스널 브랜딩

ABC 목표 설정과 자기인증 과정을 통해 전문면접관으로서의 퍼스널 브랜딩은 어느 정도 구축된다. 하지만 퍼스널 브랜딩은 단어에서도 알 수 있듯이 완성형이 아니라 진행형이다. 따라서 지속적으로 발전시켜야 한다.

퍼스널 브랜드란 단순히 이름을 알리는 것이 아니라, 자신이 원하는 방향으로 다른 사람들이 자신을 바라보도록 만드는 의도적이고 전략적 가치다.[4] 따라서 어떤 전문성과 가치를 지닌 면접관으로 보일지를 스스로 정의하는 데서 브랜딩이 시작된다. 브랜딩은 탐색, 구축, 확산, 관리의 네 단계를 거친다. ABC 목표 설정과 자기인증도 이와 유사한 흐름이다.

---

[4] Monarth, Harrison, What's the Point of a Personal Brand? Harvard Business Review, February 18, 2022

먼저 A(Ask)는 스스로에게 질문하고 답하는 과정이다. 이 과정에서 과거의 경험을 되돌아보고, 책과 관련 자료를 접하며 자신의 장단점과 가치관을 탐색하게 된다. 이 과정에서 브랜딩의 대상도 자연스럽게 구체화된다. 실제 면접에서는 자신이 만든 질문으로 지원자를 평가하며, 그 과정에서 대행 기관이나 동료 면접관, 임직원들로부터 자연스럽게 피드백을 받게 된다. 면접이 끝난 뒤에는 느낀 점이나 개선할 부분, 조직에 제안하고 싶은 내용을 정리하는 후기를 남기는 것이 좋다. 이러한 기록이 쌓이면 전문성을 강화할 뿐 아니라, 개인의 브랜드 가치를 높이는 데도 도움이 된다.

B(Behave) 단계에서는 반복적인 질문 개발과 평가 활동을 통해 전문성을 구축한다. 이후 강연, 네트워킹, 소셜미디어 등 온·오프라인 채널을 통해 자신의 브랜드를 외부로 확산할 수 있다. 이를 통해 더 많은 기회를 만들고, 영향력을 넓힐 수 있다.

마지막 C(Connect)는 브랜드를 지속적으로 관리하고 발전시키는 단계다. 시대의 변화와 세대의 흐름을 이해하고, 면접관으로서의 역할과 가치를 계속 확장해가는 것이다.

퍼스널 브랜딩은 단순한 자기 PR이 아니다. 구체적인 목표(Goal)를 세우고, 다양한 협업 속에서 자신을 명확히 포지셔닝하려는 전략적 과정이다[5]. 면접 현장에서 질문과 평가를 통해 전문성을 드러내는 것 역시 강력한 브랜딩 수단이 된다.

ABC 과정을 반복함으로써, 전문면접관은 시대의 변화에 맞는 자기 브랜드를 지속적으로 성장시킬 수 있다.

---

5) Pawar, Avinash(2016), The Power of Personal Branding, International Journal of Engineering and Management Research, Volume-6, Issue-2, pp. 840-84

4. 그리고 지원자에게

지금 이 책을 읽는 독자는 면접을 준비하는 지원자일 수 있다. 한 가지 알아야 할 점은 면접이 단순한 평가가 아니라, 자신을 더 깊이 이해하고 표현할 기회라는 것이다. 면접에서 불합격했다고 해서 지원자의 가치가 부족한 것은 절대 아니다. 짧은 시간 안에 이뤄지는 면접 과정에서 지원자의 모든 면을 명확하게 판단하기 어려울 수 있다. 또한 채용은 조직이 적격자(right person)를 찾는 과정이라 지원자마다 직무에 적합한 정도가 다르고, 채용 인원 역시 제한돼 있다. 하지만 어떠한 질문이든 모범 답안을 외우거나 '정답'을 찾고자 고민하지 말고[6], 진정성 있는 자신의 이야기를 전하는 것이 더욱 설득력 있다.

    면접은 평가의 끝이 아니라 성장의 한 과정이다. 다양한 세대가 공존하는 시대는 피할 수 없는 현실인 만큼 세대를 넘어 협업을 통해 자신의 가치를 발굴하고 향상시켜야 한다. 이것이 변화를 주도할 수 있는 포텐셜이다. 현재는 지원자이지만 미래에는 면접관일 수 있다. 자신이 속한 세대의 방식에 얽매이지 않고 여러 세대와 원활하게 소통하는 퍼레니얼(Perennial) 세대로서 자신의 인적 자산을 가꾸고 키워 나가길 진심으로 바란다.

---

[6] Innes, James(2013), The interview question & answer book: your definitive guide to the best answers to even the toughest interview question, Pearson

09

면접관의 퍼스널 브랜딩

1. 전문면접관이 된 마케터
2. 면접관 vs 마케터, 면접관 & 마케터
3. 전문면접관으로 성장하기 위한 노력
4. 이제 면접관도 퍼스널 브랜딩 시대

면접관의 퍼스널 브랜딩

양승원 퍼스널브랜딩전문가

저자소개

후라이드 반, 양념 반처럼 대기업과 중소기업, 인하우스와 대행사를 오가며 25년간 마케팅 커뮤니케이션 경력을 쌓아 왔다. 현재는 그 경력을 바탕으로 언론 홍보 중심의 마케팅 커뮤니케이션 회사를 운영하고 있다.

고려대학교에서 경영학을 전공하고 제일기획과 SK네트웍스에서 광고 홍보 및 마케팅 업무를 담당했다. 이후 테크노마트를 비롯해 다수의 민간 기업과 공공기관에서 광고 캠페인과 홍보 전략 전반을 도왔으며 이끌었으며, 한국환경공단으로부터 최우수 홍보전문가상을 수상한 바 있다.

주요 경력 및 직무

2010년 ~ 현재: 무진커뮤니케이션즈 대표
2005년 ~ 2010년: SK네트웍스
2003년 ~ 2005년: ㈜제일기획 홍보팀

학력 및 전공

고려대학교 경영학 학사

전문 활동

(現) 사단법인 대한커피협회 이사
(前) 사단법인 대한간호협회 홍보전문위원

연락처 및 SNS

prplanner00@naver.com

들어가며

면접도 결국 마케팅이다

25년간 대기업·중견기업·대행사를 넘나들며 마케팅 커뮤니케이션 현장을 누볐다. 이직할 때 면접 기회도 주어졌다. 합격의 기쁨보다 불합격 통보가 더 익숙했고, 이유조차 들을 수 없을 때가 많았다. 당시엔 '운이 없었다'고 넘겼지만, 전문면접관으로 활동하면서 시야가 완전히 달라졌다.

면접장은 '지원자라는 브랜드'를 단 몇 분 안에 가치를 증명해야 하는 마켓이다. 소비자를 이해하고 상품을 포지셔닝하듯, 면접관은 지원자의 잠재력을 포착하고 조직과의 '핏'을 재빨리 판단해야 한다. 질문 설계가 미묘하면 메시지도 흐릿해지고, 잘못된 포지셔닝은 결국 조직 전체에 손실을 가져온다. 과거의 나는 이 핵심을 놓쳤고, 면접관 역시 내 가능성을 끌어내지 못했다는 사실을 이제야 깨달았다.

마케터와 면접관은 놀라우리만큼 닮아 있다.

첫째, 제한된 시간 속에서 본질을 파악해야 한다. 캠페인 기획이나 면접 모두 첫인상과 핵심 데이터가 승부를 가른다.

둘째, 정확한 타깃팅 설정이 필요하다. 제품·브랜드가 소비자에게 맞춰지듯, 인재도 조직 문화와 목표에 정교하게 매칭 돼야 한다.

셋째, 하나의 결정이 가져오는 파급력을 간과해선 안 된다. 잘못된 캠페인이 매출과 이미지를 떨어뜨리듯, 인재 선택의 실패는 조직 전체의 흐름을 무너뜨릴 수 있다.

결국 면접관에게도 '마케팅 사고'와 '퍼스널 브랜딩'은 필수다. 스스로를 하나의 브랜드로 정의하고, 교육, 실전 경험, 성공과 실패 사례를 체계적으로 기록해야 한다. 그 과정이 곧 전문성의 증거이며, 시장에서 자신의 가치를 높이는 방법이다.

이 글은 전문면접관을 꿈꾸는 초보자에게 전하는 마케팅형 가이드다. 인터뷰와 마케팅 사이의 공통분모를 이해한다면, 누구나 자신만의 강점을 앞세워 면접관이라는 새로운 시장에서 차별화된 브랜드가 될 수 있다. 이 책이 그 첫걸음을 돕는 나침반이 되기를 바란다.

면접관의 퍼스널 브랜딩

1. 전문면접관이 된 마케터

"시작이 반이다." - Aristoteles

**25년 차 마케터,
전문면접관 업무를 처음
접하다**

"당신이 살면서 직면한 가장 어려운 문제와 그걸 어떤 방식으로 해결했는지 자세히 말씀해 주세요."

유명한 미국의 기업가 일론 머스크가 매번 던졌다는 질문이다. 이 질문은 개인이 삶에서 겪는 어려움과 이를 극복하는 과정을 통해 성장할 수 있다는 메시지를 전달하기 위해 사용됐다고 한다. 이 질문에 대한 답을 거짓으로 설득력 있게 꾸며내기는 힘들 것이다.

간단한 질문이지만 답하기엔 꽤 난이도가 높은 이 질문은 학창 시절부터 회사에 취직하기까지 나를 계속 따라다녔다. 이 질문에 내가 하는 대답에 따라서 나의 인생 항로가 바뀌었고 그 대답의 결과로 나는 지금 여기에 서 있다.

이 글을 읽는 대부분의 독자는 질문하는 입장보다는 질문을 받았던 일이 훨씬 더 많았을 것으로 생각한다. 우리는 학창 시절에 교사로부터 셀 수 없이 많은 질문을 받았다, 학업을 마치고 사회에 진출하여 직업을 가질 때도 직장 상사 혹은 업계 선배들에게 지시나 질문을 받으며 살았다. 인생을 바꾼 질문이 있었다. 대학 졸업을 한 달 앞두고 지도교수님이 나를 호출했다.
"자네 혹시 취업 준비하고 있나?"
"아닙니다. 대학원 진학할까 하여 아직 적극적으로 구직활동을 하고 있지 않습니다."
"그러면 내가 아는 분이 사람을 찾는데 자네가 한 번 가 보게나."
그렇게 얼떨결에 PR업무를 시작했다.

본격적으로 PR 업무를 담당하게 된 곳은 서울 강변 역에 있는 테크노마트였다. 20여 년 전 대한민국에서 가전제품이나 전자기기를 살 때 사람들이 자주 찾던 곳이 용산전자상가와 테크노마트였다. 그곳이 인기 있었던 이유는 가전과 전자제품들을 정찰제를 지켜서 판매하지 않기 때문이다. 시중 정가보다 싸게 판매하는 경우도 있었지만, 가격이나 제품을 잘 모르는 소비자는 정가보다 비싸게 바가지를 쓰고 물건을 구매하는 일이 빈번했다. 오죽하면 매장의 상인들을 비하하는 단어인 '용팔이', '테팔이'

라는 단어가 유행했겠는가.

테크노마트의 PR을 담당할 때 매일 출근하며 나에게 질문했다. '도대체 어떻게 해야 이 부정적인 이미지를 바꿔서 고객들이 많이 방문할 수 있게 할 것인가?'

테크노마트에서 제일기획으로 이직한 뒤에도, 지금은 사라진 서비스인 위성DMB를 서비스하는 SK텔레콤의 자회사 티유미디어로 이직했을 때도 나의 임무는 항상 '회사의 제품과 서비스에 대한 공중 이미지를 어떻게 하면 좋게 할 수 있는가'였다.

PR은 단순히 정보를 전달하는 것에 그치지 않고, 조직의 이미지와 신뢰를 구축하여 장기적으로 긍정적인 인식을 확립하는 데 중점을 둔다. 조직은 PR을 통해 매출 증진을 목표로 하는 마케팅과는 다른 방향으로, 대중과의 신뢰 구축을 통해 지속할 수 있는 성과를 도모한다.

오랫동안 마케팅 커뮤니케이션 업무를 했지만, 최근 급변하는 미디어 환경과 다양한 커뮤니케이션 수단의 등장으로 인한 피로감과 레드오션인 시장을 벗어나고 싶은 마음에 다른 업종으로 전환하고자 기회를 보고 있었다. 마케팅 커뮤니케이션은 지상파 방송과 신문으로 대표되던 전통적인 미디어 환경이 포털사이트와 유튜브가 중심이 된 디지털 환경으로 변화하면서 기존 업계 종사자들의 적극적인 변화가 필요한 상황이 됐다. 소셜 미디어로 잘 알려진 다양한 커뮤니케이션 채널의 출현으로 대중과의 소통 방식이 급격히 변화하고 있으며, 이러한 변화에 발맞춰 효과적인 PR 전략이 필요한 시대가 됐다. 다행인 것은 미디어 환경은 지금 이 순간에도 변화하고 있지만 대중에게 어떠한 제품이나 서비스를 알리고 좋은 이미지를 심어 주어야 하는 임무는 변하지 않았다. 또한 이러한 임무를 달성하기 위해 대중들의 마음을 알아야 하는 중요한 미션도 그대로 남아있다.

어느 날 지인의 소개로 우연히 전문면접관이라는 분야를 알게 됐고, 전문면접관 교육과정을 이수하고 면접관으로서 참여할 기회가 주어졌다. 전문면접관으로 참여하면 할수록 지금까지 내가 25년간 경험해 온 마케팅 커뮤니케이션 업무와 굉장히 비슷한 점이 있다는 생각이 들었다. 면접관과 마케터, 전혀 비슷하지 않을 것 같은 이 업종은 마케터의 입장인 내가 보기에 차이점도 있지만, 의외로 공통점도 많아서 흥미로웠다.

전문면접관과 마케터는 둘 다 기업 경쟁력에 큰 영향을 준다

면접관 강의를 처음 듣던 날, 마음에 깊게 남았던 한 문장이 있다.

'조직의 경쟁력은 면접에서 좌우된다.'
이 문장을 들었을 때 평소 마케터로서 머릿속에 있던 문장 하나가 반사적으로 생각났다.
'기업의 경쟁력은 마케팅으로 좌우된다.'
이 문구는 일반적으로 마케팅의 중요성을 강조할 때 사용되며, 이 개념을 주창한 인물은 피터 드러커(Peter Drucker)와 함께 현대 마케팅의 아버지로 불리는 필립 코틀러(Philip Kotler)다. 그는 다양한 저서에서 마케팅이 기업의 성공에 중대한 영향을 미친다고 설명하고 있다.

'면접관은 채용 과정에서 지원자를 평가하고, 기업의 적합한 인재를 선발하는 중요한 역할을 수행하는 사람이다. 면접의 단순한 진행자가 아니라, 지원자의 역량, 경험, 성격, 그리고 조직 문화와의 적합성을 깊이 있게 평가해야 하는 전문가다.'

'마케터란 기업이나 조직의 제품과 서비스의 가치를 시장에 효과적으로 전달하고, 소비자에게 가치를 창출하기 위한 여러 활동을 수행하는 전문가를 말한다. 기본적으로 소비자의 요구와 시장의 트렌드를 이해하고, 이를 바탕으로 전략을 수립하여 실행하는 전문가다.'

면접관과 마케터에 대한 주요 정의를 기술하는 이 두 문장을 읽고, 당신은 어떤 공통점을 느꼈는가?

제일 큰 공통점은 두 직업 모두 기업의 경쟁력에 큰 영향을 줄 수 있다는 것이다. 한발 더 나아가 둘 다 역할을 제대로 수행하지 못한다면 당장 티가 나지는 않지만, 시간이 지날수록 조직을 서서히 고사시키는 것은 물론 더 나아가 기업의 존폐까지 위협할 할 수 있다.

이런 일이 일어나지 않게 하려면 과연 어떻게 해야 할까?

2. 면접관 vs 마케터, 면접관 & 마케터

"소통에서 가장 중요한 것은 말하지 않은 것을 듣는 것이다." - Peter Drucker

당신의 마음을 알고 싶습니다

면접관으로 참여하게 되면서 NCS 기반 면접이라는 것을 알게 되었다. NCS 기반 면접이란 과거 면접자에 대한 일상적이고 단편적인 질문을 통한 주관적인 판단보다 체계적이고 표준화된 척도에 따라 면접자를 객관적으로 평가하는데 주안점을 두는 면접 방식이다.

〈기본면접과 구조화 면접의 차이점〉

기본면접(전통적 면접)	NCS 기반 면접(구조화면접)
일상적이고 단편적인 대화 인상 외모 등 다른 외부 요소의 영향 주관적인 판단에 의존한 총점 부여 ▼ 면접 내용의 일관성 결여 직무 관련 타당성 부족 주관적인 채점으로 신뢰도 저하	**일관성** 직무 관련 역량에 초점을 둔 구체적인 질문 목록 지원자별 동일 질문 적용 **구조화** 면접 진행 및 평가 절차를 일정한 체계에 의해 구성 **표준화** 평가 타당도 제고를 위한 평가 Matrix 구성 척도에 따라 항목별 채점, 개인 간 비교 **신뢰성** 면접 진행 매뉴얼에 따라 면접위원 교육 및 실습 면접위원관 신뢰도 확보

공공기관의 전문면접관으로서 참여하게 되면 숙지해야 하는 여러 사항 중에 지원자의 직무 관련 역량에 초점을 둔 질문 목록이 있다. 면접 경험이 많지 않았던 나는 이를 잘 숙지하여 면접장에서 활용하려고 애썼다. 나의 이러한 노력에 화답하듯 직무 관련 질문에 대해 지원자들도 대부분 당황하지 않고 답변을 잘했다.

초보면접관인 내가 의도한 질문을 잘 전달하지 못해도 지원자가 내 질문의 의도를 잘 이해하고 더 훌륭한 답을 즉시 하는 경우도 많아서 내심 당황한 때도 있었다. 면접 참여가 거듭될수록 좋은 면접을 진행하고자 NCS 기반 능력 중심 채용제도 및 전문면접관에 대해 자료를 찾아보던 중 한 가지 사실을 발견하고 매우 놀랐다.

면접에서 내가 찾아서 질문하던 표준화된 질문지가 그대로 온라인상에서 쉽게 찾을 수 있다는 점이었다. 심지어 지원자의 답변에 바로 연계된 꼬리 질문을 머릿속에 떠올리고 재빠르게 메모해 놓았는데, 지원자의 다음 말에 맥이 탁 풀렸다. '제가 답변드린 그 이유는…'부터 '그래서 어떠한 교훈을 얻게 되었습니다'까지 답한다. 초보인 내가 STAR 방법을 사용하여 질문하는 것을 잠시 잊으면, 오히려 지원자가 상황(Situation), 과업(Task), 행동(Action), 결과(Result)에 맞추어 질문에 대답한다. 이러한 상황에서 어떻게 하면 구조화된 면접에서 변별력을 찾을 수 있겠느냐는 고민이 떠오름과 동시에 문득 떠오른 생각이 있었다. 바로 전문면접관과 마케터는 각각 지원자와 소비자의 마음을 먼저 알아내야 하는 점이 똑같다는 것이다.

면접 장소에 두 명의 지원자가 있다. 한 명은 긴장을 많이 했고 면접 준비를 충분히 하지 못한 인상을 준다. 질문을 받을 때마다 생각할 시간을 달라며 굉장히 힘들게 답을 한다. 시선은 계속 땅을 보고 있으며 연신 땀을 닦는다. 다른 한 명은 질문에 척척 답을 잘할 뿐 아니라 미소까지 띠며 적극적으로 면접관들과 눈을 맞춘다. 질문에 받으면 면접관이 좋은 질문을 했다는 인상을 받을 정도로 고개를 끄떡이기까지 한다. 당연히 면접관이라면 두 번째 사람에게 높은 점수를 줄 확률이 높다. 그러나 두 번째 지원자는 정말로 조직에 적합한 사람일까?

기업에서 신제품을 출시하거나 서비스를 개선하려 할 때 시장을 파악하기 위해 소비자조사를 시행한다. 그러나 소비자조사를 통해 의사결정을 하기에는 많은 함정이 있다.

새로운 음료 출시를 예를 들어보자. 시장성과 상품성에 대한 내부 검토가 끝난 후 외부로 시음 서비스를 제공하는 절차를 거친다. 시음 서비스를 무료로 제공하면서 "이런 음료가 나오면 드시겠습니까?"라고 질문하면 조사 대상자는 긍정적으로 답변할 가능성이 크다. 사람은 무료 음료 제공 같은 호의를 받으면 긍정적으로 답변하기 때문이다. 시장에 출시 예정인 제품의 경우 "이 제품의 가격은 얼마가 적당하다고 보십니까?"와 같이 질문하면 적당한 시장가격보다 오히려 높은 가격대로 대답할 가능성이 크다. 이유는 인터뷰 중 인터뷰어가 자신을 돈이 없는 사람이라고 생각할 것을 우려해서 일부러 가격을 높여서 이야기하는 경향이 의외로 많기 때문이다.

소비자조사를 통해 소비자의 마음을 정확히 알기 어렵다. 신제품에 대한 시장 조사를 하더라도 과거의 경험을 기반으로 조사하고 있으므로 미래를 예측하기는 어렵다. 또한 소비자들의 경제력이나 구매 능력 등이 전제되지 않으면 엉뚱한 결과를 초래하기도 한다. 소비자들은 적당히 대답하는 경향이 있으므로 자신이 사고 싶지 않거나 살 수 없는 물건에 대해 긍정적으로 답을 하는 일도 있고, 맛이 없지만 미안한 마음에 맛이 있다고 대답하기도 한다. 정확하지 않은 데이터에서 어떤 좋은 결과가 나오겠는가. 이러한 맹점이 있음에도 많은 기업들은 소비자조사를 진행한다. 소비자조사는 지금도 소비자의 욕구를 이해할 수 있는 중요한 요소다. 이를 통해 더 효과적인 제품이나 서비스를 개발할 수 있다. 식음료뿐만 아니라 프로그램이나 앱, 또는 게임이 처음 출시되었을 경우 베타 테스트를 진행한다. 이 역시 일종의 소비자조사로 기업들은 사용자와의 커뮤니케이션을 통해 실전 사용자 데이터 축적과 개선할 점을 쉽게 피드백 받을 수 있다. 이를 통해 버그들을 수정하면서 곧 출시될 정식 버전의 완성도를 높인다.

간혹 이러한 전통적인 소비자조사를 무시하는 천재들도 있다. 혁신의 아이콘 스티브 잡스는 비즈니스위크와의 인터뷰에서 "포커스 그룹에 맞춰 제품을 디자인하는 건 진짜 어려운 일이다. 대부분 사람은 제품을 보여주기 전까진 자신들이 원하는 게 뭔지도 정확히 모른다"라고 했다. 우리가 열광하는 애플의 '아이폰', 테슬라의 '모델 S'처럼 혁신적인 기업과 상품은 모두 부정적인 고객 의견을 극복하고 시장을 개척한 결과이다.

소비자조사는 단순히 데이터를 수집하는 작업이 아니라, 소비자의 마음을 이해하고 그들의 필요를 충족시키기 위한 전략적인 접근이 필요하다는 것을 보여 준다. 여론조사나 시장조사 역시 이러한 맥락에서 소비자 행동의 흐름을 파악하고, 기업의 비즈니스 전략을 조정하는 데 필수적인 역할을 한다.

면접을 진행하지만 한정된 시간과 조건에서 지원자들의 참모습을 정확히 파악하기 쉽지 않다. 특히 구조화된 면접 질문과 답이 모두 오픈된 상황에선 면접에 변별력이 없다. 소비자들의 마음을 파악하기 힘들어도 소비자조사를 진행하는 것과 마찬가지로 면접도 한정된 시간이지만 지원자를 파악하기 위해 면접을 진행한다.

소비자의 의식구조는 그렇게 단순하지 않다는 사실을 이해해야 하고 그들의 마음, 니즈를 파악하는 것이 더 중요하다. 면접관도 마케터와 똑같다. 치열한 시장에서 제품과 서비스를 판매해야 하는 마케터와 마찬가지로 면접관은 한정된 시간과 장소에서 '합격'이라는 단 한 가지의 목표를 가지고 행동하는 면접 지원자의 속마음과 그 지원자가 어떤 사람이며, 더 나아가 조직에 적합한 사람인지 알아내야 한다.

효과적인 면접 질문 설계는 중요하다

위에서 언급한 면접 전형과 소비자조사에서 변별력이 없는 질문과 거짓 대답 속에서 지원자와 소비자의 마음을 잘 파악해야 한다고 이야기했다. 정답이 없는 퀴즈는 어렵다.

면접 지원자를 평가하는 방법은 면접 전형 외 서류전형이 있다. 서류전형 면접에 참여하는 경우 지원자들이 지원 요건에 맞는지 적부(적합 및 부적합) 여부와 자기소개서 등을 가지고 평가하게 된다. 평가 방식은 면접 전형보다 간단하다고 생각할 수 있지만, 간단한 일은 아니다. 수많은 지원자를 서류만 보고 자격요건과 자격 여부를 판단해야 한다. 정해진 시간에 수많은 지원자의 자기소개서를 보다 보면 한숨이 나올 때가 있다. 구조화된 질문이 있고 이 구조화된 질문에 화답하듯이 구조화된 답안들이 빼곡히 들어차 있다. 서류를 검토하다 보면 내면의 소리가 들릴 때가 있다.

'이 자기소개서들은 다 왜 이렇게 비슷하지? 거를 게 없어서 선택이 힘드네.'

어떤 면접관들은 서류 평가를 진행할 때 다른 변별력이 없다면 자소서의 오타나 기관명을 제대로 작성하지 않은 점을 평가에 반영한다고 한다.

그렇다면 면접에서 어떻게 변별력을 가질 수 있을 것인가? 답은 이미 질문에서 언급됐다. 변별력을 가지면 된다. 질문에 의문사를 활용하는 것이다. 우리가 잘 알고 있는 육하원칙을 활용해보자. "왜 그렇게 생각하셨나요?(Why)", "(그래서) 어떻게 하셨나요?(how)", "그게 언제였죠?(when)", "그건 누구였나요?(Who)" 등의 질문을 하여 거짓이 개입할 수 없도록 하는 것이 좋다. 단 처음 질문은 폭넓게 시작하여 한 단계씩 차근차근 구체적으로 질문한다.

한 기관에 청년 인턴 면접에 참여했을 때의 이야기다. 다대다로 진행된 면접에서 지원자들에게 다음과 같이 질문했다.

"여태까지 가장 뼈아픈 실수나 실패 경험을 이야기해 주세요. 그리고 왜 실패했는지 그 이유를 간단히 설명해 주시기를 바랍니다."

순간 지원자들의 표정에는 당황한 기색이 역력했다. 질문이 훌륭했다기보다는 아마도 지원자들은 면접을 준비할 때 실패 경험을 묻는 말 뒤에는 당연히 실수를 극복하는 과정, 그리고 이를 통해 얻은 교훈에 대한 답변을 준비하지 않았을까. 이날 면접은 지루하지 않았고 신선한 질문을 던진 덕분에 정해진 시간 내 지원자들을 더욱더 잘 파악할 수 있었다.

뷰티 제품을 생산하는 한 회사가 있다. 이번에 신제품이 출시되어 광고를 포함한 마케팅 방안을 수립해야 한다. 이번 신제품은 20대 여성들을 대상으로 하는 제품이다. 마케팅 담당자는 1834세대들이 많이 이용하는 SNS인 인스타그램을 활용하여 이번 신제품을 알리고자 생각한 뒤, 소개받아 외부 인스타그램 전문업체들의 제안서를 받았다. 제안서를 받고 검토하던 담당자는 자기도 모르게 한숨이 나왔다. 제안서의 내용들은 인스타그램 마케팅의 기본적인 요소에 충실하게 거의 비슷하게 구성됐다. ▲스토리텔링 구성 ▲비주얼 콘텐츠 제작 ▲해시태그 설정 ▲인플루언서 협업 ▲사용자 참여 유도방안 ▲데이터 분석 및 전략 최적화의 목차로 구성됐다. 이 목차들은 현재 인스타그램 마케팅에서 많이 쓰이는 방법이다. 제안서를 검토하던 담당자는 '이 제안서들은 다 왜 이렇게 비슷하지? 거를 게 없어서 선택이 힘드

네'라고 생각했다. 업체가 제안한 제안의 신뢰성 여부가 검증되지 않은 상태에서 평가해야 한다면 많은 수의 선택 기준이 있겠지만 비슷한 내용을 제안한다면 엉뚱하게도 제안 가격이 중요한 의사결정 요건이 될 수 있다.

효과적인 마케팅 전략 수립도 효과적인 면접 질문 설계와 비슷하다면 믿을 수 있겠는가? 변별력 있고 나의 제품과 서비스에 맞는 전략이라면 단계별로 항상 육하원칙, 그중에서도 why가 중요하다. 모든 제안 사항에 대해 '왜?'를 붙여보자. 왜 이렇게 콘셉트를 정하고 왜 이렇게 제안하고 예산은 왜 이렇게 책정했는가 등이다. 그 이유가 담당자를 이해시키고 중간 관리자를 이해시키고 최종 결정하는 대표까지 설득이 됐다면 그걸로 충분하다. 내부 외부 면접관들은 서류와 대면 면접 등 정해진 절차에 따라 조직에 도움이 될 것으로 생각하는 좋은 사람을 뽑은 결과에 모두 동의했고, 기업 담당자도 실무자부터 의사결정자까지 모두 매출에 도움이 될 것 같은 좋은 마케팅 전략 제안서를 채택했다.

면접하는 면접관과 마케팅 전략을 실행하는 마케터, 둘 다 회사가 찾는 필요한 인재상이나 회사에 필요한 마케팅 목적을 잘 모르는 상태에서 쉽게 판단하면 어떻게 될까? 결과는 굳이 상상하지 않아도 된다. 여기서 제일 중요한 점은 '잘 이해하고 있어야 한다'는 점이다. 지금 나의 선택이 조직의 경쟁력을 결정한다. 잘 이해하고 잘 알기 위해서는 끊임없이 주변 사례를 벤치마킹하고 관련 지식에 관한 공부를 해야 한다. 유의미한 실적이 있는 사람의 강의도 찾아다니며 들어보고, 주변 사람들에게 부탁하여 실력 있는 사람도 소개받아 만나보자. 힘들고 어렵지만 우리는 해내야 한다.

3. 전문면접관으로 성장하기 위한 노력

"실패는 성공의 어머니" - Thomas Edison

실패한 면접이 되지 않게 하려면

실패는 성공의 어머니, 그러나 면접관의 실수는 소중한 인재를 놓치는 비극이다. 면접관의 임무를 잘 수행하지 못해 좋은 인재를 뽑지 못한다면 그 파급효과는 우리가 생각하는 것보다 훨씬 심각한 결과를 초래할 수 있다. 역량이 부족한 인재를 채용하면 업무 효율성이 떨어지고 조직 전체의 생산성이 저하될 수 있다. 기업의 가치관이나 문화에 맞지 않는 인재를 채용하면 조직 내 갈등이 발생하고 부정적 분위기가 형성된다. 이는 구성원들의 이직률을 높이고 더 나아가 기업의 이미지에 악영향을 미치는 등 상당한 악영향을 끼친다. 잘못된 채용은 재교육, 재채용 비용이 증가하여 기업의 경쟁력을 약화한다. 면접 과정에서 면접관의 실수는 지원자의 평가에 결정적인 영향을 미칠 수 있다. 면접관은 각 지원자를 공정하고 객관적으로 평가하기 위해 철저한 준비와 감정 관리해야 하며, 지원자의 이야기를 진지하게 듣고, 적극적으로 대화하는 태도가 필요하다. 만약 먼 거리로 면접을 진행할 일이 생겼다면 하루 미리

가서 숙소에서 쉬면서 모집 요강 등을 다시 보고, 온종일 진행될 면접에 대비하여 체력도 관리해야 한다. 매번 면접이 있을 때마다 최상의 컨디션으로 임하는 습관, 자신만의 루틴을 만들어야 한다.

실패한 면접이 되지 않기 위해서 면접에 임하면서 주관적인 판단을 최소화하고 다양한 평가도구를 활용해야 한다. 단순 질문 대신 좀 더 다양한 질문을 던지는 연습을 한다. 평가 방식으로 잘 알려진 BEI면접(Behavior Event Interview, 행동사건면접) 방식으로 경험을 묻는 방법 외에도 '이런 상황이라면 어떻게 하시겠어요?'라는 SI면접(Simulation Interview, 상황면접)의 질문도 개발해 보자. 지원자의 과거 경험, 가치관, 문제 해결 능력 등을 파악할 수 있는 질문을 개발해야 하지만 쉬운 일은 아니다. 주변 면접관 교육을 많이 듣고, 다른 면접관들과 만나서 경험을 공유하면서 질문에 대한 의견 교환도 매우 도움이 된다.

마케터의 경우에 마케팅 전략이 실패한다면 어떤 일이 벌어질까. 단순히 회사의 예산만 낭비하고 끝난다면 그나마 다행이겠지만 이 역시 면접관이 제대로 된 인재를 뽑지 못한 수준의 피해가 발생한다. 실패한 마케팅 전략은 서비스나 제품의 소비자 인지도 하락은 물론이고 제품 구매 의향 감소로 인해 직접적인 매출 하락이 발생한다. 또한 소비자들에게 제품과 서비스를 넘어 기업에도 부정적인 인식을 심어 주고 브랜드 이미지를 훼손한다. 특히 SNS 시대인 요즘은 '떡락(가격, 상태 따위가 급격히 하락하다)'이라는 말처럼 이미지 손상이 빛의 속도로 진행된다. 브랜드 이미지가 떡락하면 이에 따라 시장에서 경쟁력을 잃고 시장 점유율이 하락한다. 결국 실패한 마케팅 전략은 기업의 수익성을 악화시키고 기업의 존폐까지 위협하는 비극을 초래한다. 마케팅 전략 실패를 최소화하는 방법은 먼저 시장 분석을 통해 목표 고객, 경쟁사, 시장 동향 등을 철저히 분석하여 전략 수립의 기반을 마련해야 한다. 감이나 경험이 아닌 마케팅 활동의 효과를 측정하고 분석하여 데이터를 기반으로 의사결정을 내려야 한다. 꼼꼼히 준비하여 시작해도 캠페인 중간에 반드시 돌발변수가 생길 수 있으므로 시장 변화에 빠르게 대응하고, 마케팅 전략을 유연하게 수정해야 하는 것도 중요하다.

하지 말아야 할 행동

전문면접관의 역할은 지원자의 능력을 객관적으로 평가하고, 지원자가 자기 잠재력을 충분히 발휘할 수 있도록 돕는 사람이다. 면접관이 지원자를 평가하지만, 지원자도 면접관을 평가한다. 면접관의 실수는 지원자들 뿐 아니라 채용기관에서도 부정적인 평가가 발생한다. 전문면접관들은 하지 말아야 할 행동을 피함으로써 불필요한 민원을 방지하고, 공정하고 효과적인 면접을 진행할 수 있다.

마케터도 시장과 수요자를 평가하지만, 시장과 고객은 더욱 철저히 제품과 기업을 평가한다. 마케터의 실수는 단순히 비용적인 손실로 끝나지 않는다. 마케터 개인과 마케팅팀의 실수 때문에 전체의 제품 인지도와 고객 신뢰에까지 부정적인 영향을 미칠 수 있다. 특히 선택의 폭이 넓고 대체가 가능한 제품이나 서비스라면 더욱 부정적인 영향이 커져 불매운동까지 일어날 수 있다. 이러한 점들을 유의하여 마케팅에 임한다면 보다 효과적이고, 긍정적인 소비자와의 관계를 유지할 수 있을 것이다. 마케팅에서 중요한 것은 단순한 판매가 아닌 진정한 소비자와의 연결임을 명심해야 한다.

면접관과 마케터가 실수하면 부정적 이미지가 개인에게 국한되지 않는 공통점이 있다. 즉. 실수는 개인을 넘어 조직의 이미지까지 실추됨을 명심하자. 여기서 우리가 두 번 강조해도 지나치지 않은 교훈은 '실패는 성공을 위한 중요한 디딤돌'이다. 실패를 통해 얻은 교훈을 되새기고, 앞으로의 면접, 또는 마케팅 전략에서 적용하는 것이 중요하다. 실패의 경험을 통해 우리는 더욱 발전할 수 있다고 확신한다.

마케터와 면접관은 모두 축구선수와 같다. 마케터는 공격수와 같아 100번의 기회 중 99번 골을 넣지 못하더라도 1골과 같은 캠페인 하나를 잘 성공시키면 회사를 일으키는 성공적인 마케팅 캠페인을 기획한 영웅이 된다. 그러나 면접관은 골키퍼와 같아서 조직에 적합하지 않은 인재를 99번을 잘 막아내도 1골을 막지 못한 것과 마찬가지로 인재를 잘못 선발하면 조직에 피해를 주는 역적이 된다. 실수가 초래할 수 있는 결과를 인식하고, 이를 최소화하기 위해 면접관과 마케터가 피해야 할 행동으로 다음과 같이 정리했다.

전문면접관이 하지 말아야 할 행동	마케터가 하지 말아야 할 행동
아무 준비 없이 면접에 임하기	적절한 목표 없이 캠페인 전략 수립하기
지원자를 지나치게 압박하고 긴장 유발하기	고객을 악의적 소비자로 선 규정 후 응대
지원자의 답변을 경청하지 않음	고객과 시장의 의견과 반응 무시
면접관이 우위에 있는 듯한 언행	경쟁사 역량과 고객요구를 깎아내려 과소평가
평가 요소와 관련 없는 질문	고객 참여가 낮은 커뮤니케이션 채널 사용
지원자가 이해하기 어려운 전문용어 사용	제품과 서비스 설명에 어려운 카피 남발
단편적 질문으로 구체인 근거와 사실 파악	일부 대상 반응으로 전체 대상의 일반화
기록하지 않고 기억에 의존하기	고객과 시장의 반응 데이터 미확보
고정관념, 편견, 차별에 좌우하여 판단하기	과거 성공한 캠페인을 검토 없이 재진행 그대로 답습함

4. 이제 면접관도 퍼스널 브랜딩 시대

"당신의 브랜드는 다른 사람들이 당신과 관계를 맺으면서 갖게 되는 감정 등 총체적인 경험을 말한다"

- Karl D. Speak

**전문면접관으로
퍼스널 브랜딩 하는 법**

요즘 자기 계발의 시대를 맞아 함께 언급되고 있는 단어가 퍼스널 브랜딩이다. 퍼스널 브랜딩 (Personal Branding)의 정의는 개인이 자신의 독특한 아이덴티티와 가치를 명확히 하고, 이를 효과적으로 다른 사람들에게 전달하는 과정이다. 이는 단순히 자신을 알리는 것을 넘어, 자기 경험, 능력, 가치관을 체계적으로 관리하고 강조하여 긍정적인 이미지를 형성하는 것을 의미한다. 자기를 남들에게 잘 알리기 위해 필수인 퍼스널 브랜딩은 특히 자신의 이름 석 자로 남들에게 인지되어야 하는 면접관 활동에서 매우 필요하다. 퍼스널 브랜딩을 통해 자신만의 강점, 재능, 가치를 명확히 하여 면접관으로서의 이미지를 구축해야 한다. 주변 사람들에게 면접관으로서의 퍼스널 브랜딩에 대한 말씀을 드리면 '저는 아직 면접 경험이 별로 없어요', 또는 '퍼스널 브랜딩은 전문가들이 하는 거 아닌가요?'라고 하는 이들이 많다.

퍼스널 브랜딩은 전문가들의 전유물이 아니다. 비전문가일수록 전문가로 차별화를 하기 위해 퍼스널 브랜딩을 해야 한다. 평생 개념 직장의 개념이 사라지고 개인의 역량이 중요해지는 시대에 퍼스널 브랜딩은 필수적인 생존 전략이다. 특히 개인의 역량이 외부 평가, 평판의 비중이 매우 높은 면접관 활동에서는 필수 항목이다. 퍼스널 브랜딩의 구축 방법은 자신의 강점, 약점, 가치관, 목표 등을 명확히 스스로 정의한 뒤, 누구에게 자신의 메시지를 전달할 것인지 명확히 설정해야 한다. 그리고 자신이 면접관으로서의 전문성과 가치를 효과적으로 전달할 수 있는 일관된 메시지를 구축해야 한다. 면접 경험이 적거나 없어도 괜찮다. 찬란한 다이아몬드도 가공 전에는 돌멩이다. 찬란한 다이아몬드를 얻기 위해 원석을 가공하는 긴 시간을 가지는 것처럼 전문면접관으로서 성장하기 위해 노력하는 나에 대한 긍정적인 인상을 남기는 시간으로 생각하자. 퍼스널 브랜딩은 결국 자신을 잘 알고 이를 바탕으로 남들에게 긍정적인 인상을 남기는 전략적 접근이라고 할 수 있다.

최근 해가 바뀌면서 전문면접관을 찾는 채용기관의 요구사항이 구체적이고 더 까다로워지고 있다. 이러한 추세에 대비하기 위해서라도 전문면접관 개인의 퍼스널 브랜딩은 이제 선택이 아니고 반드시 해야 한다.

오늘이라도 나를 면접관으로서 포지셔닝 하는 퍼스널 브랜딩을 해보자. 거창하고 어렵게 생각할 필요 없다. 제일 먼저 면접관 교육을 들었던 내용을 요약하고 이에 대한 내 느낌과 생각을 글로 정리해 보자. 그리고 교육을 듣고 책을 읽으면서 면접관으로서 준비하는 과정과 마음가짐, 느낀 점들도 기록해 보자. 면접을 다녀왔다면 면접 장소에서 경험, 느낀 점, 잘한 점, 고쳐야 할 점들을 써보자. 이렇게 조금씩 기록하고 모은 자료들은 분명히 초보면접관에서 전문면접관으로 가는 길라잡이가 될 것이다. 기록은 기억을 이기기 때문이다.

효과적인 퍼스널 브랜딩, 네이버 블로그를 이용하자

기록하고 정리한 내용은 블로그에 써보기를 권한다. 시작이 반이다. 블로그는 사람들이 제일 많이 검색하는 포털의 블로그를 사용하자. 이유는 간단하다. 그래야 많은 이들이 내 글을 쉽게 볼 수 있다. 나의 성장 일기를 대자보에 적어 사람들이 많이 다니는 거리에 게시하라는 것에 대해 거부감을 느낄 수도 있다. 하지만 내가 전문면접관으로서 성찰하는 과정과 노하우들을 블로그에 게시하면, 전문면접관이라는 직업에 관심 있는 이들의 검색 결과에 나의 글이 노출되어 전문면접관으로서의 나를 알릴 수 있는 계기가 된다. 물론 내가 참여한 기관, 회사의 이름을 명시하거나 보안 사항을 노출하는 것에 대해서는 특별히 유의해야 한다.

네이버 블로그를 안 하는 사람은 있어도 모르는 사람은 거의 없을 것이다. 가끔 블로그 관련 강의를 진행하며 서두에서 참가자들에게 가장 먼저 물어보는 2가지가 있다. 첫째는 개인 블로그의 유무이며 두 번째는 블로그를 언제 마지막으로 사용하였는가에 관한 질문이다. 블로그를 시작했는데 지금은 방치한 상태라는 답이 매우 많다. 무엇인가를 꾸준하게 한다는 것이 참 쉽지는 않다.

어떤 분들은 블로그 대신 '브런치 스토리'를 이용하기도 한다. 브런치 스토리는 네이버 블로그보다는 좀 더 전문가들이 이용하는 플랫폼이라는 인식이 있다. 그 이유는 서비스에 가입하고 바로 글을 발행하는 '작가'가 될 수 없기 때문이다. 브런치에 글을 게재하려면 카카오 계정을 이용하여 브런치 스토리에 가입한 뒤, 브런치 스토리에서 제공하는 작가 신청 양식에 따라 자기소개와 브런치 활동 계획, 2~3편의 글을 제출한다. 이후 브런치 팀의 심사를 거쳐 작가 선정 여부가 결정된다. 자신이 어떤 사람인지, 어떤 글을 쓰고 싶은지를 진솔하게 표현하는 것이 중요하다.

자신이 쓸 글이 구체적으로 계획되어 있고 자신만의 독특한 시각과 개성이 드러나는 글을 쓰는 것이 중요한 만큼 역량이 되는 분들은 지원하여 브런치 스토리의 작가로 활동하는 것을 권장하지만, 처음에는 진입장벽이 낮은 네이버 블로그로 면접관으로서의 퍼스널 브랜딩을 하기를 추천한다. 참고로 현재 브런치 스토리에 '면접관' 키워드로 검색하면 11명의 작가가, '전문면접관'의 키워드로 검색하면 3명의 작가가 검색된다. 지금이라도 늦지 않았다.

내 블로그가 검색이 잘되게 하려면

블로그는 '지수'를 높여야 검색이 잘 된다. 지수는 쉽게 말해 블로그의 품질을 나타내는 기준이다. 블로그 최적화라고도 한다. 블로그의 품질이 좋아야 내가 남긴 글이 검색 첫 페이지, 즉 검색의 앞부분에 노출되어 많은 이들이 쉽게 볼 수 있다. 이를 '상위 노출'이라고 하는데 상위 노출 마케팅 해 준다는 업체들은 검색만 해도 수백 곳을 찾을 수 있을 정도로 많은 이들의 주요 관심사다. 블로그의 품질을 좋게 하는 방법은 네이버에서 정확한 가이드를 주고 있지는 않지만, 검색창에서 '블로그의 품질을 좋게 하는 방법', 또는 '상위 노출하는 법' 등에 대한 조언들은 많이 검색할 수 있다. 이러한 방법들이 모두 네이버의 공식적인 가이드는 아니지만, 공통으로 블로그의 지수, 품질을 높이는 방법으로 알려져 있다.

블로그 지수를 높이기 위해서는 ▲꾸준한 포스팅 ▲고품질 콘텐츠 제작 ▲SEO(Search Engine Optimization) ▲다양한 미디어 사용 ▲신뢰성 있는 정보 출처 사용 ▲독자와의 소통 등이 있다.

그 중 꾸준한 포스팅은 블로그의 지수를 높이기 위한 가장 기본적인 방법이다. 매일 새로운 글을 올리면 제일 좋겠지만 새로운 콘텐츠를 매일 올리기는 쉽지 않다. 글을 매일 작성하기 위해 스트레스를 받을 필요는 없다. 정기적으로 양질의 콘텐츠를 게재하면 검색 엔진이 신뢰성 있는 블로그라고 판단할 가능성이 커진다.

고품질 콘텐츠는 방문자가 그 블로그에서 더 많은 정보를 얻고 오랜 시간을 머물 수 있도록 매력적인 콘텐츠를 생산하는 것이다. SEO(검색엔진 최적화)는 제목과 본문의 첫 번째 문단 등에서 노출하고자 하는 키워드를 자연스럽게 문장에 포함하고, 연관된 키워드를 함께 사용하는 것이 좋다. 다양한 미디어 사용을 통해 텍스트뿐 아니라 이미지, 동영상 등 다양한 미디어를 활용하여 콘텐츠를 풍부하게 하는 것도 좋다. 신뢰성 있는 정보, 즉 공신력 있는 자료나 논문을 인용하면 독자들에게 믿음을 줄 수 있으며 블로그 전체적인 신뢰도도 올라간다. 그리고 블로그 댓글을 통해 방문하는 이웃들과 소통하고 이웃을 늘려 나가는 일도 잊지 말아야 한다.

더불어 블로그 지수를 낮게 만들기 때문에 하지 말아야 할 행동들도 있다. ▲인위적 트래픽 생성 ▲의도적인 이웃 늘리기 ▲저품질 콘텐츠 개시 ▲몇 달에 한번씩 부정기적으로 글쓰기 ▲잘못된 태그 사용 ▲비공식적이고 신뢰할 수 없는 출처 활용 ▲방문자 수를 조작하는 행동이다.

인위적 트래픽 생성은 자신의 블로그를 과도하게 검색하고 클릭하는 행동 등을 이야기한다. 이 같은 경우 검색 알고리즘이 부정적으로 평가될 수 있어 블로그 지수가 하락할 수 있다. 의도적인 이웃 늘리기는 무분별하게 이웃 블로거에게 친구 추가하거나, 관리되지 않거나, 오래 방치된 블로그에 친구 요청을 보내는 행동이다. 이러한 이유로 하루에 이웃 신청할 수 있는 회수가 정해져 있다. 서로 이웃의 숫자도 정해져 있다. 검색을 통해 흔히 찾을 수 있는 내용이나 무작위적으로 복사하기와 붙여넣기를 한 저품질 콘텐츠는 당연히 지수를 떨어뜨린다. 블로그를 시작하고 업데이트를 몇 달에 한 번씩 하거나 글을 오랫동안 쓰지 않고 방치하는 것도 좋지 않다. 태그도 내용과 맞지 않거나 키워드를 강조한다고 같은 태그를 과도하게 반복적으로 사용하는 행위도 검색 엔진에 신뢰를 주지 못한다. 인용도 출처가 불확실하면 블로그 전체 신뢰도에 영향을 준다. 방문자 수를 늘리기 위해 소셜 미디어 계정에서 클릭을 유도하는 행위 역시 블로그 지수에 좋지 않은 영향을 줄 수 있다.

블로그에서 해야 할 행동과 하지 말아야 할 행동을 염두에 두고 조금만 꾸준히 관리하면 블로그의 지수가 높아져 쉽게 검색 결과에 노출되고, 이를 통해 검색하는 이들의 방문과 관심을 얻을 수 있다. 블로그를 운영하면서 각각의 블로그 전략을 체계적으로 적용하고 지속해서 개선해 나가는 것이 중요하다. 블로그는 단기간에 성과를 얻기 힘든 작업이지만, 인내를 가지고 지속적인 노력을 기울인다면 좋은 결과를 얻을 수 있고, 이를 통해 면접관으로서의 나를 알리기에 매우 훌륭한 도구로 추천한다.

공식적인 가이드는 아니지만 블로그 마케팅을 강의하는 강사들이 공통으로 이야기하는 행동들을 정리했다. 실제로 내가 수 년간 블로그를 운영하면서 알게 된 사항으로 블로그 글을 작성할 때 참고했으면 한다.

권장함	권장하지 않음
꾸준한 발행, 단 매일 작성 안 해도 됨	운영원칙 위배 글 게시
일관적 말투 사용	말투 변경(존댓말, 반말)
카테고리 최소화	같은 내용을 다른 블로그에 똑같이 옮기기 10개 이상의 카테고리 생성
제목에는 노출을 원하는 키워드 1개만	본문에 링크는 최소화
본문에 10개 이내 노출 원하는 키워드 기재	잦은 수정과 잦은 재발행
내용은 정성껏 길게 작성	같은 제목 뒤에 숫자 붙이기 다른 글들을 복사하여 붙이기
본문에 독창적 이미지(고화질), 동영상 첨부	퍼 온 이미지 사용
서로 이웃, 이웃 정기적으로 늘리기	제목에 노출하고 싶은 키워드 잔뜩 나열

　네이버 블로그 홈에서 '면접관'이라는 키워드를 검색하면 대략 47만 건이 넘는 블로그가 검색된다. 검색 첫 화면에 10개 정도 블로그가 검색되는데 개인의 블로그도 있고 경영컨설팅, 인력양성기관, 노무 컨설팅 등 다양한 회사의 블로그도 있다. 잘 검색되는 이유를 알고 싶다면 바로 클릭하여 들어가서 살펴보기를 권한다. 제일 먼저 눈에 띄는 것은 내용이 충실하다는 것이다. 어떤 내용들은 흔히 알려진 내용이지만 정성껏 개성 넘치고 보기 좋게 잘 작성했다. 그리고 읽기 지루하지 않도록 핵심 사항을 카드 뉴스 이미지 형태로 본문과 함께 올려두었다. 또한 하루에

한 개 이상씩 글을 게재했으며 최소한 2, 3일에 한 번씩은 꼭 글을 올렸다. 글 제목도 과장되지 않고 흥미를 느낄 수 있는 문장이나 군더더기 없는 깔끔한 문장으로 작성했다. 본인의 블로그 지수를 높게 하고 검색에 잘 노출될 수 있도록 최적화하면 그 블로그에 작성하는 글들이 대부분 검색이 잘 된다는 사실을 알 수 있다. 나의 블로그가 인고의 시간이 지나 지수가 높아지고 최적화되면 글을 쓸 때마다 그 콘텐츠는 검색에 상위 노출되어 많은 이들이 보게 된다. 나의 글이 면접관에 대해 검색하는 다수에게 노출되는 효과가 생긴다.

퍼스널 브랜딩은 다양한 방법으로 가능하다

지금까지 퍼스널 브랜딩의 방법으로서 지수가 높은 최적화 된 블로글 육성하는 방법을 이야기했다. 그렇다면 시간과 정성을 들여서 내 블로그를 최적화하지 못했다면 과연 퍼스널 브랜딩을 할 수 없는 것일까? 결론부터 이야기하면 아니다. 최적화된 블로그를 키우지 못해도 퍼스널 브랜딩을 할 수 있는 방법이 있다.

지인 중에 공공기관 행사·이벤트 전문 여성기업을 운영하는 목현정(睦賢貞) 대표의 예를 들고자 한다. 성(姓)이 목 씨라 흔한 성은 아니지만, 네이버에서 '목현정' 이름 석 자를 검색하면 첫 페이지가 모두 목 대표의 콘텐츠가 노출된다. 제일 상단의 인물검색 영역에서 회사 이름과 약력이 노출되며, 그다음 뉴스 영역이 노출된다. 본인이 운영하는 회사 '이벤트 메카'의 실적을 정리하여 언론 홍보 대행업체를 통해 뉴스로 노출을 진행하고 있다.

그 아래에는 블로그 영역이 노출되는데, 역시 뉴스와 마찬가지로 회사와 개인의 활동에 관련된 콘텐츠를 보여 주고 있다. 그 다음 노출 영역인 인기 글 영역은 네이버에서 힘을 싣고 있는 블로그 영역에 노출된 글 중에 방문과 유입이 가장 많은 블로그 콘텐츠를 자동으로 선정하여 보여 주는 영역이다. 그 아래 이미지 영역도 뉴스와 블로그 섬네일이 자동으로 생성되어 보여 주고 있으며 동영상 영역에서는 본인의 유튜브 채널에 업로드한 자신의 영상 명함이 노출된다. 그리고 마지막 영역은 학술 정보가 노출되는데 이는 목 대표가 관광학 박사라 목 대표의 석사 박사 논문이 검색된다. 그녀는 인내심을 가지고 수년간 조금씩 퍼스널 브랜딩 작업을 진행했다. 이 중 제일 상단에 보이는 인물검색 영역은 비교적 최근에 생성되었음을 알 수 있다. 이유는 네이버 인물 등록은 본인이 직접 할 수 있는 장점이 있으나, 네이버 검색에서 어느 정도 관련 콘텐츠가 노출되어 검증되어야만 인물 등록이 가능하기 때문이다. 목 대표는 개인이나 회사 블로그를 육성하는 대신 노출이 잘되는 다른 블로그에 자신의 콘텐츠를 제공하여 노출하는 방법으로 퍼스널 브랜딩을 진행했다. 전에는 온라인을 통한 문의가 거의 없었지만 지금은 온라인 검색으로 유입된 행사, 이벤트 문의가 몇 배로 높아졌다.

위의 예시에서 보듯이 네이버에서 가장 많은 노출 영역을 차지하는 것은 블로그 영역이다. 지금 당장 맛집이나 여행지 정보를 검색해 보라. 무엇이 제일 먼저 보이는가? 가장 먼저 보이는 영역이 위치정보(지도)와 블로그의 글이라는 것은 모두가 경험으로 알고 있다.

전문면접관으로서의 퍼스널 브랜딩의 방법은 블로그가 가장 현실적이고 효과적이다. 블로그는 전문면접관으로서 나의 가치를 세상에 알리고 내 글을 읽는 독자들에게 긍정적인 영향력을 행사하는 중요한 도구임을 잊지 않아야 할 것이다. 이 글을 읽는 모두가 인내와 끈기를 가지고 전문면접관으로서 성장한 자신의 노력과 가치를 기록한 블로그를 통해 전문면접관으로 세상에 더 많이 알려질 수 있기를 응원한다.

PART 5
면접관의 협력과 상생

10

대체 불가한 외부 면접관이 되는 법

1. 해보니 다르더라
2. 도와야 사는 우리
3. 시장의 확대
4. 적자생존의 시대

대체 불가한 외부 면접관이 되는 법

이상미 　공공기관채용디렉터

저자소개

사범대학을 졸업하고 대학원에서 경영학을 전공했다. 교육학과 경영학에서 배운 것들을 사회생활에 적용하면서, 개인과 집단의 발전을 다루는 인사와 조직 분야에 자연스러운 관심을 가져왔다. 사업 기획과 인재 육성 등을 담당해왔으며, 현재 한 중앙공공기관에서 20여 년간 근속 중인 현직 팀장이다.

　공공기관 인사와 조직 분야에서 신입사원 채용이 차지하는 의미가 큰 만큼, 지난 20여 년간 내부 면접관으로서 기관의 내부 채용과정에 참여해 왔다. 2017년 블라인드 채용제도 도입 이후 외부 면접관과 함께 신입사원 채용면접을 진행하면서, 빠르게 변화하는 채용 트렌드와 그 속에서 고군분투하는 면접관들의 모습도 목격했다.

　시간이 지나면서 내가 몸담은 조직만큼이나 내가 만난 면접관들에게도 애정이 간다. 공공기관과 면접관이 모름이나 다름에서 오는 오해와 편견을 줄이고 더 나은 관계를 만들어 내는데 이 글이 조금이나마 도움이 되면 좋겠다. 내부·외부 면접관을 모두 경험한 공공기관 현직 팀장으로서 면접관 동료들이 조직을 살리는 귀한 파트너로 가는 길을 응원한다.

주요 경력 및 직무

2003년 ~ 현재: 공공기관 재직

학력 및 전공

서울대학교 경영대학 석사
서울대학교 사범대학 학사

전문 자격 및 인증 현황
중등2급 정교사
전문면접관 마스터 과정(한국면접관협회) 등 면접관 양성과정 수료

전문 활동
다수 공공기관 채용 면접관, 서류심사관 등 활동

연락처 및 SNS
composure365@naver.com

들어가며

공공기관과 상생하는 면접관

대체 불가한 면접관이 되기 위해서는 대체 불가한 태도와 기술이 모두 필요하다. 이 글은 먼저 초보 외부 면접관이 협력대상인 공공기관 내부 면접관과 주 활동 무대인 공공기관 채용시장에 대해 이해하는데 필요한 기초지식을 알려 준다. 이후 외부 면접관이 면접과정에서 기업과의 소통을 실천해 나가며 장기적 협력관계로서 공공기관과 상생하는 방법론을 제시하고자 한다.

지금 공공기관은 '전문면접관'을 애타게 찾고 있다. 적극적이고 주체적인 자세로 책임감과 주인의식을 보여 주어 공공기관과 신뢰를 쌓아가는 많은 동료 면접관이 나타나기를 바란다. 그들의 전문적이고 공정한 면접을 통해 뽑힌 가장 적합한 인재들이 가장 적합한 조직에서 스스로 행복하게 일하며 좋은 성과를 내기를 기대한다.

대체 불가한
외부 면접관이 되는 법

1. 해보니 다르더라
: 내부 면접관이자 외부 면접관이 된 공공기관 팀장

한 공공기관에서 20여 년간 일하면서 내부 면접관 활동을 해왔다. 다른 공공기관 관리자를 통해 알게 된 한국면접관협회의 '면접관 마스터 과정' 등을 몇 차례 수강하고 외부 면접관 활동을 시작하였다. 외부 면접관 양성교육을 통해 채용의 최신 트렌드와 면접기법을 배웠다. 모의 면접도 경험하면서 열심히 준비했다.

처음 외부 면접관으로 나가면서 나는 초보 티가 나지 않을 줄 알았다. 대기업도 외국계 기업도 아니고 내가 20년 세월로 체득한 공공기관 정도는 잘 안다고 확신했기 때문이다. 게다가 나는 모집분야 업무를 직접 경험한 몇 안 되는 사람 중 하나였다. 채용기관의 고민과 취향을 아는 내부자 같은 외부자가 될 수 있을 줄 알았다.

　면접 전날부터 해당 공공기관의 홈페이지를 뒤져 주요 업무를 파악하고 관련 기사를 수집했다. 지금 이 기관이 가지고 있을 고민과 원하는 인재상을 떠올리며 머릿속을 정리했다. 늦어서 담당자 애간장을 태우거나 헐레벌떡 우왕좌왕하는 모습을 보이고 싶지도 않았다. 새벽같이 출발해 한 시간이나 일찍 도착했다. 이 정도면 준비가 된 것 같았다.

　그러나 두 번째로 도착한 다른 면접관을 만나 이야기를 나눈 순간 내 부족함이 탄로 났다. 그 면접관은 본인이 평가할 분야의 1차 평가 합격률, 2차 평가 경쟁률까지 알고 있었다. 심지어 내가 맡은 분야를 듣고는 바로 그 분야의 2차 평가 경쟁률을 알려주었다. 단순히 숫자를 외우는 차원이 아니었다. 머릿속에 전체 경쟁구도와 본인이 선택해야 할 지원자의 규모까지 넣고 있었다. 심지어 그 분도 외부 면접관으로 처음 온 날이었다. 부끄러웠다.

　외부 면접관으로 경험을 쌓으면서, 본받고 싶은 면접관이 더 많이 생겼다. 많은 외부 면접관들이 회사가 좋은 인재를 만나도록, 인재가 좋은 회사를 만나도록 본인의 모든 에너지를 쏟아 붓는다. 그 모습은 마치 사회공헌과도 같다. 자기 전문분야 외에도 채용의 중요성, 면접관의 역할에 대해 끊임없이 고민하고 공부하며 노력하는 면접관들이 많다. 반면 아직 익숙지 못해 고군분투하는 면접관들도 있다. 그러나 우린 다들 열심히 사는 사람들 아닌가. 게으른 사람은 구직도 못하듯이, 게으르면 도저히 못하는 게 외부 면접관 일이었다. 매번 손 들어 일을 찾고, 낯선 환경에서 증명하고, 평가하는 동시에 평가받아야 하는 일이다. 그러니 몰라서 못했던 일들, 알고 나면 부지런히 익히고 노력할 초보 면접관들이 여기 많다.

어떻게 하면 공공기관이 함께 하길 원하는 대체 불가한 외부 면접관이 될까. 먼저 지원자를 이해하기 위해 지원자를 채용하는 '조직'에 대해 이해하자. 특히 블라인드 채용의 절대 다수를 차지하는 공공기관 채용이 갖는 공통성과 특수성에 대한 외부 면접관들의 이해가 필요하다. 외부 면접관으로서의 경력이 길지 않음에도 불구하고 나는 이 글을 쓴다. 내부 면접관으로서의 긴 경력에도 불구하고 외부 면접관으로 다른 기관에 갔을 때는 다른 초보면접관들과 마찬가지로 초보인 나를 경험하였기 때문이다. 또한 지금 내가 다른 공공기관 관리자들과 공공기관 간의 공통성과 특수성에 대해 실시간으로 확인할 수 있는 여건에 있다는 점도 이 글을 읽는 독자에게 도움을 줄 것이다. 내부 면접관과 외부 면접관을 동시에 경험한 공공기관 현직 팀장으로서 우리 면접관 동료 모두의 발전을 응원한다.

2. 도와야 사는 우리
: 내부 면접관과 외부 면접관의 협력적 역할

공공기관에서 블라인드 채용을 시행할 때, 내부 면접관과 외부 면접관은 각각 중요한 역할을 담당한다. 내·외부 면접관이 협력하여 면접을 준비하고 진행하는 과정은 공공기관이 공정성, 전문성, 그리고 객관성을 확보하는 데 중대한 기여를 한다. 내부 면접관과 외부 면접관의 역할 차이를 이해하고, 서로 잘 협력할 수 있는 방법을 구체적으로 살펴보겠다. 우선 내부 면접관과 외부 면접관의 서로 다른 역할부터 이해해 보자.

내부 면접관의 역할

내부 면접관은 기관의 특성과 조직문화, 비전과 목표를 잘 알고 있어서, 지원자가 이 조직에 잘 적응할 수 있는지, 직무와 잘 맞는지를 평가하는 데 중요한 역할을 한다. 또한 기관의 업무 프로세스와 기대되는 직무성과에 대해 명확하게 평가할 수 있다. 그러나 내부 면접관은 때때로 조직 내 편향이 있을 수 있기 때문에 객관적인 평가에 어려움이 있을 수 있다.

주요 공공기관이 내부 면접관을 선정하는 방식과 기준은 각 기관의 특성과 직무를 반영하여 채용규모 등에 따라 정해진다. 그래서 대체로 내부적으로 계속 적용해 오는 기준이 있지만 이를 사규나 지침에 반영해 고정하기보다는 해당 채용 여건에 맞는 채용시행방안 수립·시행을 통해 내부 면접관을 선정한다. 내부 면접관 선정 방식으로는 인사담당부서의 추천, 부서장의 추천, 면접 관련 직무교육과정 이수자 우선선발 등이 있다. 대체로 인사담당부서 차·과장급 실무진이 입사년도, 직급, 직종, 전공, 주요 경력, 현 업무, 현 근무지, 면접전형 참가이력, 채용 관련 교육수강여부, 제척여부 등을 고려한 인력풀을 구성한다. 팀장급 관리자의 검토를 받은 후 대상자에 개별 연락하고, 내부 면접관 명단이 완성되면 인사담당부서 부서장이 확정하는 형태 등으로 이루어진다. 신입사원 채용 기준 보통 입사 10년 이상, 차장급 이상의 경력을 가진 2~3급 중간관리자로 내부 면접관을 구성하고, 경력직 또는 개방형직위 채용이거나 면접전형이 2차 이상일 경우 내부 면접관의 입사년도, 직급 등이 상향되는 경향이 있다.

내부 면접관은 해당 직무에 대한 깊은 이해와 경험을 보유해야 한다. 기술직이나 소수직종 채용의 경우에는 특히 해당 전공 및 업무 수행 직원에게 내부 면접관 역할을 맡겨 직무 전문성을 확보하고 조직 적합성 검토의 효과를 제고한다. 내부 면접관 대상 교육시간이 넉넉하지 않고 채용비리는 워낙 민감한 주제라, 내부 면접관도 이전 면접관 수행경험과 조직 내 신뢰도 등을 종합 고려하여 유경험자가 계속 수행하는 경향이 있다.

인사담당부서의 연락을 받고 내부 면접관 의뢰를 받아들이면 바로 비밀유지 서약을 하고 면접과정 참여를 준비하게 된다. 혹시 모를 사내외 청탁이나 불필요한 오해를 막기 위해 주위 직원들에게도 면접 참여 사실을 함구할 것을 요구하는 회사도 많다. 근무지와 면접 장소 간 거리에 따라 면접 전일 합숙교육이나 당일 새벽교육을 통해 3~4시간 동안 블라인드 채용의 취지와 방법, 면접기법, 평가방법 등을 필수적으로 숙지한다. 교육 시점부터 휴대폰은 회수하여 사용하지 못하고, 공공기관은 사내 평가, 심사 업무수행에 대한 별도의 수당지급이 불가하기 때문에 면접수당 등은 없다. 애초에 전공, 직종, 업무 분야가 다른 직원들로 다양하게 내부 면접관을 구성하고, 본연의 업무를 급작스레 조정해 참여한 것이기 때문에, 한 내부 면접관이 외부 면접관처럼 이틀을 초과하여 면접전형에 참여하는 경우는 많지 않다.

외부 면접관이 면접 당일에 만나게 되는 내부 면접관은 대체로 이런 과정을 거쳐 면접관 역할을 수행하러 온 직원들이다. 몸담은 공공기관으로부터 조직 적합성 등에 대한 검토 책무를 받았고, 본인이 내부 면접관 역할의 중요성을 잘 알고 있을 가능성이 크다. 그러니 조직문화와 업무여건 등 면접전형에 필요하지만 외부 면접관이 속속들이 알기 어려운 내용은 내부 면접관에게 질문하면 된다.

외부 면접관의 역할

외부 면접관은 기관 내부의 문화나 특정 상황에 구애받지 않고 외부적인 시각에서 지원자를 평가할 수 있다. 그러나 외부 면접관은 지원자가 조직과 얼마나 잘 맞을지, 장기적인 성과를 낼 수 있을지를 평가하는 데 한계가 있다. 공공기관은 대체로 채용예정 분야의 전문가나 HR 관련 전문가를 외부 면접관으로 초빙하여, 직무 적합성과 공정성 차원에서 지원자의 능력과 자질을 다양하게 평가한다. 외부 면접관 선정방식은 기관과 채용의 규모에 따라 다르다. 그 규모가 클수록 채용대행사를 통해 선정하는 경우가 많고, 지방 공기업 등 기관과 채용의 규모가 작을수록 지역 기반 자체 풀에서 선정하는 경우가 상대적으로 늘어난다.

외부 면접관 양성교육에는 주로 면접전형의 품질 향상을 목표로 하는 교육 프로그램이 많다. 그러나 외부 면접관의 공공기관 블라인드 채용 참여는 본래 공공기관 채용의 공정성을 제고할 사회적 필요 때문에 의무화된 제도란 것을 알아두자.

국민권익위원회·기획재정부·고용노동부 등 관련 부처가 발표하는 가이드라인[1]을 보면, 외부 면접관은 1) 기관과 이해관계가 없고, 공정한 심사를 기대할 수 있는 사람이어야 하며, 2) 같은 기관 전형(직종·분야별 포함)에 연속적으로 참여하면 안 되고, 3) 동일 전형 과정 중 하나의 전형에만 참여할 수 있다. 국민권익위원회와 감사원 등 감독기관은 매년 공공기관 채용실태 전수조사를 통해 공공기관이 채용의 공정성을 잘 지키고 있는지 점검한다.[2] 이 때 비전문가·부적격자를 면접관으로 위촉한 업무부주의 기관에는 주의·경고 조치 등이 내려진다. 면접관에게 만일 고의가 있다면 자칫 채용비리로 사건이 커질 수도 있다. 이 규정을 모르면 외부 면접관도 곤란해진다. 실제로 국정감사에서 지적된 사례도 있다.

---

1) 고용노동부, 산업인력공단, 「취업준비생을 위한 블라인드 채용 가이드북」, 2023.11.
2) 공공기관채용비리근절추진단, 「공공기관 채용비리 근절 추진단 백서」, 2022.5. 등

〈연도별 채용실태 전수조사 결과 처분내역〉[3]

구분		2019년	2020년	2021년	2022년	2023년	2024년
채용비리	수사의뢰	36	9	5	4	2	–
	징계처분	146	74	71	43	42	39
업무 부주의	주의·경고	1,160	862	799	774	823	822

　공정성 제고를 위해 위촉한 외부 면접관이 도리어 공정성을 저해한다면, 공공기관과 외부 면접관 모두에게 타격이 된다. 외부 면접관 운영이 잘못되면, 자칫 사소한 부주의나 안일한 생각이 '채용비리'로 비화되기도 한다. 공공기관이 심사위원을 제척하지 못하거나 심사위원이 회피 신청하지 못하는 경우, 지원자가 특정 심사위원을 기피 신청하지 않는 경우 등이 그것이다. '공정한 심사를 기대하기 어려운 사람은 외부위원이 될 수 없는 점'에 대해 깊이 생각하자. 친인척이나 근무경험 관계는 물론이고 사제지간 등도 해당된다. 외부 면접관에 대학교수를 제외하는 공공기관이 많은 것도 이 때문이다. 채용 관련 컨설팅이나 코칭도 마찬가지로 위험한 부분이 있다. 스스로 찾고 지원해야 일자리가 생기는 외부 면접관이 자기PR을 하다 보면, 구직자와 인연을 맺거나 직접 구직자 대상 컨설팅을 하는 경우도 생긴다. 이와 관련 일부 외부 면접관이 개인 컨설팅 후 면접관으로도 지원자

---

[3] 국민권익위원회, 「(보도자료) "공직유관단체 채용비리 78.6% 감소" … 채용실태 전수조사 결과 발표」, 2024.12.11

를 만나 문제가 된 사례도 있다. 불필요한 오해를 사거나 사실이 아닌 일로 고초를 겪지 않도록 주의하자.

면접관이 블라인드 채용 때문에 지원자와의 관계를 확신하지 못하거나 아예 모르는 채로 해당전형에 참여하는 것도 의도하지 않은 결과를 가져올 수 있다. 만족하는 사람보다 불만족하는 사람이 많은 것 중 하나가 채용이다. 지켜보는 눈이 많고 관계부처의 채용실태 정기 전수조사와 특정조사 등이 있다. 권익위 채용비리통합신고센터에 상시 제보도 가능하다. 한 기관의 '연속된 채용'이 아니고 한 기관 내 '직종·분야별 연속된 채용'의 경우에도 면접관이 될 수 없는 점을 기억하자. 공공기관 채용 담당자도 시간 지나면 바뀌고, 늘 하던 일도 사람이라 자칫 놓칠 수 있다. 누가 대신할 수 없는 일이다. 본인이 다녀온 채용전형은 날짜, 직종, 분야, 전형유형 등을 기록하여 다시 채용과정에 참여하기 전에 반드시 확인하자. 서류·면접전형이 진행되는 동안에도 몰랐던 회피 대상이 있는지 주의해서 살펴봐야 한다.

〈내부 면접관과 외부 면접관의 특성 비교〉

구분	내부 면접관	외부 면접관
강점	조직에 대한 깊은 이해 내부 정보에 기반한 판단 장기적 관점의 평가	새로운 시각 제공 외부 전문지식 활용 공정성 제고
약점	기존 틀에 갇힌 사고 가능성 인맥 등 외부요인 개입 우려	조직 특수성 이해 부족 단기적 평가에 치중 가능성
주요 평가 대상	직무 적합성 및 조직 문화 적합성 평가	지원자의 직무 능력과 경험 평가

내부 면접관과 외부 면접관의 협력방법

조직에 대한 깊은 이해를 바탕으로 내부 정보에 기반해 판단하고 장기적 관점에서 지원자를 평가하는 내부 면접관. 새로운 시각으로 외부 전문지식을 활용하면서 공정성을 제고해야 하는 외부 면접관. 이 둘은 어떻게 서로의 전문성을 보완하며 협력해야 할까.

사전 평가기준 공유

내·외부 면접관 간 협력을 위한 첫 단계는 사전회의에서 면접기준을 명확히 설정하고 공유하는 것이다. 면접이 시작되기 전 내·외부 면접관이 함께 면접의 방향과 평가기준을 논의한다. 예를 들어 조직문화 적합성과 직무 전문성에 대한 평가기준을 서로 공유하고, 각 분야에서 누가 어떤 질문을 던질 것인지, 어떻게 평가할 것인지에 대해 구체적인 의견을 나눈다. 이 단계는 대체로 내부 면접관보다 면접전형에 더 익숙한 외부 면접관이 주도하는 부분이고, 주로 위원장 역할을 맡은 외부 면접관이 이끈다. '나는 지원자들의 직무 전문성을 보는 4번 질문을 하겠다', '과거 직무 경험에 대한 답변이 구체적이고 신뢰할 만한 것인지를 검증하겠다' 등의 내용으로 이루어진다.

사전 정보 공유

내부 면접관은 사전에 조직의 문화, 기관의 비전, 목표, 주요 업무에 대한 정보를 외부 면접관과 충분히 공유해야 한다. 내부 면접관은 외부 면접관이 최소한 지원자들만큼은 이 기관과 업무에 대해 이해하고 지원자의 답변을 스스로 판단할 수 있도록 도와야 한다. 또한 외부 면접관은 면접전형에 참석하기 전, 기본적인 기업정보 및 채용정보를 파악해 두어야 한다. 실제 면접전형 시작 전에 사전 정보를 공유할 시간이 넉넉하지 않고, 미리 준비하면 할수록 내부 면접관의 사전 정보 공유 효과는 높아지기 때문이다.

역할 존중과 협력

내부 면접관은 지원자가 그 조직에 얼마나 적합한지를 평가할 수 있다. 반면 외부 면접관은 지원자의 직무 능력과 역량을 평가하는 데 더 객관적인 시각을 제공할 수 있다. 이를 통해 두 면접관은 서로의 역할과 전문성을 존중하고 협력하면서 상호 보완적인 역할을 해야 한다. 예를 들어, 지원자가 직무에 필요한 기술적 역량은 뛰어나지만 조직 문화와 맞지 않는다면, 내부 면접관은 그 점을 강조할 수 있다. 외부 면접관은 내부 면접관들의 공통된 의견은 특히 의미 있게 받아들일 필요가 있다. 조직과 직무에 대해 가장 잘 아는 사람들의 경험과 생각을 존중하자. 또한 외부 면접관이 판단하기에 내부 면접관의 특정발언이 요즘 채용 트렌드에 맞지 않거나 편견을 드러낼 위험하다면, 면접 중간에 메모 등을 활용해 조용히 알려 주는 것도 좋다. 내부 면접관들도 외부 면접관들의 전문성을 인정하는 데다가, 채용민원을 사거나 인사담당부서를 통해 피드백을 받는 것보다 그 편이 낫다고 생각할 가능성이 크다.

면접 후 피드백과 평가 회의

면접전형이 몇 개의 조로 나누어진 경우, 보통 한 개의 조가 끝난 쉬는 시간마다 피드백 시간을 갖는다. 각 면접관은 지원자별로 자신의 평가에 대한 이유와 근거를 명확히 제시하고, 서로 다른 시각에서 의견을 교환한다. 예를 들어 내부 면접관은 지원자가 조직에 잘 적응할 수 있을지에 대한 본인 의견을 자세히 말할 수 있고, 외부 면접관은 동일 지원자의 직무수행능력 관련 답변의 진실성에 대한 자신의 의견을 상세히 설명할 수 있다. 상호 피드백을 통해 내·외부 면접관은 면접과정 중에 놓치거나 부족했던 부분을 서로 보완할 수 있다. 즉각적인 피드백을 반복해 시행함으로써 면접시점에 따라 평가결과의 편차나 오류가 생기는 것도 줄일 수 있다. 내·외부 면접관들은 지원자의 전반적인 역량에 대한 다각도 평가를 통해 평가의 공정성과 신뢰성을 제고하고, 더 나은 결정을 내릴 수 있다. 또한 피드백 결과는 후속 조치나 평가 기준을 개선하는 데 중요한 역할을 한다.

지속적 개선활동

내·외부 면접관 간의 피드백 결과는 채용 프로세스 개선을 위한 공동 워크숍 진행, 성공·실패 사례 분석 및 시사점 도출 등 지속적 개선활동으로 이어질 수 있다. 이러한 협력적 접근 방식은 블라인드 채용의 어려움을 극복하고, 공정하고 투명한 채용을 실현하는 데 중요한 역할을 한다.

〈내 · 외부 면접관 간 협력 방법〉

사전 평가기준 공유	면접 전 평가기준과 조직 및 직무 요구사항을 명확히 정의
사전 정보 공유	기업 정보 등에 대한 사전 이해도 제고
역할 존중과 협력	서로의 전문성을 존중하며 협력
면접 후 피드백 회의	면접 후 피드백 회의에서 의견 교환 및 평가결과 공유, 결론 도출

지속적 개선활동	피드백 결과의 누적과 가공을 통해 더 나은 평가를 위한 협력 유지

3. 시장의 확대: 공공기관 채용시장의 이해

여기서 잠깐, 우리 면접관의 주 활동 무대인 공공기관의 채용시장에 대해 알아보자.

블라인드 채용의 도입

공공기관의 채용시장에 급격한 변화가 찾아온 건 2017년이었다. 2017년 7월 문재인 정부는 취임 2개월 만에 공공기관 블라인드 채용을 의무화했다. 학력, 출신지, 가족관계, 신체조건 등의 '차별적 요인'을 이력서에 기재하지 못하게 하여, 직무역량 중심으로 뽑자는 취지다. 332개 공공기관과 149개 지방공기업에서 즉시 블라인드 채용이 시행되었고, 민간 확산을 위한 정부 지원도 이루어졌다. 하지만 현장에서는 '학력을 전혀 못 쓰게 하는 게 맞나', '학위·전공·자격증을 가리고 외모와 언변으로 사람을 뽑으라는 건가'라는 문제제기가 잇따랐다. 블라인드 채용이 소기의 목적을 달성하지 못한 채 도리어 퇴사자만 늘린다는 비판[4]도 있었다.

한국조세재정연구원(2020) 보고서에 따르면, 블라인드 채용

---

4) 한국경제, 「스펙 가려도 SKY 출신 안 줄어 … 퇴사자만 늘린 블라인드 채용」, 2021.6.21.

방식 도입으로 지원자의 능력을 판별하기 어려워진 공공기관들은 대신 필기시험 난도 상향 등의 우회적 방법을 찾았고, 제도 도입 전후로 신입사원 개인의 특성에는 유의미한 변화가 없었다.[5]

연구 자료들은 블라인드 채용이 국민의 공정성 인식을 높인 측면은 있으나, 실질적 성과 증거는 아직 부족하다고 말하고 있다. 한국직업능력연구원(2023)은 서울소재대학 졸업여부가 공공기관 취업에 미치는 영향 등 블라인드 채용제도의 효과가 경향성을 갖고 지속되지 못한 점에 주목하여 제도의 실효성을 높이는 방안을 모색할 필요가 있음을 제언하였다.[6]

**외부 면접관
과반 이상 의무화**

공공기관 블라인드 채용 의무화 이후 2017년 하반기 ○○○○위원회, ○○랜드 등 공공기관과 ○○은행 등 대형 시중은행의 잇따른 채용비리 사건으로 사회가 떠들썩하면서, 채용과정의 절차적 투명성을 제고하기 위한 제도적 조치들이 이어졌다. 이 과정에서 외부 면접관의 공공기관 서류·면접전형 참여가 규정[7]되었다. 이는 내부 면접관만으로는 채용 과정이 불투명해질 수 있다는 문제인식에서 비롯되었다. 외

---

5) 한국조세재정연구원, 「공공기관 채용정책에 대한 연구: 블라인드 채용제도의 도입효과 분석을 중심으로」, 2020.12.
6) 한국직업능력연구원, 「블라인드 채용제도의 성과에 관한 탐색적 실증 분석」, 연구보고서, 2023.3.
7) 「공기업·준정부기관의 경영에 관한 지침」

부 면접관의 과반 이상 면접참여는 구조화된 면접설계, 직무적합성 평가효과 제고 등 채용 전형의 수준 제고를 목적으로 도입된 제도가 아니다. 채용비리를 예방하고 국민들의 채용 공정성 인식을 제고하는 방편으로 도입되었다.

중앙 공공기관의 블라인드 채용 적용 법령은 「공공기관운영법」, 「공기업·준정부기관의 경영에 관한 지침」, 「공공기관의 혁신에 관한 지침」이다. 채용비리 근절을 위해 채용 시 외부전문가 참여, 부정채용 합격자에 대한 합격 취소 근거 및 채용비리 피해자 구제안 마련 등이 주요 내용으로 들어갔다. 지방 공공기관의 블라인드 채용 적용 법령은 「지방공기업법」, 「지방공기업 인사·조직 운영기준」, 「지방출자·출연법」, 「지방 출자·출연기관 인사·조직지침」이다. 이 중 행정규칙인 「지방공기업 인사·조직 운영기준」 개정안(행정안전부, 2023. 12. 12)과 「지방 출자·출연기관 인사·조직지침」 개정안(행정안전부, 2023. 12. 12.)에 관련 내용이 있다. 기타공직유관단체의 블라인드 채용 적용 법령은 현재까지 없다. 그러나 국민권익위원회가 기타공직유관단체에도 중앙 및 지방 공공기관 수준의 제도화가 이루어지도록 「기타 공직유관단체 채용절차의 공정성 강화(2018. 6. 25.)」 등에 권고를 하고 있다. 또한 「기타 공직유관단체 공정채용 실무 가이드라인(2020. 11. 25)」이 있어, 각 기관이 이에 따라 외부 면접관이 과반 이상 면접에 참여하도록 자체규정을 두고 있다. 위와 같은 사유로 현재 공공기관 면접전형에는 외부 면접관이 과반 이상 참여하고 있다.

블라인드 채용을 보완하는 면접관

현재 우리나라 공공기관들은 외부 면접관을 50% 이상으로 구성하여 블라인드 채용으로 직원을 뽑고 있다. 2017년 제도 도입 후 상당기간이 지나면서 이러한 채용방식의 성과를 평가하고 반성할 사회적 필요도 나타났다. 2022년 채용절차의 공정화에 관한 법률(채용절차법)을 개정한 공정채용법 제정 논의가 대두되면서 법학과 행정학 분야에서 '공정채용'을 다룬 논문이 일부 발표됐다. 그러나 '블라인드 채용이 공공기관의 경영성과에 미치는 영향분석'과 같은 경영학 분야 논문은 드물다. 직원의 성과라는 것이 측정하기 어려운 주제인 데다가, 채용이 직원 성과로 나타나기까지 장기적으로 측정하고 관측하기도 어렵기 때문이다.

애초에 블라인드 채용을 '공정 채용'이라고 이름 붙이는 것 자체가 그것이 가치관 문제이지 성과나 효율이나 기업경영의 문제가 아니라는 것을 보여 준다. 그로 인해 관계 부처는 블라인드 채용에 대한 일부 국민의 불만이나 언론의 문제 제기가 있을 때마다 '국민인식조사' 결과를 제시하는 형편이다.[8] '용모 단정한 미혼 여성'이나 '신체 건강한 군필 남성' 같은 채용요건이 버젓이 적혀있던 시대가 불과 20년 전으로 그리 멀지 않은 과거다. 블라인드 채용이 우리 사회를 되돌아보게 하고 시각의 균형을 잡는 과정 속에 일부 역할을 한 것은 분명하다. 그러나 공공기관은 좀 더 구조화된 세부시행방안을 만들어 블라인드 채용의 불완전성

---

8) 고용노동부, 「(보도설명) 정부는 채용에서 평등한 기회보장과 공정한 과정을 통해 누구나 당당하게 실력으로 경쟁할 기회를 보장하고 있습니다」, 2021.6.22.

을 극복해야 하는 현실적인 어려움이 있다.

제도 시행 약 4년 만에 개정된 가이드라인[9]에서 블라인드 채용 '의무화'라는 단어가 '적용'으로 바뀌면서 논란이 일었다. 그러나 고용노동부는 '연구개발 목적기관 등에 한해 탄력 운영이 가능하도록 한 것일 뿐, 의무화 기조는 변함없다'고 밝혔다.

결국 블라인드 채용은 정치적·사회적 명분이 크고, 채용비리 근절과 공정성 제고라는 흐름 속에 쉽게 폐지되지 않을 전망이다. 공공기관도 이 제도 아래 부족한 부분을 내부 면접관과 외부 면접관을 통해 함께 보완해야 한다는 결론이다. 블라인드 채용은 보다 나은 사회를 만들고자 정부가 도입했고 공공기관이 우리 면접관들을 통해 구현하는 제도다. 제도의 맹점을 보완하는 열쇠는 전문면접관이 가지고 있다.

---

9) 기획재정부, 「공공기관 블라인드 채용 가이드라인」, 2021.11.

4. 적자생존의 시대
　: 대체 불가한 외부 면접관이 되는 법

초보 외부 면접관으로서 몇 가지만 준비하고 실행하자. 공공기관과 상생관계가 만들어질 때 우리는 대체 불가한 외부 면접관이 될 수 있다.

이해　　　　　　　　　외부 면접관으로서 이것만은 알고 가자. 내가 면접관으로 참여하는 기관의 유형이 무엇인지, 채용 상의 공통적 어려움은 무엇인지, 기관별 특징은 무엇인지 미리 파악하자.

공공기관의 개념이해

외부 면접관으로 채용과정에 참여하는 공공기관이 어떤 곳인지 개념과 유형 정도는 알고 가는 게 좋다. 지원자들도 준비해 오는 내용이라 정확한 용어 사용이 필요하다.

'공공기관'의 행정적 정의는 '개인의 이익이 아니라 공적인 이익을 목적으로 하는 기관'이다. 국가와 지방자치단체에 공기업 등 준정부조직을 포함한 개념이다. 국가와 지방자치단체를 포함한다는 점에서 법률적 정의와 차이가 있다.

'공공기관'의 법률적 정의는 정부의 투자·출자 또는 정부의 재정지원 등으로 설립·운영되는 기관으로서 일정 요건에 해당하여

기획재정부장관이 매년 지정한 기관[10]이다. 현재 327개 기관이 지정(2024년 기준)되어 있으며, 직원정원, 총수입액, 자산규모, 총수입액 중 자체수입액이 차지하는 비중 등에 따라 공기업(시장형·준시장형, 32개), 준정부기관(기금관리형·위탁집행형, 55개), 기타공공기관(240개)으로 나뉜다. 중앙공공기관을 의미하며, 흔히 말하는 전국 단위 공사·공단 등이 여기 포함된다.

외부 면접관이 알아야 할, 블라인드 채용제도 적용대상으로서의 '공공기관'은 중앙공공기관(공기업·준정부기관·기타공공기관), 지방공공기관(지방공기업·지방출자출연기관), 기타공직유관단체(공직유관단체 중 중앙 및 지방 공공기관에 포함되지 않는 단체)를 포괄하는 개념이다. 현재 2,009개 기관이 지정되어 있고 신규지정·지정해제 등 사유로 해당기관은 변동된다.

〈공공기관의 유형〉[11]

구분	정의	해당기관(2024년 기준)
중앙공공기관	「공공기관운영법」에 따라 정부의 투자·출자 또는 정부의 재정지원 등으로 설립·운영되는 기관으로서, 기재부장관이 고시	327개 한국전력공사, 한국항공우주연구원 등
지방공공기관	지방자치단체가 주민의 복리증진을 목적으로 직·간접으로 경영하는 사업 중 「지방공기업법」, 「지방출자·출연법」의 적용을 받는 기관	1,293개 서울교통공사, 서울의료원 등

---

10) 공공기관의 운영에 관한 법률 제4조
11) 공공기관채용비리근절추진단, 「공공기관 채용비리 근절 추진단 백서」, 2022.5. p.19 발췌수정

| 기타공직 유관단체 | 정부 또는 지자체의 재정지원 규모, 임원선임 방법 등을 고려하여 '공직자윤리위원회'에서 선정, 인사혁신처장이 고시한 공직유관단체 중 공공기관 또는 지방공공기관에 포함되지 않는 공직유관단체 | 398개 금융감독원, 경기도체육회 등 |

지방이전과 지역인재 채용목표제

대규모 공공기관들은 채용 과정에 있어 '지방이전'과 '지역인재 채용목표제'라는 주요한 과제가 있다. 채용의 방향을 결정짓는 요소 중 하나이니 외부 면접관들도 미리 알고 가자.

공공기관 지방이전은 노무현 정부 때인 2005년 계획 수립 이후 2013~2015년에 집중적으로 시행되었다. 2015년까지 수도권 소재 공공기관 111개가, 2019년까지 153개가 10개 혁신도시로 이전하며 1차 이전이 마무리되었다. 2차 이전은 윤석열 정부의 국정과제로 120개 기관이 이전대상으로 거론되었다. 당초 2023년 하반기부터 이전을 시작할 계획이었으나 이해관계 조율 필요 등 여러 가지 사유로 진행되지 못하였다.

'지역인재 채용 목표제'는 지방이전 공공기관이 해당지역 대학 졸업자를 고용하는 제도다.[12] 2018년(18%) - 2022년(30%)로 매년 3%씩 이전지역 대학 졸업자 고용목표를 늘려왔다. 2024년부터는 비수도권(서울·경기·인천 외 지역)에 소재한 공공기관들은 의무적으로 신규 채용인원의 35%를 지역인재로 채용해야 한다.[13] 특

---

12) 「혁신도시 조성 및 발전에 관한 특별법」
13) 「지방대학 및 지역균형인재 육성에 관한 법률(지방대육성법)」

히 공공기관이 소재한 지역의 지방대학뿐만 아니라 비수도권 소재 지방대학 출신이라면 누구나 공공기관에 지역인재로 지원할 수 있게 하였다.

외부 면접관이라면 이런 배경을 이해하고 '이 기관이 어느 지역에 있고, 지역인재를 얼마나 채용해야 하는지, 그와 관련해 어떤 애로사항이 있는지'를 파악해 두는 게 좋다. 직무에 따라 우수한 지원자가 장기 근속할 의지와 역량이 있는지를 면접에서 반드시 확인해야 하는 상황도 있다. 이를 모르고 가면 알맞은 질문이나 평가 포인트를 놓칠 수 있다.

기관별 특수성

공공기관들도 업무목적, 산업분야, 조직규모 등에 따라 조직문화도 천차만별이고 원하는 인재상도 다르다. 그래서 각 기관의 특수성을 확인하는 과정이 반드시 필요하다. 홈페이지의 '기관소개', '사업소개' 등 지원자들이 보고 들어오는 기관정보는 지원자의 숙지여부와 관심정도를 분별할 수 있도록 외부 면접관도 알고 있어야 한다. 보도자료를 통해 최근 이슈와 신사업에 대해 알아두는 것도 필수적이다. 어떤 사업에 집중하고, 무슨 역량을 중요시하는지 정도만 파악해도, 면접 준비도가 한층 올라간다.

흔히 내부 면접관은 조직 적합성 관련 질문, 외부 면접관은 직무 적합성 관련 질문을 많이 하지만, 지원자의 대답에 대한 평가는 내·외부 면접관 모두 동시에 진행한다. 내부 면접관이니 직무 적합성 스킬은 잘 모른다거나 외부 면접관이니 조직 적합성은 신경 쓰지 않아도 된다는 생각은 자신을 반쪽짜리 면접관으로 만든다. 공공기관 입장에서는 굳이 이런 반쪽짜리 면접관을 다시 부를 이유가 없다.

채용정보

면접관으로 서류·면접전형에 참여하기 전에 채용공고문을 찾아본다. 외부 면접관은 전형 과정의 일부에만 참여하는 까닭에 전체적인 전형 절차가 어떻게 이루어지는지 간과하기 쉽다. 직무기술서, 필수·우대사항 등을 확인하여 공공기관과 지원자를 적합하게 매칭이 가능하다. 직종·직군별 모집현황을 통해 해당 공공기관에 어떤 인력 보강이 필요한지도 예상할 수 있다.

전형별 경쟁률도 미리 확인할 수 있다. 면접관이 심사하게 될 전체대상과 선정대상의 규모에 따라 서류·면접전형의 방향이 달라진다. 경쟁률이 높은 직무면 면접관이 더 엄격히 변별해야 하고, 지원자가 적은 직무면 해당 공공기관의 의사에 따라 기준 하향 여부를 결정하면 된다. 기준 하향 여부는 면접 시 반드시 내부 면접관과 채용담당 총괄직원에게 물어보자.

채용공고문과 전형별 경쟁률은 각 공공기관 채용정보 또는 공지사항 게시판에서도 찾을 수 있지만, 잘 정리된 통합시스템이 있으니 활용하면 된다. 중앙공공기관의 경우 공공기관 채용정보시스템[14]에서, 지방공공기관은 지방공공기관 통합채용정보공개시스템[15]에서 관련 내용을 쉽게 찾을 수 있다.

---

14) 잡-알리오 (https://job.alio.go.kr)
15) 클린아이 잡+ (https://job.cleaneye.go.kr)

소통 기반 평가

외부 면접관은 서류·면접전형 시작에 앞서 채용에 관한 기관의 진의를 파악해야 한다. 전체 면접관을 대상으로 하는 오리엔테이션은 공통적인 내용을 공식적으로 이야기 하는 자리다. 그 자리에서 나오는 이야기들은 기본에 불과하다. 기본이 숙지된 면접관들은 한 단계 더 올라가자.

내부 면접관과 소통

공공기관은 법률직, 전기직, 고졸채용 등 각 직렬, 직군별로 해당하는 직원을 채용하려는 여러 가지 목적이 있다. 지금 해당 공공기관에 어떤 필요가 있는지, 그래서 어떤 사람을 원하는지, 지금까지 어떤 특성을 가진 지원자가 해당 직렬, 직군에서 성과를 보여 왔는지를 면접 시작 전 내부 면접관에게 묻자. 그러면 이 정보를 통해 오늘 무엇에 집중해야 하는지 보다 명확한 목표를 갖고 면접을 시작할 수 있게 된다.

〈내부 면접관과의 아이스 브레이킹 질문〉
- ○○직을 ○○명 뽑네요. 올해 중요한 사업이나 이슈가 있나 봐요?
- 면접관님은 오늘 ○○직군에 어떤 특성을 가진 지원자를 뽑고 싶으세요?
- ~한 사람이 잘 할 수 있는 직렬인가 보죠?
- 제가 참고할 만한 다른 이야기가 있나요?

때로는 우리가 만난 내부 면접관의 대답이 신통찮은 수도 있다. 외부 면접관에게 그런 질문을 처음 받아봐서 정리된 생각이

미처 말로 나오지 못할 수도 있다. 그러나 실망할 일은 아니다. 오해를 불러일으키는 말투로 질문하지 않는 이상, 그런 대화는 내부 면접관이 회사의 입장을 전달할 기회를 주는 일이다. 또한 전문가로서 외부 면접관이 당일 면접을 어느 정도로 주도해야 하는지를 알려 주는 계기가 되기도 한다. 적어도 외부 면접관이 기관의 입장을 궁금해하고 내부 직원들의 의견을 진지하게 받아들이는 면접관이라는 인상을 줄 가능성이 크다. 참고할 내용이 있는지 정도의 질문이라도 좋다.

과락 부여

조직 적합성, 직무 적합성이 부족한 지원자가 채용되면 직원도 공공기관도 괴롭다. 때로 서류·면접전형 중에도 기본 역량 부족, 협업 태도 결여가 보이는 지원자들이 있다. 그런데도 일부 면접관은 민원이 두려워서 중간 점수만 주고 말 때가 있다. 이 경우 공공기관은 진짜 중요한 정보를 놓치게 된다. 따라서 부적합하다는 근거가 있다면 망설임 없이 과락을 주는 게 낫다. 'O번 질문 답변 불가. 기관 업무 이해도 매우 낮음', 'O번 답변 일관성 없음. 협업 태도 결여' 등 구체적인 평가 근거만 있다면, 면접 종료 후 그 이유를 기록으로 남겨 내부결정에 도움을 줄 수 있다.

편차 확대

채용전형에서 점수를 매길 때, 많은 면접관들이 '표준정규분포'를 가정한다. 모든 지원자들의 역량이 일정하게 분포되어 있다는 가정에 기반한다. 그러나 실제 특정집단 내 인적자원의 분포는 표준정규분포가 아닌 멱함수 형태를 띠는 것으로 알려져

있다.[16]

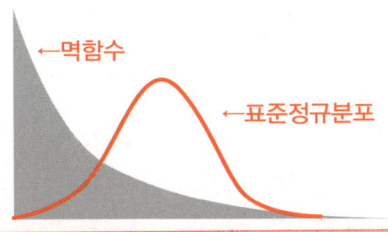

〈표준정규분포와 멱함수 비교〉

구분	표준정규분포	멱함수
형태	종 모양	파라볼라 모양
대칭성	평균(0) 기준 대칭	x축에 대해 대칭
활용분야	자연과학	사회학, 경제학 등

상위 20%가 전체 성과의 80%를 낸다는 '파레토의 법칙'이나 유능한 한 명이 열 명 몫을 해낸다는 '10배 개발자'와 유사한 개념이다. 현실 속에서 이를 체감하면서도 면접점수만큼은 중간이 가장 많고 극단은 적은 표준정규분포에 맞출 이유가 없다. 지원자 집단 자체가 이미 '해당 기관에 지원하고 싶어 하는 사람들'이 모인 편향된 집단이기 때문이다. 이를 인위적으로 평균으로 모으면, 실제로 매우 뛰어난 인재나 매우 부족한 인재를 변별하기 어려워진다.

---

16) O'Boyle Jr, E, ' Aguinis, H. (2012). 'The Best and the Rest: Revisiting the Norm of Normality of Individual Performance', Personnel Psychology, 65(1), 79–119.

구글의 최고인적자원책임자 라즐로 복은 "GE와 같은 곳에서 직원의 성과등급이 정규분포를 따르는 것처럼 보이는 유일한 이유는 인적자원 부서나 경영진이 그런 분포일 거라고 줄곧 예상해왔고, 또 성과 등급을 평가하고 판정하는 사람들도 그런 기준을 따라야 한다고 훈련을 받아왔기 때문이다. 보상 역시 동일한 분포를 따라야 한다는 것이 정설로 굳어졌다. 하지만 이것은 직원들이 실제로 창조한 가치와 완전히 어긋난다"고 주장한 바 있다. [17] 글로벌기업과 공공기관, 직원과 지원자, 모두 사람의 집단이다. 인재분포에 대한 선입견 때문에 우리 면접관들도 잘못된 예상과 훈련 속에 실제와 어긋난 평가를 해오지 않았는지 돌이켜 보자.

해당 공공기관이 편차에 대해 공식적·비공식적 기준이 있는지 확인하는 과정을 거치면 외부 면접관 입장에서 더욱 안전하다. 평가점수의 편차 확대는 내부 면접관이나 인사 담당자와의 소통, 근거 있는 평가 기록 등 구체적 장치와 함께 실행할 때 그 효과가 더욱 커진다.

상생

공공기관에게 외부 면접관은 내부 면접관과 함께 서류·면접전형을 통해 기관에 필요한 인재를 뽑아줄 중요한 두 축 중의 하나이다. 블라인드 채용 시행 경험이

---

[17] 라즐로 복(2021), 『구글의 아침은 자유가 시작된다』, 알에이치코리아

늘어나면서 공공기관 스스로 외부 면접관을 검증하고, 신뢰할 만한 외부 면접관과 장기적인 협업 속에 기관의 채용전형 수준을 제고하기도 한다.

외부 면접관 평가

일부 공공기관은 면접 종료 후 내부 면접관이 외부 면접관의 태도, 전문성, 협업능력을 평가하는 제도를 운영한다. A 공사는 외부 면접관에게 면접관 매뉴얼을 제공하고, 면접 종료 후 외부 면접관이 어떤 방식으로 평가했고 얼마나 성실했는지 확인한다. B 공사는 [사내 면접관 운영 지침]을 통해 내부 면접관과 인사 담당자가 외부 면접관의 태도, 전문성 등을 평가하고 기록해둔다. 이 평가 결과가 일정 기준에 미치지 못하거나 부적절 사례(무성의, 공정성 훼손 등)가 나오면 차기 면접에 면접관으로 재위촉하지 않는다.

장기적 협업

일부 공공기관은 내부 면접관뿐만 아니라 외부 면접관과도 장기적 협업관계를 맺고 이들을 육성하며 면접전형의 수준을 제고하고 있다. 외부 면접관과 일정 기간 고정해 협업하고, 내부 직원의 면접기법 학습을 돕기도 한다. C 공사는 인재개발원에서 내부 면접관 양성교육을 정기적으로 실시하고, 그 과정에서 외부 면접관과 함께 면접평가 사례를 공유한다.

시간이 지날수록 더 많은 공공기관이 외부 면접관과 파트너십을 맺고 협업해 나갈 것이다. 외부 면접관이 일회성 참여가 아닌 장기적 협업을 통해 공공기관의 채용과정에 함께 할 때 외부 면접관은 훨씬 더 큰 가치를 창출해 낼 것이다. 외부 면접관은 블라인드 채용 제도의 맹점을 보완하고 공공기관의 성과와 발전을 이끌어 내는 소중한 자원이 된다. 그러기 위해서 외부 면접관과 공공기관이 신뢰를 쌓는 과정이 필요하다. 이를 위해 외부 면접관이 먼저 책임감과 주인의식을 적극적이고 주체적인 자세로 보여 줄 필요도 있다.

에필로그
열 명의 전문면접관이 직접 들려주는 '집필 그 후의 이야기'

책을 쓴다는 것은 결국 스스로에게 질문을 던지는 일이다. 『면접관의 시선』은 열 명의 전문면접관이 면접 현장에서 부딪히고 흔들리며 고민한 성찰의 기록이다. 에필로그에는 책 속에 다 담지 못한 면접관들의 진솔한 이야기를 인터뷰 형식으로 담았다.

Q. 열 분의 전문면접관님들은 면접관으로서 많은 경험을 하셨을 텐데요. 그중 가장 인상 깊었던 면접 장면이 있나요?

박혜화: 신입 면접에서 한 지원자가 이렇게 말했어요.
"현재의 능력보다는, 제 미래의 가능성을 봐주셨으면 합니다."
이 말은 각오 한마디를 넘어, 함께 일할 사람으로서의 태도와 스스로 믿는 미래의 가치를 보여준 말이었어요. 그때 알게 됐어요. 지금의 실력보다 중요한 건, '어떻게 성장할 사람인가'라는 것을요.

양승원: 주말 저녁 7시까지 쉬는 시간 거의 없이 진행된 굉장히 보기 드물고 힘든 면접에 참여할 때였어요. 한 지원자가 면접 마지막에 이렇게 이야기했어요.
"주말 아침부터 오후 늦은 시간까지 피곤하셨을 텐데 끝까지

편안한 면접 분위기 만들어주시고 저희 지원자들의 말을 경청하고 진지하게 임해주셔서 감사합니다."

이 말을 듣는 순간 정신이 번쩍 들었어요.

이다인: 장년 지원자 재취업 선발이었습니다. 많은 지원자가 아는 것을 가르쳐줄 수 있다는 장점을 내세웠는데요. 하지만 어떤 한 분이 누구보다 많이 배우겠다며 본인이 알고 있는 것을 전부라고 생각하지 않는다는 답변을 주셨어요. 후배에게 배우는 일이라도 기꺼이 배우겠다는 말씀을 해주셨고요. 진짜 경력이 많은 분이셨는데 배움 앞에서 겸손한 태도에 감동받았습니다.

최보인: 최종 면접 후 각각의 면접관들이 자신의 평정 의견을 정성스럽게 작성하고 right person을 찾기 위해 토론했던 상황입니다. 당시 최종 면접을 통해 채용된 지원자가 추후 조직의 리더로 성장했으니 시간이 흘렀어도 아직도 기억에 남는 장면입니다.

권창호: 시니어 면접 중에 자신을 어필하기 위해, 일하면서 쌓은 사례들을 직접 책자로 만들어 온 분이 있었습니다. 평소 업무에 대한 태도와 준비성에서 차별화된 모습을 보여 주었고, '백 마디 말보다 한 번의 실행이 더 중요하다'라는 것을 다시금 깨달았습니다.

한진아: 한 지원자가 "제가 잘하는 건 문제 해결이 아니라 문제 발견입니다"라고 말했을 때, 면접장이 순간 조용해졌어요. 단

순히 컨설팅을 통해 배운 핵심 키워드를 얘기하는 것이 아닌, 자신만의 고민과 해석을 담아 말하는 모습에서 깊은 진정성을 느꼈죠.

이상미: 신입사원 공채면접이었는데 'OOOO의 개념과 장단점'에 대해 세 문장으로 완벽히 설명하더군요. 표현력도 훌륭했지만 사업에 대한 높은 이해와 진지한 태도가 더욱 인상 깊었습니다. 제 얼굴을 덮은 마스크 너머로 미소가 새어 나오지 않게 참느라 애썼습니다. 제가 같이 일하고 싶은 지원자였거든요.

김진혁: 신입사원 롤 플레이 면접이었습니다. 상황극을 정말 감칠맛 나게 하는 지원자가 있었는데, 나중에 알고 보니 연극 동아리 출신이더라고요. 그 지원자는 연극을 통해 타인의 감정을 읽어 내는 훈련을 했던 것이죠. 역시 인생에서 가치 없는 경험은 없는 것 같습니다.

박남현: 많은 성과가 있다고 서류상 답변하였으나 확인해 본 결과는 모두 팀의 성과였던 지원자가 기억에 남습니다. 심지어 면접 일정 변경을 요청했던 지원자인데 면접 과정에서 변경 요청 사유도 거짓말이었음을 확인할 수 있었습니다. 면접관은 지원자의 과장과 포장을 잘 분별해야 합니다.

이호정: 아직 크게 인상적인 면접이라고 꼽을 만한 것은 딱히 없습니다. 안타깝지만 지원자들보다 다른 면접관들의 태도나 질문들이 더 인상적인 경우가 있었네요. 배울 점도, 그렇지 않은 점도요.

Q. 면접관님은 굉장히 다양한 지원자들을 만나보셨을 텐데요. 눈에 보이는 스펙이 아닌, 주의 깊게 지켜보지 않으면 보이지 않는 중요한 무엇이 있을 것 같아요. 면접관님은 지원자의 어떤 부분을 가장 중요하게 보시나요?

박혜화: 태도입니다. 면접장에서 한 담당자가 이런 말을 했어요.

"일은 가르칠 수 있지만, 사람의 인성과 태도는 가르치기 어렵더라."

그 말에 깊이 공감합니다. 업무는 선배가 알려 줄 수 있지만, 태도는 스스로 만들어온 삶의 흔적이니까요.

최보인: 한 마디로 포텐셜(Potential)입니다. 포텐셜이란 단순히 현재 나타나는 역량이 아니라 조직의 핵심 가치를 바탕으로 성장할 수 있는 발전 가능성이라 할 수 있습니다. 그래야 변화무쌍하고 다양한 세대가 공존하는 시대에 적응은 물론 변화를 주도할 수 있기 때문입니다.

한진아: 지원자가 직무에 대해 얼마나 깊이 이해하고 있는지, 그리고 그 분야에 대해 진정으로 열정을 가졌는지를 중요하게 봅니다. 단순히 "잘할 수 있습니다!"라는 말이 아닌, "이 일은 이렇게 하면 더 나아질 수 있습니다!"라는 깊은 고민을 담고 있는 지원자에게 더 집중하게 됩니다.

이다인: 면접은 말을 잘하는 것이 아니라, 대화를 함께 만들어

가는 일이라고 생각해요. 그래서 꾸며진 답 대신 얼마나 자연스럽게 대화를 이어가는가를 가장 중요하게 봅니다.

이상미: 면접은 일종의 퍼포먼스입니다. 그날 내 퍼포먼스가 관객들 눈을 사로잡지 못했다고 해서 내 가치가 사라지는 게 아니에요. 하지만 모든 퍼포먼스에는 과거의 노력과 평소의 태도가 담깁니다. 면접관이 일반 관객과 다른 점은, 퍼포먼스 이면의 노력과 태도에 집중한다는 점입니다. 지원자는 말이 유창하지 못했다고 자책할 필요가 없습니다. 면접관이 같이 일하고 싶게 만드는, 진지하고 성실한 평소 내 모습이면 충분합니다.

권창호: 눈빛입니다. 지원자가 면접에 임하는 자세와 태도는 눈을 통해 고스란히 전달되곤 합니다.

양승원: 지원자의 자세를 가장 중요하게 보고 있습니다. 대부분의 지원자가 합격했으면 좋겠다고 생각하고 면접에 임합니다. 그러나 면접을 보다 보면 과연 이 지원자가 이곳에 정말로 취직하여 일을 하고 싶은가 아닌가는 잘 드러납니다. 단순히 매끄러운 면접 진행과 요령을 숙지하여 오는 것과는 차이가 납니다. 진심은 어느 상황에서, 어느 장소에서나 통하는 법입니다.

김진혁: 간결한 답변을 가장 중요하게 보고 있어요. 답변이 간결하려면 질문의 이해도가 높아야 하고 논리적이어야 하며 다양한 표현과 어휘력이 있어야 하기 때문이죠. 일 잘하는 사람의 특징이라고 생각해요.

박남현: 회사가 어떤 점에 집중하는지를 봐요. 회사는 채용을 기획하는 단계에서 어떤 직원을 찾는지 기대하고 있는 점이 있어요. 따라서 인재상이나 회사 내부의 직원경험을 사전에 확인하고 그에 맞는 직원인지에 집중해요.

이호정: 마지막 1분이요. 마지막 1분 동안에 집중력을 높여서 본인의 실력을 보여 주는 지원자가 있는가 하면, 집중력을 잃고 최선을 다하지 않는 지원자도 있습니다. 마지막 1분에서 평소 생활 태도를 엿볼 수 있거든요.

Q. 이번에 책을 쓰면서 더 많이 연구하고, 더 많이 생각하셨을 것 같은데요. 책을 쓰고 나서 '면접관'이라는 역할이 어떻게 달라졌나요?

한진아: 면접관이라는 직업이 '사람을 평가하는 역할'이 아니라 '가능성을 발견하고 연결하는 역할'이라는 걸 더 깊이 깨닫게 되었어요. 그러기 위해 면접관들도 끊임없이 배우고 발전해야 한다는 것을 느꼈죠. 그 과정에 이바지함으로써 면접관 문화를 긍정적으로 변화시키고 싶다는 마음이 자리 잡게 되었습니다.

권창호: 한 사람의 인생에 영향을 줄 수 있다는 책임감으로, 면접에 더욱 신중한 자세로 임하게 되었어요. 그리고 지원자의 역량을 어떻게 검증할 것인가와 함께 역량을 끌어낼 것인가에 더 고민하게 되었습니다.

이호정: 면접관으로서 그 역할의 무게가 훨씬 더 깊이 느껴져요. 평가자의 역할이 아니라 조직의 경쟁력을 결정한다는 책임감으로, 나아가 잘 된 질문을 통해 지원자의 역량을 발견하려는 노력으로요. 어깨가 무거워졌습니다.

박혜화: '사람을 평가한다'라는 시선에서 벗어나, 이제는 '사람을 이해한다'라는 마음으로 면접에 임하게 되었어요. 한 사람의 앞날을 결정짓는 자리에 있다는 건 결코 가벼운 일이 아니에요. 그 무게를 알기에 저는 매 면접마다 사람의 가능성을 존중하고, 그 선택에 책임지는 자세를 놓치지 않으려고 합니다.

이다인: 면접관의 시선이라는 책을 함께 집필해 보니 역시 면접관은 혼자 판단하는 '솔로 플레이어'가 아닌 함께 조율하고 협력하는 '팀 플레이어'라는 사실이 더욱 크게 다가옵니다.

박남현: 면접관은 회사의 향방을 결정짓는 사람이라고 생각해요. 성공한 면접은 적합한 인재를 선발함으로써 회사의 발전을 도울 수도 있지만 실패한 면접은 부서나 회사를 흔드는 직원을 선발함으로써 회사의 발전을 가로막는 결과를 낳기도 한다고 생각해요.

김진혁: 전문가가 되어야 한다는 생각이 강하게 들었어요. 경제전문가, AI 전문가처럼 면접이라는 분야에 전문적인 지식과 경험을 쌓아서 조직에 적합한 인재를 알아보는 안목을 높여야겠어요. 결론적으로 엄청나게 공부해야 해요.

최보인: 면접관으로서의 책무를 더욱 진지하게 생각하게 되었습니다. 또한 나 혼자만이 아니라 면접관들이 함께 올바른 공동의 목표와 공동의 책임 의식을 가질 필요가 있다는 생각이 들었습니다.

양승원: 책을 쓴 이후로 전문면접관으로서 저 자신을 돌아보는 시간이 부쩍 늘었어요. '과연 내가 오늘 잘했나?', '나의 질문이 그 지원자의 역량을 평가하기에 적합한 질문이었나?' 등의 질문을 스스로에게 해요. 면접관은 항상 스스로에게 묻고 스스로 답하며 성장과 인사이트를 얻어야 하는 쉽지 않은 자리라고 생각합니다.

이상미: 면접관은 누구나 시작할 수는 있지만 아무나 할 수는 없다고 생각합니다. 부지런하고 책임감 있게 자기 몫을 다해야 '다음'이 있는 프리랜서입니다. 끊임없이 자신을 갈고닦는 면접관들을 보며, 채용제도의 맹점을 보완하는 면접관의 실체를 제 눈으로 확인할 수 있었습니다.

Q. 면접관님의 챕터를 읽은 독자가 꼭 기억했으면 하는 부분이 있다면, 밑줄을 그어 주는 마음으로 알려 주세요.

권창호: 변화는 누구에게나 똑같이 다가옵니다. 그러나 그 변화를 수용하고, 그 속에서 기회를 찾아내는 사람만이 성장할 수 있다고 믿습니다. 저 역시 면접관이라는 역할의 변화를 통해 새로운 기회를 만나고 있습니다.

이호정: 면접관도 불안을 느낍니다. 지원자도 면접관도 우리 모두는 불안이라는 감정 앞에 놓입니다. 그러니 어느 정도의 불안은 견디고 처리할 수 있는 방법을 익혀봅시다.

박혜화: 면접은 정답을 찾는 자리가 아니라, 함께할 수 있는 사람을 알아보는 시간입니다. 그 시작은 언제나 좋은 질문에서 시작됩니다

이다인: 좋은 질문은 면접관의 가치관에서 비롯되며, 좋은 면접은 소명 의식에서 시작됩니다.

한진아: 지원자의 진정성과 면접관의 책임감에 기반한 면접의 새로운 접근법을 제안해 보는 이야기입니다. 서로 자신의 선택과 평가의 책임감을 가지고 존중하며 공정한 면접 문화를 함께 만들어가길 바라는 마음을 담았습니다.

박남현: 면접관의 입장으로 면접을 준비하는 방법을 찾아보세요.

김진혁: '전문가가 돼라'입니다. 단순히 의료기술만 배우는 것이 아니라 인간의 존엄성, 생명의 소중함을 아는 의사가 진정한 전문가라고 생각합니다. 면접관도 마찬가지죠. 단순히 면접 기술만을 아는 것에 그치지 않고 인재의 중요성, 채용의 필요성을 알고 있는 면접관이 진정한 전문면접관이라고 생각합니다.

최보인: AI는 목표를 설정할 수 없습니다. AI면접관이 확대되는 시대에 전문면접관으로서 AI가 할 수 없는 목표설정을 하고(Goal Setting) 책임 있는 노력의 일환으로 전문면접관의 자기 인증 ABC(A.sk, B.ehavior, C.onnect)를 제안합니다. 이것이 또한 자신을 전문면접관으로 브랜딩하는 과정이기도 합니다.

양승원: 모든 일은 사람과 사람 사이에서 일어나는 일입니다. 어떠한 일이라도 모두 본질은 비슷할 것입니다. 새롭게 전문면접관 업무를 시작하셨다면, 전문면접관으로서 본인을 개발하고 알리는 것을 두려워하지 않고 적극적인 자세가 중요합니다.

이상미: 조직은 좋은 인재를 찾아 줄 전문면접관을 애타게 찾고 있습니다. 책임감과 주인의식을 가진 대체 불가 면접관이 되어 조직과 장기적인 관계를 맺어 주세요.

마치며

면접은 '면접관의 시선'으로, 지원자의 말과 태도 너머의 가능성을 읽는 일이다. 열 명의 전문면접관이 각자의 현장에서 건져 올린 질문과 책임, 그리고 진심이 이 한 권에 담겨 있다.

이 기록이 채용의 이면을 깊이 이해하고 싶은 지원자에게는 면접관의 관점을 엿볼 기회를, 전문성을 다지고자 하는 면접관에게는 다시 설 기준점을 제시하는 이정표가 되기를 바란다.

페이지마다 스민 고민과 책임감이 다음 면접장에서 한 사람의 잠재력을 밝혀낼 안목이 되어 주기를 바란다.

한 번의 선택이 조직의 미래를 결정한다.
그 무게를 기꺼이 짊어지는 모든 면접관에게 이 책을 바친다.

전문면접관 2

조직과 인재를 연결하는
면접관의 시선

발행일	2025년 9월 15일
지은이	권창호, 이호정, 박혜화, 이다인, 한진아, 박남현, 김진혁, 최보인, 양승원, 이상미
콘텐츠 감수	권창호, 김진혁, 이다인, 노주현
발행처	리커리어북스
발행인	한현정
디자인	이용석
편집 · 교정	김윤정
출판등록번호	제2021-000125호(2021년 4월 15일)
주소	서울시 강남구 언주로 134길 6, 202호 A224 (논현동, 성암빌딩)
전화	02-6958-8555
이메일	ask@recareerbooks.com
ISBN	979-11-987107-2-7 13320

ⓒ 리커리어북스 2025

이 책은 저작권법에 따라 보호받는 저작물이므로 무단 전재 · 복제 및 전송을 금지하며,
내용의 전부 또는 일부를 이용하려면 반드시 저작권자와 발행사의 서면 동의를 받아야 합니다.